国家发展和改革委员会产业经

中国产业发展报告

THE REPORT ON INDUSTRIAL DEVELOPMENT IN CHINA(2013~2014)

2013~2014

——我国工业发展的阶段性变化研究

经济管理出版社
ECONOMY & MANAGEMENT PUBLISHING HOUSE

图书在版编目（CIP）数据

中国产业发展报告. 2013~2014/国家发展和改革委员会产业经济与技术经济研究所编. —北京：经济管理出版社，2014.4
ISBN 978-7-5096-3023-5

Ⅰ.①中…　Ⅱ.①国…　Ⅲ.①产业发展—研究报告—中国—2013~2014　Ⅳ.①F124

中国版本图书馆 CIP 数据核字 (2014) 第 063260 号

组稿编辑：杜　菲
责任编辑：杜　菲
责任印制：黄章平
责任校对：超　凡　王纪慧

出版发行：经济管理出版社
　　　　　（北京市海淀区北蜂窝 8 号中雅大厦 A 座 11 层　100038）
网　　　址：www. E-mp. com. cn
电　　　话：(010) 51915602
印　　　刷：三河市延风印装厂
经　　　销：新华书店
开　　　本：787mm×1092mm/16
印　　　张：18.5
字　　　数：405 千字
版　　　次：2014 年 4 月第 1 版　2014 年 4 月第 1 次印刷
书　　　号：ISBN 978-7-5096-3023-5
定　　　价：88.00 元

前　　言

　　2013 年是全面深入贯彻落实中共十八大精神的开局之年。面对世界经济复苏乏力、国内经济下行压力加大、自然灾害频发、多重矛盾交织的复杂形势，全党全国各族人民在以习近平同志为总书记的党中央领导下，从容应对挑战，奋力攻坚克难，圆满完成全年经济发展主要预期目标，经济运行处在合理区间，结构调整取得积极成效。全年 GDP 实现增速 7.7%，其中，第一产业增长 4.0%，第二产业增长 7.8%，第三产业增长 8.3%，第三产业取代第二产业成为拉动经济增长的主要力量。

　　2012 年以来，我国经济增速从保持了 10 年的超过 9% 的高速增长（其中有 6 年超过 10%）下降到了低于 8% 的增长速度，经济增速持续放缓。中共十八大报告指出，"到 2020 年，我国工业化基本实现"。这意味着未来几年是我国工业发展发生重大阶段性变化的时期，需要准确把握工业发展趋势与特征，制定有针对性的政策措施。为此，国家发展和改革委员会产业经济与技术经济研究所组织研究人员在对 2013 年产业发展形势和 2014 年产业发展展望进行深入研究的同时，选择"我国工业发展的阶段性变化"作为主题研究。

　　我们运用多国、多年份数据归纳总结了世界工业发展的一般变化规律，力求全方位、多角度对我国工业发展的阶段性变化进行剖析，透过表象洞察真相或消除误区。然后，基于历史分析和国际比较，判断了未来我国工业发展的阶段性变化趋势。综合判断，未来我国工业将进入次高增长阶段，工业在经济中的地位将进入趋势性下降通道，但同时要迈向更高收入水平需要避免工业比重的过快下降。打造中国工业经济"升级版"关键要突破"技术升级陷阱"，实现工业发展动力机制的阶段性转换。

　　全书分为上、下两篇。上篇是"2013 年产业发展形势与 2014 年展望"，执笔人分别是：第一章，王云平；第二章，涂圣伟；第三章，付保宗；第四章，王佳元；第五章，张于喆。下篇是"中国工业发展的阶段性变化研究"，执笔人分别是：第六章，付保宗；第七章，周劲；第八章，徐建伟；第九章，张于喆、杨威；第十章，杨威、余贵玲；第十一章，张义博；第十二章，卞靖；第十三章，徐建伟；第十四章，徐建伟、付保宗、周劲、张义博。

　　在本书的写作过程中，全所研究人员积极参与，多次集中讨论并反复修改。我们对书中的观点和内容负责，不妥之处，还请专家和读者批评指正。

王昌林

2014 年 2 月

目　　录

上　篇

2013 年产业发展形势与 2014 年展望

第一章 2013 年中国产业发展回顾与 2014 年展望

内容提要： 2013 年，农业保持稳定增长，粮食生产实现"十连增"，农产品贸易逆差有所减弱；工业保持持续较快增长，企业效益有所改善；服务业实现强劲增长，服务进出口贸易较快增长；产业结构调整优化不断推进，产业转移继续有序推进。耕地污染等农业资源安全问题凸显，农产品质量安全突发事件多发；产能过剩问题依旧存在；服务业内部结构不合理。展望 2014 年，粮食增产难度加大，农业增速小幅回升；工业增速将在下移中寻找新平衡，保持 7.5% 左右增长；服务业发展空间较大，将实现 8.5% 左右增长。

2013 年，我国 GDP 实现了 7.7% 的较高增速，其中，第一产业增长 4.0%，第二产业增长 7.8%，第三产业增长 8.3%，第三产业取代第二产业成为拉动经济增长的主要力量。展望 2014 年，在外部需求好转，国内需求继续平稳增长的背景下，我国产业将继续保持良好发展态势。

一、2013 年中国产业发展总体特征

（一）农业保持稳定增长，粮食生产实现"十连增"，农产品贸易逆差有所减弱

农业生产克服南方高温干旱和北方洪涝等多种灾害考验，2013 年实现增加值增长 4.0%，比 2012 年下降 0.5 个百分点，农业增长稳定。粮食生产实现连续十年增产，总产量再创新高。粮食总产量 60193.5 万吨（12038.7 亿斤），比 2012 年增产 1235.6 万吨（247.1 亿斤），同比增长 2.1%，虽然较前三年的增速稍有回落，但仍是自 2004 年以来的第十年保持增产。土地生产率提高是粮食增产的重要原因。2013 年，我国粮食的单位面积产量达到 5376.8 公斤/公顷（358.5 公斤/亩），比 2012 年增长 1.4%，单产提高对粮食增产贡献率为 68%。油料、糖料等农产品实现全面增产，畜牧业在经历 H7N9 禽流感冲击后企稳回升，渔业稳步发展，主要"菜篮子"产品市场供应稳定。与此同时，受国际农产品供应充足、国内农产品出口价格上升等因素影响，2013 年农产品贸易逆差同比减少 1.1%，农产品贸易逆差增速显著降低。

（二）工业保持持续较快增长，企业效益有所改善

工业生产克服各种困难，实现持续较快稳定增长。其中，规模以上工业增加值虽然比 2012 年增速下降 0.3 个百分点，仍然增长 9.7%。从全年具体情况看，受本轮"换届效应"启动较慢、企业"去库存"周期拉长和"去产能"进度迟缓等因素影响，工业生产并没有延续 2012 年第三季度后国家扩大内需政策下的持续性反弹，工业增速前低后高小幅波动。规模以上工业增加值从年初 1~2 月同比增长 9.9% 的相对高点开始持续走低，6 月下降至 8.9%。从第三季度开始，受基础设施投资加快、稳增长政策实施的带动，工业增加值较快增长，7 月、8 月上升至 9.7%、10.4%，到 12 月增速仍然保持为 9.7%（见图 1-1）。从主要行业月度同比增速看，烟草制品业、家具制造业、印刷业和记录媒介的复制工业、医药制造业、化学纤维制造业、有色金属冶炼及压延加工业、专用设备制造业、燃气生产和供应业等行业下半年上升势头明显，但煤炭开采和洗选业、石油和天然气开采业、黑色金属矿采选业等上游资源类行业工业增加值仍然持续走低。与此同时，工业企业效益有所改善，但上下游行业分化明显。1~11 月，全国规模以上工业企业实现利润总额同比增长 13.2%，较上年同期增速提高了 10.2 个百分点，扭转了 2012 年初以来利润总额负增长的态势。1~11 月主营业务利润率为 5.81%，比 2012 年同期提高 0.15 个百分点。在 41 个工业大类行业中，27 个行业主营活动利润比 2012 年同期增长，12 个行业主营活动利润比上年同期减少，2 个行业由上年同期主营活动亏损转为盈利。利润总额负增长的行业主要是采掘类等上游行业，其他一些下游行业如汽车制造业（增长 23.7%），医药制造业（增长 18.3%），计算机、通信和其他电子设备制造业（增长 18.2%）等，都有较快增长。总体看，工业行业大致形成了上游亏损、下游盈利的局面。

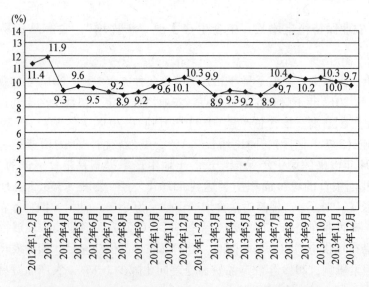

图 1-1　2012 年、2013 年规模以上工业增加值同比增速

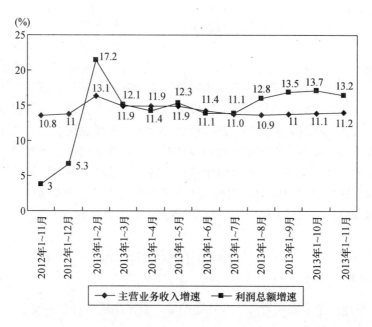

图 1-2　2012 年 1 ~ 11 月至 2013 年 1 ~ 11 月累计主营业务收入与利润总额同比增速

（三）服务业实现强劲增长，服务进出口贸易较快增长

受工业较快增长、居民对服务业消费不断增长等因素影响，2013 年服务业实现强劲增长，增速首次同时超过 GDP 和二次产业增速，同比增长 8.3%，较 2012 年提高了 0.2 个百分点，是三次产业中唯一止住连跌势头的产业。服务业内部增长存在较大差异。2013 年第一季度至第三季度，交通运输、仓储和邮政业，批发零售业，金融业和房地产业实现较快增长，但住宿餐饮业发展速度较慢，各行业的增加值分别同比增长 7.2%、10.4%、10.4%、7.3% 和 5.1%，住宿餐饮业在第三产业内增速垫底。部分新兴服务业迅猛发展，以文化产业的电影业为例，2013 年电影票房收入高达 218 亿元，同比增长高达 28%。受惠于"营改增"政策范围的扩大、《关于政府向社会力量购买服务的指导意见》等一系列支持服务业发展的政策出台，信息服务业、非传统金融业、健康服务业发展迅速，大数据、云计算、物联网、移动互联网等新业态也不断涌现。与此同时，服务进出口贸易增长较快。服务进出口总额比 2012 年增长 14.7%，其中，出口总额比 2012 年增长 10.6%，增速比 2012 年提升 6 个百分点；进口总额同比增长 17.5%，增幅与 2012 年基本持平。

（四）产业结构调整优化不断推进，产业转移继续有序推进

2013 年是三次产业结构变化最有标志性意义的一年，第三产业所占 GDP 比重首次超过第二产业，高达 46.1%，比第二产业所占 GDP 比重高了 2.2 个百分点。在工业领域，继续加大对钢铁、电解铝、水泥、平板玻璃等部分产能过剩行业的治

理力度，结构调整优化不断推进。高技术产业和战略性新兴产业发展态势良好，继续在结构调整优化中发挥积极作用。2013 年 1～11 月，高技术产业增加值同比增长 11.7%，快于全部规模以上工业增速 1.7 个百分点，持续高于工业增加值平均增速。高科技制造业和高技术服务业深入融合，实现互补发展。以新通信技术、新能源、新材料等为代表的战略性新兴产业发展迅速，自主创新能力显著提升。与此同时，国家积极引导产业转移有序推进，中西部地区和东部地区发展日益缩小。2013 年，国家发改委在前期 6 个国家承接产业转移示范区的基础上，批复甘肃兰白经济区、四川广安、江西赣南 3 个国家级承接产业转移示范区，通过区域差别化政策引导产业转移。2013 年 1～11 月，规模以上工业增加值增长，中部地区、西部地区分别为 10.7% 和 11%，分别比东部地区高了 1.8 和 2.1 个百分点。

二、面临的突出问题

（一）耕地污染等农业资源安全问题凸显，农产品质量安全突发事件多发

我国正处在工业化、城镇化快速发展的关键时期，居民消费结构加快转变，主要农产品需求刚性增长，市场供求关系日益偏紧，保障粮食等主要农产品稳定增产的压力较大，导致支撑农业生产的各种要素已经绷得很紧，资源环境压力越来越大。为了追求短期增产，我国长期奉行数量主导型发展模式，不惜代价提高产量，过度开发农业资源、过量施用化肥、农药及农膜、超采地下水、侵占湿地，导致地力下降、生态环境恶化，农产品安全成为影响农业健康发展的关键问题。据 2013 年环保部发布的《中国土壤环境保护政策》显示，我国 30 万公顷基本农田保护区中有 3.6 万公顷土壤重金属超标，超标率达 12.1%。另据第二次全国土地调查结果显示，全国超过 5000 万亩耕地为中、重度污染。在河北等小麦产区，部分农业灌溉机井已经打到几百米深，而灌溉方式依然是大水漫灌，过度开采和浪费严重。在当前农业发展方式转型滞后和农产品质量安全监管长效机制不健全的背景下，农产品质量安全突发事件多发。2013 年我国农产品重金属超标、农药残留超标、非法加工制售肉制品等质量安全事件频繁发生，如"湖南镉超标大米"、"黄浦江漂浮死猪"、"海南毒豇豆"、"山东潍坊毒生姜"、"江苏无锡假羊肉"、"陕西渭南滥用高毒农药"等，引起公众广泛关注，加重了人们对农产品安全的担忧，对农业生产和农民收入造成较大负面影响。传统农业生产方式和数量型增长模式已经严重影响到农业的可持续发展和城乡居民生活。

（二）产能过剩问题依旧存在

2013 年，国家加大化解产能过剩的治理力度，国家发改委和工信部下发了《关于坚决遏制产能严重过剩行业盲目扩张的通知》（发改产业 [2013] 892 号），钢铁、电解铝、水泥、平板玻璃、造船等产能严重过剩行业治理力度进一步加大，

但产能过剩问题并没有得到根本解决。除钢铁、水泥、平板玻璃、电解铝、煤化工、造船等传统行业产能大量过剩外，一些近年来政府鼓励发展的新兴行业产能过剩矛盾日显突出，已经引发企业破产倒闭等严重后果。数据显示，2013 年 1～6 月，我国工业产能利用率为 78.6%，是 2009 年第四季度以来的最低点。其中，电石、焦炭、水泥、平板玻璃、粗钢、风电设备和造船行业产能利用率低于 70%，光伏与电解铝的行业产能利用率不足 60%。根据中国宏观经济信息网 2013 年 9 月对 3545 家企业所在行业产能过剩情况的调查，71% 的企业认为目前产能过剩非常严重或比较严重，企业设备利用率仅 72%，比 2012 年低 0.7 个百分点。67.7% 的企业认为，要消化目前的过剩产能，至少需要 3 年以上的时间。当前的产能过剩问题已突破传统产业产能过剩的藩篱，呈现出传统产业和新兴产业双双过剩的新局面。不同于 2000 年和 2009 年受金融危机影响的"周期性产能过剩"，也不同于 2003～2004 年和 2006 年前后在经济过热下产生的"非周期性产能过剩"，当前的产能过剩问题既是长期粗放式经济发展方式导致的供给结构与需求结构脱节，落后产能和一般水平产能占较大比重的问题（结构性过剩）；又有因我国市场经济体制不健全，投融资体制改革不彻底遗留下来的"体制性产能过剩"；还有因过度依赖投资和出口促进经济增长导致的局部产能过剩问题。

（三）服务业内部结构不合理

尽管服务业在 2013 年实现了数量上的快速发展，但传统服务业和房地产业占据服务业主体地位，服务业内部结构不合理，大发展的基础仍然不稳固。长期以来，房地产业占服务业比重高居 13% 左右，传统服务业中的餐饮、商业零售、交通运输等占服务业比重高达 40% 左右。传统服务业一方面存在过度竞争问题（经常看到商场打折销售等），另一方面受外部宏观环境变化影响大（受国家政策影响，餐饮业影响比较大）；现代服务业如电信、现代物流、电子商务、会展、信息技术、中介服务、文化产业、研发设计等对服务业的贡献仍然不高。生产性服务业发展较快，但总体占比仍较低，但服务质量不高。2013 年 8 月由中国企业联合会、中国企业家协会发布中国企业 500 强和服务业企业 500 强显示，现代服务业发展严重滞后。其中，服务业企业数量占企业 500 强比例略有上升，但广义信息业发展明显落后，保健服务业的发展尚处于起步阶段；在航空与管道运输服务、信息技术与软件业和食品批发销售等众多领域，大企业成长步伐较慢，企业收益仍主要来自传统服务业渠道。现代服务业对服务业的贡献偏低，一方面是传统服务业的基数大，另一方面则是存在制约现代服务业大发展的许多因素（有些因素也制约了整个服务业的发展），除了我国工业发展素质有待提高，从而对部分生产性服务业的需求拉动有限外，服务业税负较重，体制机制还不健全，部分服务业行业进入管制和垄断问题较突出等因素，制约了服务业大发展。

三、2014 年产业发展形势展望

（一）影响因素

1. 外贸需求相比 2013 年有所好转

2013 年，世界经济趋向复苏，美国和日本经济进入低速增长通道，欧元区结束衰退并呈向好迹象。2014 年，各机构普遍认为，全球经济将延续 2013 年的缓慢复苏态势。联合国报告预测 2014 年世界经济将增长 3.0%；IMF 预测 2014 年全球经济增速有望达到 3.59%，比 2013 年的 2.9% 高出 0.71 个百分点。在此背景下，2014 年我国外贸需求相对乐观。中国对美国和欧盟的出口已经有所恢复，预计 2014 年还会继续加速。同时应该看到，2013 年以来俄罗斯、印度、巴西等新兴经济体经济增长疲软放缓，需求偏弱。我国过去 5 年出口增量的 43% 来自新兴经济体。预期 2014 年对新兴经济体的出口仍将不容乐观。结合来自国内的劳动力、环境、汇率等成本的压力以及国际贸易保护主义的不断抬头、新兴经济体的需求偏弱等不利因素的影响，我国外贸需求相比 2013 年有所好转，但整体上仍然难以有大的提高，部分出口拉动型产业如纺织、电子、机电等产业的增长相比 2013 年能够保持更快增长态势。

2. 国内需求保持持续稳定增长

投资需求有望保持 2013 年的增长水平。2014 年，在新型城镇化建设不断推动的背景下，我国公共投资包括在城市轨道交通、大气和水污染治理、城市排水、保障房（包括棚户区改造）和农村基础设施等方面存在极为迫切的需求，多种公私合作模式的推广运用将极大地吸纳社会资本参与城镇化建设，城市交通运输、公共基础设施和其他服务业投资有望保持较快增长。但由于目前投资基数已经较高，国家正在实施加快淘汰落后产能措施，而新的增长点长期技术储备不足，而且国家实施利率市场化改革，投资成本上升，整体看，实体经济投资领域的需求并不强。具体看，新型城镇化建设（轨道交通、绿化安防、供气供水和污水处理、智慧城市、智能交通、智能医疗，智能管网等）、服务业（铁路运输业、邮政和物流业、健康服务业、养老服务业等）和战略性新兴产业（节能环保产业、信息消费行业、光伏产业等）领域投资空间较大，2014 年有望实现较快增长。而受制于产能过剩（《化解产能严重过剩矛盾的指导意见》对钢铁、水泥、电解铝、平板玻璃、船舶等领域的产能过剩问题进行了部署）、地方债务风险、房地产三大关键问题，一些制造业、房地产等领域的投资将有所减速。固定资产投资总体仍将保持平稳态势，但增速和 2013 年基本相当。

专栏1　全国高铁建完了怎么办?

近年来，投资增速下降，是因为除了大部分产业领域产能过剩外，铁路、机场和公路等基础设施投资，未来空间有限。如"四纵四横"的快速铁路客运专线，目前只有徐州到郑州、青岛到石家庄等少数地区还没修建；长达上千公里的客运专线的干线，只剩下沪昆铁路2014年通车，目前也进行到了铺轨阶段。而统计数字显示，2013年1~10月，全国铁路基建投资3834亿元，同比增长6%，相比1~6月的同比增长25.7%，已经大幅下降。明后年再拿多少铁路、机场、公路来刺激投资，成为一个重要的问题。事实上，经过改革开放30多年的持续高速增长，我国依靠大规模投资拉动经济的传统增长模式已难以为继，扩大内需和创新驱动将成为我国中长期的发展战略。

资料来源：根据21世纪经济报道《2014年将启动扩大内需政策》编辑整理。

消费需求相比2013年将有所加快。2014年，我国就业形势比较稳定，收入分配制度改革全面推进，财政支出不断向社保、公共卫生、教育、低保等民生领域倾斜，有助于推动消费稳定增长。而且，随着国家新型城镇化战略的实施，消费需求增长和居民消费升级将进一步加快。具体看，智能手机、平板电脑、信息家电等已形成新的消费热点，文化、教育、医疗、养老和旅游等服务类需求增长迅猛，住房、汽车等消费持续增长。网购等新兴业态的发展则有力地促进消费潜能的释放。2014年，消费对经济增长的拉动作用将进一步发挥，消费需求总体保持旺盛态势，相比2013年有所增长。

专栏2　信息消费引领产业转型创新

近年来，信息通信技术不断取得新突破，以智能终端、移动互联网为代表的新产品和新服务的大量涌现，推动信息消费保持强劲增长势头，形成了巨大的产业和市场规模。2013年，信息消费产业表现抢眼，成为扩大内需的新亮点。仅上半年我国信息消费市场规模就已突破2万亿元大关，比上年同期增长20.7%，信息消费快速增长的态势十分明显。与此同时，我国信息消费的整体发展态势非常好，一是智能终端和信息服务消费规模快速增长。1~10月，我国智能手机产量达3.48亿部，比上年同期增长178%，成为新的信息消费热点。全国移动互联网接入流量突破10亿GB，同比增长68.9%，成为信息服务消费的主要增长动力。前三季度，我国电子商务的市场规模达7.5万亿元，全年可能超10万亿元，引领和带动作用进一步凸显。二是宽带中国战略及宽带中国专项行动的全面实施，支撑了信息消费特别是宽带网络基础设施的建设。截至11月，我国使用4兆及以上高速率的宽带接入用户占互联网接入用户数的77.4%。3G网络已覆盖到全国所有乡镇，TD-LTE扩大规模的试验进展顺利，4G商业化全面启动。随着国务院《关于促进信息消费扩大内需的若干意见》在各地区、各部门的进一步落实，信息消费在扩大内需、拉动经济增长上必将大有可为。

实际上，国内信息消费有广阔的市场空间。据世界银行统计，我国人均信息和通信技术支出远远低于发达国家。2007 年，美国、日本人均信息和通信技术支出分别为 3417.38 美元、2455.47 美元，我国仅为 192.69 美元。这一方面说明国内信息消费提升空间巨大，另一方面也显示出我们的不足之处，促进信息消费，就是要在这些方面加快提升力度。

加快培育发展信息消费意义重大。信息消费以其结构层次高、绿色无污染、带动作用强等特点，成为各国重点培育的新兴消费热点，蓬勃发展的信息消费正日益成为我国新时期扩大内需，特别是消费需求的战略支点。同时，在经济面临下行压力的背景下，信息消费已成为经济增长的重要引擎。

资料来源：根据《光明日报》《让信息消费成为经济增长重要引擎》、中国行业信息网《我国大力培育信息消费产业》编辑整理。

（二）产业发展态势

整体看，2014 年产业发展的国内外环境相比 2013 年有所好转，产业发展形势将更乐观。如果不出现重大事件，我国三次产业增速相比 2013 年都有所加快。

1. 粮食增产难度加大，农业增速小幅回升

在连续十年增产后，我国粮食产量基数已经很高，继续增产的难度越来越大，当前没有全局突破性、区域带动性强的新品种和新技术，2014 年全年粮食不具备大幅增产的基础。同时，近年来连续增产带来的耕地污染、非粮生产受挤压等负面效应显现，国家更加注重农业可持续发展，逐步推进农业资源休养生息，部分地区粮食产量可能受到影响。综合考虑多种因素，如果不遇到严重的自然灾害，全年粮食产量与 2013 年可能基本持平。与此同时，国家强农惠农富农政策支持力度进一步加大，为农业农村经济持续发展提供有力支持，农村改革的全面深化，势必为农业农村经济持续发展注入新的活力，如果不发生全局性极端气候事件和重大农产品质量安全事件，全年农业经济有望继续平稳发展，增速也将有所回升，但考虑到主要农产品增产空间收窄，农产品外部需求变化等因素，农业增速不具备大幅回升的基础，预计全年农业增加值实际增长 4.2% 左右。

2. 工业增速将在下移中寻找新平衡，将保持 7.5% 左右增长

自 2012 年以来，我国工业增速呈现增速回落态势。近期工业增速反弹主要是内需和外需温和改善的结果，尤其是发达经济体基本面好转使出口有所改善的因素所致。2014 年外部国际形势有望逐步回暖，但外部经济环境依然复杂严峻，出口对我国工业增长拉动作用将较为有限。国内需求增速有一定增长，但也非常有限。工业领域的产能过剩矛盾彻底化解尚需时日，发展方式粗放、创新能力不足等诸多结构性问题凸显使工业转型升级成为必然选择。而新的经济增长点培育仍需等待时机和时间。在内外部环境变化的条件下，工业经济效益和增速阶段性下移的趋势逐步

形成，综合判断，2014 年工业增长速度和 2013 年相当，或将在 7.5% 左右增长。

3. 服务业发展空间较大，将实现 8.5% 左右增长

经过多年的发展，我国国民收入水平不断提高、社会保障体制不断完善、对服务消费观念不断强化，我国服务业迎来了大发展的良好时期。以中国（上海）自由贸易试验区的建立为标志，国家大力促进服务业改革，逐步开始探索"负面清单"的投资管理模式，并积极培育健康服务业、养老服务业、信息消费等新的增长点，为服务业进一步大发展奠定了基础。2014 年，随着国家通过逐步放开服务业的管制以及"营改增"政策覆盖行业的增多和实施范围的扩大，服务业有望进一步优化内部结构，成为国民经济发展中的主要力量。预计 2014 年服务业增加值增长 8.5% 左右。

四、政策建议

（一）建立农业可持续发展长效机制

以保护农业资源环境为重点，切实保障农产品质量安全和生态环境安全。研究制定农村土地质量保护和管理的专门性法律法规，落实最严格的耕地保护制度，加强耕地质量建设与管理，大力发展保护性耕作，尽快全面开展耕地污染治理，建议提取土地出让收入等筹集资金，建立土壤生态补偿基金，专项用于指导农民恢复和提高土壤功能、对污染的农村土地进行补救治理等。加大土壤污染防治宣传和培训力度，增强农民土壤保护意识。落实最严格的水资源管理制度，加强地下水超采漏斗区综合治理，大力推进节水灌溉和水肥一体化等节水农艺措施，积极发展农村用水合作组织，提高水资源利用效率。加强农业生态环境保护，加大农业面源污染治理力度，加快推进农产品禁止生产区划分和分级管理制度建设，加强对规模化养殖场污染排放限制，采取有效措施严格控制城市工业污染向农村转移。加快完善农产品价格形成机制，发挥市场形成价格的决定性作用。另外，要健全农产品质量安全监管体系，确保农产品质量安全。

（二）综合施策，根治产能过剩问题

治理产能过剩，需要分业施策、多管齐下，综合运用行政、市场的"组合拳"，从供给和需求两个方面出台相关的政策措施。一是对部分新兴产业的过剩问题通过采取完善消费环境等方式来扩大需求以缓解过剩问题。如部分战略性新兴产业的消费难以扩大，主要是专用的基础设施和服务体系不完善，需要政府在相关领域加大投资力度，或者鼓励各类资本进入相关领域来完善消费环境。二是对于大多数传统产业的产能过剩问题治理，则主要从供给角度加快推进"去产能化"来缓解。要制定和完善适当技术、能耗、环保标准进一步提高行业准入门槛。要修订完善《产业结构调整指导目录》，完善"组合政策"，突出差别电价、能源消耗总量限制、问责制、新老产能挂钩等对企业投资和生产的约束作用，抑制产能过剩行业盲目扩张。要加快传统制造业"走出去"，推动钢铁、有色、建材、石化等重化工企业在有条件的国家和地区建立境外重化工园区，鼓励投融资系统加大对企业海外投资的信贷支持力度。三是进一步鼓励企业并购重组，尤其是跨区域的重组，在税收、信贷等方面制定优惠政策，使相关产业在并购重组中淘汰落后产能，减少过剩产能。四是完善落后产能的退出机制。借鉴发达国家做法，尽快建立落后产能退出的补偿机制及其实施细则，建立激励机制淘汰落后生产能力。五是加快完善政府考核机制。把反映能源资源消耗、环境影响程度、社会全面发展情况的指标纳入地方政府政绩考核评价指标体系；将淘汰落后产能目标完成情况和措施落实情况纳入政府绩效管理。六是加强信息预警制度建设，加大产业信息发布的频率和范围。定期公布产品的市场供求信息、各产业的单位生产成本、各类资源价格差异以及相关的政策等信息，来引导和调节市场供求。披露行业的经济技术指标以及采用新技术、新工艺的情况，来促使产能过剩行业加快采用先进的技术工艺以淘汰落后产能。

专栏 3　中国钢铁产能过剩不仅是经济问题

中国钢铁产能过剩，不只是经济问题，同时也是严重的环保和社会问题。无论是因为严重的产能过剩，还是因为严峻的环境污染，钢铁行业的产能压缩已箭在弦上。

最近中国钢铁价格再次迎来下跌。综观全年，钢价整体已跌至 20 年前的水准，2013 年前 11 个月每吨钢的利润只有 4.2 元。而上半年，钢价跌至谷底时，吨钢利润只有 0.43 元，相当一枚鸡蛋的价格。整个中国钢企主营业务的利润只有 58 亿元，而互联网公司百度 2013 年前三财季的净利润就达 77 亿元。一个"夕阳"行业的利润远不及一家朝阳企业，中国钢企明显处于高产量、低效益的经营状态中。在产能过剩的同时，钢铁行业从气、水、渣三个方面对环境的全面污染，更是不容回避的社会问题。

一吨钢的利润甚至买不到一瓶矿泉水，这样的尴尬首先引发的是人们对中国钢铁行业产能过剩的反思。几年前，每吨钢铁的利润一度高达千元以上，于是不少地区在地方政府的鼓励下，开始大建钢厂。中国的钢铁产能也从 2004 年的 4.2 亿吨迅速升到 2012 年底的 9.7 亿吨。据估计，中国粗钢产量 2013 年产能过剩量超过 2 亿吨。近年来，在各地大炼钢铁的同时，中央也不断发出钢铁工业关停和淘汰落后产能的号令。但是，由地方政府支持的钢铁工业，表现出顽强的"逆生长"能力，新项目不断上马，产能越减越多。

在中国钢企面前，"市场的手"几乎不起作用，其中的关键因素就是，钢铁企业是各地的纳税和就业大户。地方政府通常还会阻碍大型钢企对本地中小钢企的收购，因为谁都不愿让"钱袋子"旁落他人手中，于是，落后的产能始终落后，难以升级。有地方政府的保护，代表落后产能的中小钢企面对产能严重过剩的压力，不仅没有消失，反而越发红火。在整个钢铁行业出现微利甚至亏损的不利环境中，一些中小钢企得以大力发展，秘诀之一就是"负担"比较轻，相对成本比较低。这些钢企以低廉的价格占据农田大建高炉，肆无忌惮地排放未经处理的废气、废水、废渣。破坏环境、毁坏良田、损害周围村民身体健康，却不必为此承担责任，这就是一些中小型钢铁企业在行业不景气背景下还可以赚钱的秘诀，也是中国钢铁产能越限越多的根本原因。

在强大的阻力面前，"市场的手"无能为力，改变钢铁产能过剩就只能依靠外力了。以我国钢铁产量第一大省河北省为例，2012年粗钢产量占全国的25%。根据国务院有关化解产能严重过剩和大气污染防治的决策部署，河北被要求实现6000万吨压产任务，相当于河北省1/4的钢铁产能。近日，河北省实施了炸毁高炉的"周日行动"，共计减少炼铁、炼钢产能1100余万吨。在"炸炉"之后，有报道称，一个昔日的"亿元村"，目前"村民的购粮款、取暖用煤已经断供"。而此次河北省钢铁减产将直接影响10多万人的就业。这些都是淘汰落后产能、调整经济结构、治理大气污染所必须承受的阵痛。阵痛过后，地方政府首先必须解决好被污染土地再利用、债务处理、员工安置等问题。更重要的是，地方政府必须找到适合当地经济发展的替代产业，在保护环境的同时改善民生，这才是社会发展的长久之道。

资料来源：根据中国新闻网《中国钢铁产能过剩不仅是经济问题》编辑整理。

（三）加强体制创新，推动服务业结构调整优化

服务业发展要加快结构调整力度，降低对传统服务业特别是房地产业的依赖，大力发展现代服务业。要把完善体制机制作为当前促进服务业发展和结构调整的重点。按照"市场化、专业化、社会化、国际化"的发展方向，大力发展工业设计及研发服务、信息技术服务等面向工业生产的现代服务业。一是选择试点，进一步打破邮政、电信、金融、保险、铁路运输等现代服务业的垄断，鼓励和引导民间资本投资相关领域。二是进一步深化服务业"营改增"改革试点，结合服务业不同行业具体特点的差异和改革过程中的难点问题，及时总结和完善试点政策，推动服务业的税收负担和运营成本降低，增强服务业对优质资源、优质要素和资金的吸引力。三是完善促进新兴服务业发展的财税机制。要扩大政府采购范围，把服务业领域如公务消费、会展、会议、物业管理、培训、国际机票、公务旅行、公务员体检、企业代理记账等纳入其中，引进竞争机制，面向全社会服务行业公开招标、投标，以刺激这些行业改善服务态度、优化服务方式、丰富服务内容、创新服务项目，引导服务业的发展方向。

（执笔人：王云平）

第二章 2013 年中国农业农村发展回顾与 2014 年展望

内容提要：2013 年，我国农业农村经济发展总体平稳但形势复杂，粮食生产实现"十连增"、农民收入增长"十连快"，取得历史性成绩，但农业整体增速、农民收入增速出现阶段性放缓，均下降至近年新低，耕地污染等农业资源安全问题更加凸显，农产品价格支持政策负面影响集中显现，农产品质量安全事件多发，对农业发展和农民增收造成较大影响。预计 2014 年全年农业增速将有所回升，粮食产量稳中略增，农产品价格温和上涨，农民增速将继续下滑。当前要加快建立农业可持续发展长效机制，切实保护农业资源环境，继续完善农产品市场价格和调控机制，加强农产品质量安全监管，努力拓宽农民增收渠道，避免农业生产和农民增收出现滑坡。

2013 年，在国内外经济形势错综复杂、各种灾害事件挑战不断的情况下，我国农业农村经济依然保持了良好运行态势，实现了稳中有进，粮食等主要农产品继续增产，市场价格总体平稳，农民收入较快增长，农业农村的好形势为稳增长、防通胀、控风险提供了重要支撑，但全年农业农村经济形势稳中有忧，农业增速出现阶段性下滑，重大动物疫病、农产品质量安全事件时有发生，部分长期积累的矛盾和问题更加凸显，巩固农业农村稳定发展形势、防止粮食生产和农民增收出现滑坡的压力明显加大，需要采取措施有效应对。

一、2013 年中国农业和农村经济回顾

（一）农业经济总体运行平稳，增长速度稳中趋缓

2013 年是贯彻落实中共十八大精神的开局之年，国家强农惠农富农政策支持力度继续加大，农村各项改革扎实推进，农业气象灾害影响偏轻，农业发展外部环境总体有利，农业经济保持了稳定发展的良好态势。但是，受国内经济增速放缓、部分大宗农产品价格走弱等影响，农业增速出现阶段性下滑，下降至近三年最低水平，近年来宏观经济减速形势下农业逆势较快发展的势头未能得到延续。2013 年，我国第一产业增加值 56957 亿元，同比实际增长 4%，增幅回落 0.5 个百分点，较 2011 年同期下滑 0.3 个百分点（见图 2－1）。

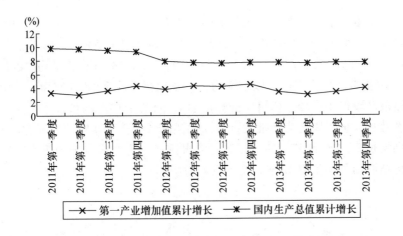

图 2-1　近年我国国内生产总值和第一产业增加值同比增速

资料来源：《中国经济景气月报》、国家统计局网站。

(二) 粮食生产实现"十连增"，主要农产品生产基本稳定

2013 年我国粮食生产延续了过去多年好形势，夏粮、早稻、秋粮季季增产，全年粮食产量再创历史新高，达到 60193.5 万吨，比 2012 年增加 1235.6 万吨，增长 2.1%，首次实现"十连增"。其中，夏粮总产量达到 13189 万吨，同比增长 1.5%，早稻产量达到 3407.3 万吨，同比增长 2.4%；秋粮 43597.2 万吨，同比增长 2.3%。棉油糖等大宗农产品生产基本平稳，其中，受种植面积减少和不利气候因素影响，棉花生产继续萎缩，产量大幅下降，全年棉花产量 631 万吨，同比减少 7.7%。受前期油菜籽价格上升、国家支持力度加大等影响，油料生产形势较好，全年油料产量达到 3531 万吨，同比增长 2.8%；糖料生产总体稳定，产量 13759 万吨，同比增长 2.0%。畜牧业在经历 H7N9 禽流感冲击后逐步恢复，全年猪牛羊禽肉产量 8373 万吨，同比增长 1.8%，其中，猪肉产量 5493 万吨，增长 2.8%。禽蛋产量 2876 万吨，同比增长 0.5%。受异常天气、奶农退出、奶牛平均产奶量下降等影响，牛奶产量出现大幅下降，全年产量 3531 万吨，同比下降 5.7%，创近年最大降幅。

(三) 农产品价格总体上涨，价格波动幅度收窄

尽管受到自然灾害、动物疫病以及农产品质量安全事件等不利因素影响，全年农产品价格依然实现了平稳运行，价格总体上涨，多数月份农产品批发市场价格总指数高于 2012 年同期（见图 2-2），价格波动较去年收窄。2013 年我国农产品批发价格总指数、"菜篮子"产品批发价格指数变异系数分别为 0.026 和 0.032，较 2012 年均有所下降。分品种看，粮食价格在托市收购提振下总体平稳，每 50 公斤

红小麦、白小麦、混合麦年平均收购价同比分别上涨 7.1%、14.7% 和 13%；早籼稻、晚籼稻平均收购价格同比微跌，粳稻价格小幅上涨 0.5%，大豆收购价同比上涨 7.4%。棉花价格总体上涨，2013 年 1~10 月，每 50 公斤棉花平均收购价同比增长 12%。肉蛋类产品价格运行以上涨为主，波动幅度较 2012 年收窄。其中，猪肉批发价格波动较往年增加，猪粮比价曾连续 15 周低于 6:1 的盈亏平衡点，此后又连续上涨数月，全年周度猪肉批发价格同比微涨；牛肉和羊肉批发价格上涨明显，同比分别增长 25.4% 和 15.7%。尽管受灾害减产、生产成本增加等影响，全年蔬菜批发价格波动仍小于 2012 年，变异系数为 0.012。

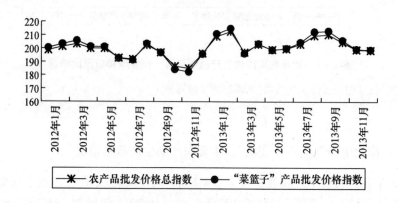

图 2-2　我国农产品和"菜篮子"产品批发价格指数
资料来源：农业部：《全国农产品批发价格指数报告》；中国农业信息网。

（四）农产品贸易低速增长，谷物进口增速明显下降

2013 年我国农产品贸易形势发生较大变化，进出口低速增长，其中进口增速下降明显，出口增长快于进口，贸易逆差扩大趋势有所放缓。全年农产品进出口总额 1866.9 亿美元，同比增长 6.2%，增速下降 6.7 个百分点；农产品出口额 678.3 亿美元，进口额 1188.7 亿美元，贸易逆差 510.4 亿美元，同比分别增长 7.2%、5.7% 和 3.7%。主要农产品进口量增减互现，以降为主，近年来粮食、食糖和棉花进口激增的状况有所改变。其中，谷物进口同比增长 4.3%，达到 1458.5 万吨，但不同品种出现分化，玉米、稻谷进口增速下降，小麦进口在 10 月后大幅反弹，全年同比增长 49.6%；棉花进口较去年同期出现较大幅度下滑，同比下降 19.1%；食糖进口依然保持增长趋势，但增速有所放缓；食用植物油进口与 2012 年同期基本持平，同比增速下降明显（见表 2-1）。畜产品进口增长较快，其中牛羊肉进口呈激增态势，全年畜产品进口额 195.1 亿美元，同比增 30.9%，贸易逆差达到 129.9 亿美元，同比增 53.4%。

表 2-1　我国主要农产品进口情况

年份 指标 农产品	2013		2012	
	进口量（万吨）	同比增速（%）	进口量（万吨）	同比增速（%）
谷物及谷物粉	1458.5	4.3	1398.0	156.7
小麦	553.5	49.6	370.1	194.2
玉米	326.6	-37.3	520.8	197.0
稻谷和大米	227.1	-4.1	236.9	296.2
棉花（原棉）	415.0	-19.1	513.0	52.7
食糖	455.0	21.3	375.0	28.4
食用植物油（含棕榈油）	810.0	-4.2	845.0	28.7

资料来源：中经网统计数据库相关数据整理计算所得。

（五）农民收入增长"十连快"，收入结构发生重要变化

2013 年，受主要农产品增产、国家强农惠农富农政策支持力度加大、农村改革深入推进等综合影响，我国农民收入继续保持了较快增长势头，全年农村居民人均纯收入 8896 元，同比名义增长 12.4%，实际增长 9.3%，实现"十连快"，增幅连续 4 年超过城镇居民收入增幅。其中，工资性收入同比名义增长 16.8%，家庭经营纯收入增长 7.4%，财产性收入增长 17.7%，转移性收入增长 14.2%。同时，由于工资性收入增速较快，但大宗农产品价格走弱、生产成本上涨，导致家庭经营性收入增速减缓，农民收入结构也发生了深刻变化，工资性收入首次超过家庭经营收入成为农民增收的主渠道。据调查统计，2013 年农村外出务工人员月平均工资性收入 2516 元，较 2012 年增长 12.9%。

二、存在的突出问题

当前我国农业农村经济形势总体向好，但发展中存在诸多隐忧，各种长期积累的问题和矛盾呈集中显现态势，与禽流感、极端气候等突发事件交织影响，需要加以关注。

（一）耕地污染等农业资源安全问题更加凸显，主要农产品增产与农业资源环境保护矛盾加深

我国正处在工业化、城镇化快速发展的关键时期，居民消费结构加快转变，主要农产品需求刚性增长，市场供求关系日益偏紧，保障粮食等主要农产品稳定增产

的压力较大，导致支撑农业生产的各种要素已经绷得很紧，资源环境压力越来越大。同时，为了追求短期增产，我国长期奉行数量主导型发展模式，不惜代价提高产量，过度开发农业资源、过量施用化肥农药农膜、超采地下水、侵占湿地，导致地力下降、生态环境恶化，对农产品稳定增产和质量安全带来不利影响。从一定程度上而言，近年来我国主要农产品增产是靠掠夺式利用农业资源，破坏农业生态环境和牺牲可持续发展能力为代价换来的。据 2013 年环保部发布的《中国土壤环境保护政策》显示，我国 30 万公顷基本农田保护区中有 3.6 万公顷土壤重金属超标，超标率达 12.1%。另据第二次全国土地调查结果显示，全国超过 5000 万亩耕地为中、重度污染。在河北等小麦产区，部分农业灌溉机井已经打到几百米深，而灌溉方式依然是大水漫灌，过度开采和浪费严重。据河北省水文局数据，2000~2012年，河北平原区浅层地下水平均埋深下降了 4.07 米。目前传统农业生产方式和数量型增长模式已经严重影响到农业的可持续发展和城乡居民生活，处在必须转型的关口。

（二）国内外主要农产品价格"倒挂"现象加剧，农产品价格调控机制面临新挑战

近年来，我国逐年提高小麦、稻谷最低收购价和玉米、大豆、油菜籽临时收储价格，对提高农民生产积极性、稳定农业生产发挥了一定作用。到 2013 年小麦、粳稻最低收购价累计上涨达到 60.1% 和 100%。但是，最低收购价和临时收储政策明显扭曲了价格形成机制，固化了农民和市场主体提价预期，造成粮食等农产品价格刚性上涨，不仅加重政府财政负担，而且导致进口压力不断加大。在国内生产成本上涨、人民币升值等共同推动下，越来越多的大宗农产品价格高于国际市场，且价差越来越大，传统价格优势逐步丧失，国外低价农产品进口冲击国内市场，部分农产品价格出现国内与国际倒挂、产区与销区倒挂现象，"稻强米弱、麦强粉弱、棉强纱弱"等造成加工企业经营困难，带来产业安全隐忧，对农业生产和国家宏观调控产生一定影响。以大米为例，同品种进口大米要比国内便宜 0.2~0.3 元/斤。5 月份产区江西南昌、宜丰等地普通晚籼米出厂价在 2 元/斤以上，而同期销区福建连城、浙江衢州等米厂晚籼米报价只在 1.8~1.9 元/斤。虽然 2013 年我国农产品进口增速有所放缓，进口陡增的形势出现改观，但粮食等主要农产品进口量依然处于高位，如果对现行价格支持方式不加以完善，保证国内市场稳定运行的压力将越来越大。

（三）农产品质量安全突发事件多发，质量安全监管和突发事件应对机制尚待健全

2013 年我国农产品重金属超标、农药残留超标、非法加工制售肉制品等质量安全事件频繁发生，如"湖南镉超标大米"、"黄浦江漂浮死猪"、"海南毒豇豆"、"山东潍坊毒生姜"、"江苏无锡假羊肉"、"陕西渭南滥用高毒农药"等，引起公众广泛关注，加重了人们对农产品安全的担忧，对农业生产和农民收入造成较大负面影响。虽然近年来我国持续加大农产品质量安全监管力度，但农产品质量安全事件依然多发，根本原因在于农业发展方式转型滞后和农产品质量安全监管长效机制不健全。我国传统农业生产点多面广、分散无序，农业标准化生产比例低，长期以来追求增产带来化肥农药过量使用，同时工业污染向农村转移，导致一些地区农产品产地环境被严重破坏，农产品质量安全缺乏基本保障。同时，我国农产品质量安全监管"九龙治水"、"产"与"管"脱节以及运动式、应急式监管的现象并没有根本改观，长效监管机制建设相对滞后。此外，农产品质量安全社会关注度高，随着新媒体的迅猛发展，一些局部个别事件很容易被炒作，引起放大效应和连锁反应，甚至对农业生产带来灾难性影响，迫切需要完善相关应急管理机制。

（四）农民收入增幅出现阶段性放缓，延续城乡居民收入差距缩小势头难度加大

2013 年我国农村居民收入增长实现"十连快"，城乡居民收入差距进一步缩小，但农民收入增速却下降至近四年新低，只有 9.3%，同比下滑 1.4 个百分点（见图 2-3）。无论中东部还是西部地区，粮食主产区还是非主产区，农民收入增速均呈现放缓态势。其中，家庭经营收入增速下降是农民收入增长减速的主要原因。随着国内外农产品市场价差拉大，国内支持价格上涨空间有限，日益趋近"天花板"，主要农产品连续增产后产量继续增加难度加大，农民家庭经营收入增长受到限制。同时，我国经济正处于周期性调整的换挡期，经济增速下降对农产品需求和农民外出就业产生较大影响，农民工资性收入增长也受到一定限制，保持农民持续较快增收势头的难度越来越大，如果没有新的增收渠道支撑，城乡居民收入比可能进入新的波动期，存在扩大的风险。

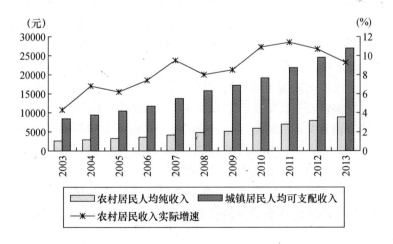

图 2-3　2003～2013 年我国农村居民人均纯收入及增速

资料来源：历年《中国统计年鉴》、国家统计局网站。

三、2014 年中国农业农村经济形势展望

2014 年农业农村发展面临的宏观经济环境依然并不宽松，全年气候存在不确定性，部分领域可能遭遇较大困难，但中央对"三农"工作高度重视，农村改革全面深化，巩固农业农村好形势，实现新发展值得期待。

（一）农业增速小幅回升

近年来，随着经济增速阶段性放缓、资源环境约束趋紧，我国农业增速已经步入下行区间，呈整体回落趋势。2004~2008 年，我国第一产业增加值实际增速平均为 5.1%，2009 年以来平均增速下滑到 4.3%，近几年一直保持在 4%~4.5%的增长区间，2013 年增速下滑至 4%，达到近年新低，这一趋势在 2014 年不会发生大的改变。展望 2014 年，我国农业发展面临新的机遇，新一届党中央高度重视"三农"工作，把农业放在"四化同步"的基础位置，强农惠农富农政策支持力度进一步加大，为农业农村经济持续发展提供有力支持，农村改革的全面深化，势必为农业农村经济持续发展注入新的活力，如果不发生全局性极端气候事件和重大农产品质量安全事件，全年农业经济有望继续平稳发展，增速也将有所回升，但考虑到国内经济增速可能进一步放缓，主要农产品增产空间收窄，农产品外部需求变化等因素，农业增速尚不具备大幅回升的基础，预计全年农业增加值实际增长 4.2%左右。

（二）粮食产量稳中略增

在连续十年增产后，我国粮食产量基数已经很高，继续增产的难度越来越大，2014 年如果没有全局突破性、区域带动性强的新品种和新技术，全年粮食不具备大幅增产的基础。同时，近年来连续增产带来的耕地污染、非粮生产受挤压等负面效应显现，国家更加注重农业可持续发展，逐步推进农业资源休养生息，部分地区粮食产量可能受到影响。但是，全年粮食生产仍存在诸多利好因素，2013 年底召开的中央经济工作会议将保障国家粮食安全列为 2014 年六大工作任务之首，明确提出要切实保障国家粮食安全，实施"以我为主、立足国内、确保产能、适度进口、科技支撑"的国家粮食安全战略。同时，我国已经启动《全国高标准农田建设总体规划》，大力推进集中连片、旱涝保收高标准农田建设，对提高粮食综合生产能力具有重要意义。此外，2014 年粮食目标价格保险试点、粮食生产规模经营主体营销贷款试点启动，对调动农民种粮积极性，推动粮食规模经营将发挥积极作用。综合考虑多种因素，如果不遇到严重的自然灾害，预计 2014 年粮食产量将达到 6.1 亿吨左右，增产 1.5%。

（三）农产品价格温和上涨

2014 年我国农产品市场运行面临的形势依然较为复杂，总体看，推动价格上行的因素大于下行因素，全年农产品价格将总体上涨。根据 H－P 滤波分析，2009 年以来我国农产品价格进入新一轮波动周期，目前仍处在上行通道。2013 年我国粮食实现了"十连增"，主要农产品大多增产，部分农产品库存较大，供求关系总体宽松，同时国际市场主要农产品供大于求的格局将持续，会对国内价格带来下行压力，受国内经济增速回落、城乡居民收入增速可能下降等影响，全年农产品价格不具备大涨的基础。但是，国内农产品市场供求依然不宽松，受最低收购价提高、生产成本上涨等影响，2014 年农产品价格上涨势头不会改变。预计全年粮食价格在托市政策支撑下将稳中有涨，但受国际市场价格和市场需求走弱影响，涨幅可能出现回落；棉花价格受高库存、消费减少和国际低价棉影响存在下行压力，可能出现较大幅度下滑；受国际市场影响，国内油脂油料和食糖价格将承压下行，走势继续偏弱；猪肉价格将进入周期性恢复上涨通道，牛羊肉、乳制品价格稳中有升。

（四）农民收入增速继续下滑

当前我国农民收入已经连续多年增长放缓，部分地区纯农户收入出现徘徊甚至下降，继续保持较快增长的难度越来越大。特别是农民收入结构已经发生了转折性变化，工资性收入成为增收主渠道，农民收入增长与宏观经济形势变化的关系更加紧密，受宏观经济紧缩的影响更加明显。目前我国正处在经济转型升级的关键阶段，潜在增长率有所下降，经济增长已从高速转入中高速，预计 2014 年经济增速有可能进一步放缓，农民工资性收入持续高速增长势头可能趋缓。同时，主要农产品增产空间有限，农产品价格继续上行动力趋弱，农业生产成本继续增加，农民家庭经营性收入难以大幅增长，2014 年我国农民收入增速将继续下降。但是，全年农民增收也存在诸多有利条件，经济稳定增长和劳动力供求关系趋紧将带动农民务工收入继续增长，农村土地、产权等制度改革的全面深化有利于提高农民财产性收入，同时中央继续加大"三农"支持力度、推进目标价格制度等有利于稳定和提高农民农产品收入，农民收入继续较快增长有基础。综合看，全年农民收入增幅有望保持在 8% 以上。

四、措施建议

当前在加强农业基础建设、抓好短期突发事件应对的基础上，要更加重视农业农村发展中的深层次矛盾和问题，依托改革创新，从深处着力，建立长效机制，促进农业农村经济持续健康发展。

（一）建立农业可持续发展长效机制

以保护农业资源环境为重点，加快建立农业可持续发展长效机制，切实保障农产品质量安全和生态环境安全。研究制定农村土地质量保护和管理的专门性法律法规，落实最严格的耕地保护制度，加强耕地质量建设与管理，大力发展保护性耕作，尽快全面开展耕地污染治理，建议提取土地出让收入等筹集资金，建立土壤生态补偿基金，专项用于指导农民恢复和提高土壤功能、对污染的农村土地进行补救治理等。加大土壤污染防治宣传和培训力度，增强农民土壤保护意识。落实最严格的水资源管理制度，加强地下水超采漏斗区综合治理，大力推进节水灌溉和水肥一体化等节水农艺措施，积极发展农村用水合作组织，提高水资源利用效率。加强农业生态环境保护，加大农业面源污染治理力度，加快推进农产品禁止生产区划分和分级管理制度建设，加强对规模化养殖场污染排放限制，采取有效措施严格控制城市工业污染向农村转移。

（二）完善农产品市场价格和调控机制

加快完善农产品价格形成机制，发挥市场形成价格的决定性作用。在搞好棉花、大豆目标价格补贴试点的基础上，尽快开展粮食目标价格补贴研究和试点。完善稻谷、小麦最低收购价政策和玉米临时收储政策，适当调减储备规模，完善储备品种，优化储备区域布局，明确政府抛储干预上限标准。按照稳定生产为主导、储备调节为辅助、进口调剂为补充的思路，加大生猪生产扶持力度，推进规模化养殖，完善市场调控预案，积极推出生猪期货，健全猪肉进口办法。对棉花、油料、食糖等对外依存度较高的重要农产品，要强化进口管理措施，优化关税配额、滑准税和非关税措施等进出口调控办法，探索对食糖进口实施滑准税，根据大豆进口情况变化适时征收反补贴或反倾销关税。此外，要理顺市场价格调控管理体系，强化物价部门统一协调农产品价格调控职能，尽早设立全国层面重要农产品价格调节基金，健全重要农产品价格信息收集和发布制度，科学引导社会舆论和市场预期。

（三）健全农产品质量安全监管体系

按照农产品质量全过程、全产业链监管的要求，完善农产品质量安全风险评估、产地准出、市场准入、质量追溯、退市销毁等监管制度，建立覆盖从田间到餐桌全过程的监管体系。尽快完善农产品质量安全标准，加强种养业良种、投入品安全使用、农产品生产操作规范、农兽药残留限量、产地环境质量、产品等级规格、包装储运等领域标准的制修订，用最严谨的标准来规范农业生产。加快推进农业标准化、清洁化生产，积极扶持龙头企业、农民专业合作组织、科技示范户和种养大户搞好示范带动，引导农民科学施肥、用药、用料。坚持"事前防范、重点治乱、标本兼治"的原则，加强农产品质量安全检验检测体系建设，建立农产品质量安全违法主体强制退出机制，加大对农产品质量安全违法行为的惩处力度，强化农产质量安全监管责任追究，用最严格的监管、最严厉的处罚、最严肃的问责确保农产品质量安全。

（四）拓宽农村居民收入增长渠道

大力培育家庭农场、专业大户等农业新型经营主体，落实设施农业用地政策，将规模化经营设施纳入财政保险补贴覆盖范围，支持以流转土地经营权、大中型农机具等进行抵押贷款，着力解决新型经营主体"贷款难、用地难、风险大"等问题，推进规模化、特色化种养，提高产出效率。健全农业支持保护体系，加强农产品价格支持力度，丰富价格支持形式，增加农民务农收益。加大农民工就业培训力度，鼓励农民工返乡创业，提高人力资本水平，增加工资性收入。深化农村产权制度改革，赋予农民更多的财产权利，重点要加快探索土地承包权和经营权分离的有效实现形式，大力推进农村土地流转，积极开展土地承包经营权抵押贷款，发展土地股份合作社等合作组织，盘活农村"沉睡资产"，将财产性收入培育成农民增收新亮点。鼓励土地流转比较集中的地区建立农村劳务合作社，促进农村富余劳动力就业增收。

（执笔人：涂圣伟）

第三章 2013 年中国工业发展回顾与 2014 年展望

内容提要： 2013 年以来，工业延续向中高速增长转换态势，阶段性降速趋势逐步形成；工业品价格继续走低，出口增长动力仍显不足；企业盈利状况有所改善，但主营业务盈利水平依然较低；制造业投资增速趋缓，企业信心仍未出现显著改观。当前部分领域产能过剩矛盾日趋严重，国内需求增长仍受到较大制约，出口需求复苏仍存在很大不确定性，企业成本上升压力持续增大。2014 年工业增长将进入中高速增长新阶段，工业发展动力机制面临重要转换；部分上中游行业增长波动风险加大，下游消费品行业运行将相对稳定。政策建议：改善宏观政策和体制环境，建立健全化解产能长效机制，进一步落实简政放权，深化资源环境管理体制改革，支持民营企业做大做强。

2013 年以来，工业发展的内外部条件发生深刻变化，工业增长将在阶段性下移中逐步寻找新平衡。

一、2013 年工业经济运行特点

（一）工业延续中高速增长态势，阶段性降速趋势逐步形成

2013 年，我国工业经济延续由高速增长向中高速增长转换的态势。全年工业增速和比重均降至 1991 年以来的最低水平。全部工业增加值同比增长 7.6%，增速比 2012 年下降 0.1 个百分点；规模以上工业增加值同比增长 9.7%，比 2012 年下降 0.3 个百分点。工业增加值在国内生产总值中的比重由 2012 年的 38.5% 继续下降至 37%（见表 3−1）。经过增速持续下移之后，工业增长开始出现企稳回升迹象，但回升基础仍不牢固。规模以上工业增加值在第一季度、第二季度分别同比增长 9.5% 和 9.1%，第三季度、第四季度则略有回升，分别同比增长 10.1% 和 10.0%。具体看，增速回升仍局限在少数行业领域，其中，电力和钢铁行业是工业增速提升的主要动力。此外，汽车、电器机械、有色等行业增速也有一定回升，而煤炭、乙烯、有色、水泥等产量增速仍有所下行。比较而言，重工业增速回升明显快于轻工业。重工业主导下的工业增速回升显示经济结构存在再度扭曲的风险，因此增速回升存在较大阻力。

表 3 -1　2011~2013 年工业增速和比重变化

单位:%

指　　标		2011 年	2012 年	2013 年
工业增长	全部工业	10.4	7.7	7.6
	规模以上工业	13.9	10.0	9.7
工业增加值占 GDP 的比重		39.8	38.5	37.0

资料来源:国家统计局:《2011~2013 年国民经济和社会发展统计公报》。

(二) 国内工业品价格继续走低, 出口增长动力仍显不足

2013 年以来, 受供需矛盾加大拖累, 工业品价格延续 2012 年以来的下降走势, 全年工业生产者出厂价格和购进价格指数分别比 2012 年下降 1.9% 和 2.0%, 降幅均比 2012 年增大了 0.2 个百分点。总体而言, 上游产品价格降幅明显大于中下游产品。在工业生产者出厂价格方面, 采掘工业价格下降 5.7%, 原材料工业价格下降 3.1%, 加工工业价格下降 2.0%。在工业生产者购进价格方面, 黑色金属材料、有色金属材料及电线、燃料动力和化工原料等价格降幅较大。工业品价格持续下降反映了国内需求仍然低迷, 市场供需仍在增速下移中探寻新平衡。同时, 上游能源原材料产品价格较快下降却有利于缓解工业企业成本上升压力, 缓解市场供需矛盾。受国际环境影响, 工业品出口增长动力仍然不足。2013 年, 出口总额增长 7.9%, 增速与上年持平, 连续两年保持在 10% 以下。更能直接反映工业企业出口状况的出口交货值同比名义增长 5.8%, 增速比 2012 年下降了 5 个百分点 (见表 3 -2)。我国传统劳动密集型产品的国际市场份额已出现连续下降, 2013 年依然延续这种态势, 一般贸易出口增长 10.1%, 而加工贸易出口下降 0.2%。显然, 我国依托要素低成本建立起来的传统出口竞争优势正在弱化, 而资本、技术密集型产品能否及时替代原有出口增长点却取决于技术升级的速度。

表 3 -2　2011~2013 年工业品价格和出口交货值变化

单位:%

指　　标		2011 年	2012 年	2013 年
价格指数	工业生产者出厂价格	6.0	-1.7	-1.9
	工业生产者购进价格	9.1	-1.8	-2.0
出口增长	工业企业出口交货值	12.3	11.0	5.8
	出口总额	20.3	7.9	7.9

资料来源:国家统计局:《2011~2013 年国民经济和社会发展统计公报》。

(三) 企业盈利状况有所改善, 但主营业务盈利水平依然较低

2013 年, 全国规模以上工业企业实现利润总额同比增长 12.20%, 其中, 主营

业务利润却仅比 2012 年增长 4%。规模以上工业企业实现主营业务收入比 2012 年增长 11.20%，以利润总额计算的利润率为 6.11%，以主营业务利润计算的利润率为 6.04%（见表 3-3）。工业企业利润总额增长快于主营业务收入表明企业盈利状况有所改善，但同时，工业企业主营业务利润增速明显低于全部利润增速，也明显落后于主营业务收入增速，说明企业利润改善主要来自非主营业务，而主营业务盈利状况却仍未明显改善。在 41 个工业大类行业中，31 个行业主营业务利润比 2012 年增长，9 个行业主营业务利润比 2012 年减少，1 个行业主营业务亏损比 2012 年减少。由于工业生产者购进价格下降快于出厂价格下降，导致处于上游的煤炭、有色、建材等能源原材料行业利润下降幅度较大；而装备、汽车等中下游企业盈利状况总体好于上游企业。工业新增利润主要集中在汽车制造业，石油加工、炼焦和核燃料加工业，化学原料及化学制品业，电气机械及器材制造业，电力、热力生产和供应业五大中下游行业。分企业类型看，国有及国有控股企业效益下滑明显，全年实现利润总额比上年增长 6.4%，增速远低于工业平均水平。

表 3-3　2011~2013 年工业企业盈利水平变化

单位:%

指　标		2011 年	2012 年	2013 年
同比增长	利润总额	25.40	5.30	12.20
	主营业务收入	27.20	11.00	11.20
主营业务收入利润率		6.47	6.07	6.11

资料来源：国家统计局：《2011~2013 年国民经济和社会发展统计公报》。

（四）制造业投资增速趋缓，企业信心仍未出现显著改观

2013 年以来，在产能过剩和效益低迷背景下，工业企业对未来预期受到明显制约，投资动能继续趋于减弱。尤其是制造业投资增长较乏力，全年制造业投资增长 18.5%，比 2012 年下降 3.5 个百分点，低于全社会投资增速 1 个百分点（见表 3-4）。制造业内部，部分行业投资增速有回暖迹象，其中，通用设备、电子设备等中下游行业由于效益波动较小，投资增速也相对较快，特别是受铁路投资等支持政策影响，非汽车交运设备投资增速显著提升。相比之下，具有一定基础性的电力、热力、燃气及水的生产和供应业投资增长有所加快，全年投资增长 18.4%，增速比 2012 年提高了近 6 个百分点。2013 年全年，中国制造业采购经理指数（PMI）始终位于荣枯线（50）以上。12 月为 51，表明企业整体保持稳定中略有扩张态势。但从分项指数看，PMI 生产指数和新订单指数的缺口连续维持在相对较高位置，12 月分别为 53.9 和 52，表明需求扩张未能跟上产出扩张，产能过剩矛盾存在加剧风险。在产能过剩矛盾没有明显缓解之前，制造业投资信心难以出现显著改观。

表 3 - 4　2011～2013 年工业投资增长和 PMI 变化

单位:%

指　标		2011 年	2012 年	2013 年
固定资产投资增长		23.8	20.6	19.6
工业投资增长	采矿业	21.4	11.8	10.9
	制造业	31.8	22.0	18.5
	电力、热力、燃气及水的生产和供应业	3.8	12.8	18.4
中国制造业采购经理指数（PMI）		50.3	50.6	51.0

注：PMI 为当年 12 月份数据。

资料来源：国家统计局：《2011～2013 年国民经济和社会发展统计公报》。

二、主要问题

（一）部分领域产能过剩矛盾日趋严重

目前，我国一些工业行业的产能过剩矛盾日趋严重。特别是钢铁、水泥、平板玻璃、电解铝以及造船等传统行业产能利用率明显低于国际通常水平，由此导致利润率大幅下滑，企业普遍经营困难。并且，仍有一批在建、拟建项目导致产能过剩呈加剧之势。总体看，此轮产能过剩矛盾是 21 世纪以来较突出的一次。根据近期有关调查，71% 的企业认为目前产能过剩"非常严重"或"比较严重"，超过一半的企业认为，要消化目前的过剩产能，至少需要 3 年以上的时间。当前产能过剩矛盾直接危及产业健康发展，甚至影响民生改善和社会稳定大局。目前钢铁、有色、建材、船舶等行业盈利水平已经降至多年来的低点，个别行业处于全面亏损状态。由于一些行业是高税收行业，尤其是一些地方政府的重要税收来源，行业效益下滑将对地方财政收入产生直接影响，在当前地方债务融资平台受到限制的背景下更可能增大地方债务风险。近期地方财政增收趋缓和地方融资平台受限对基建投资增长形成很大制约，反过来可能会加剧产能过剩矛盾并通过传导效应产生更大的债务风险。产能过剩可能导致银行不良贷款增加，处理不好会引发金融风险甚至经济停滞。此外，产能过剩还会引发下岗失业、能源资源浪费和环境破坏等社会问题。为此，国务院出台了《国务院关于化解产能严重过剩矛盾的指导意见》（国发［2013］41 号），提出了化解产能过剩矛盾的总体思路和对策，政策效应将逐步显现。

（二）国内需求增长仍受到较大制约

2013 年下半年以来，工业生产增速好转很大程度源于电力、钢铁等上游行业增加值回升的拉动，但中游行业增加值上行动力仍然有限。从近几年看，中游行业产出增速往往领先于上游，目前上中游行业增长短暂背离显示国内需求改善仍然较有限。当前，我国依赖高投资拉动工业增长的模式积累的矛盾不断增加，正在面临严峻挑战。十八届三中全会强调市场机制发挥决定性作用，过去政府一些直接刺激和干预投资的方式将逐步弱化，特别是随着地方融资平台清理以及政绩考核制度改革的推进，地方政府主导的基础设施投资增长将面临较大压力。考虑到我国工业化尚未结束，城镇化仍有很大空间，未来较长时期投资仍将发挥重要驱动作用，但投资结构将可能更多向基础设施、公共服务和引导产业升级的方向倾斜。当前，受到经济放缓、政务消费受限等因素制约，终端工业品消费增长速度有所下降但相对稳定。2013 年，社会消费品零售总额同比增长 13.1%，增速比 2012 年下降了 1.2 个百分点。长期看，随着收入水平提高、分配结构改善以及社会保障能力增强，未来国内消费仍有继续增长的潜力。但当前汽车和房产两大传统消费热点均陷入调整。受城市限购等政策制约，汽车销售额持续下降。在调控政策等多种因素作用下，房地产投资也未有持续改善，房地产销售、新开工、投资增速均有所徘徊。由于新的消费亮点和热点仍然缺失，受长期结构性因素制约，消费改善将需要一个较长的过程。

（三）出口需求复苏仍存在很大不确定性

2013 年以来，工业品出口环境缓慢向好，但风险因素犹在。人民币汇率仍然不断攀升，屡创新高。人民币升值已经成为我国出口面临的最大现实挑战，尤其是以新兴市场为主的公司和众多中小型企业受到影响最大。目前在国际交易中，人民币已成为全球第 9 大国际货币，我国先后与多个国家签署了双边的本币互换协议。预期 2014 年人民币的国际化进程有望提速，这将有利于外贸投资的便利并降低外贸企业的汇率风险。虽然美国、欧盟、日本等发达国家仍是拉动我国出口增长的主导力量，但作用趋于减弱。由于近年来劳动力成本持续上升以及人民币升值造成我国出口竞争力下降，全球金融危机之后，我国对新兴市场贸易的增长则相对较快，对我国出口增长的带动作用日益增强。但目前新兴经济体国内需求不足，经济增长动力有限，经济结构仍存在着诸多矛盾，经济发展的波动性较大。此外，为争夺国际市场，大部分新兴经济体采取货币贬值策略，尤其是美国宣布退出 QE 政策后，使全球资本市场资金流向呈现新变化，新兴经济体的货币将进一步承受较大的贬值压力，部分国家金融乃至实体经济可能出现危机并将影响所在区域的经济稳定。因此，尽管未来一段时期国际经济形势好转有利于中国出口增长，但短期内工业品出口增速难以大幅反弹。

（四）企业成本上升压力持续增大

当前，我国工业发展面临的要素条件正在发生深刻变化，导致企业成本面临持续上升的压力。我国劳动力总量在未来几年即将见顶下降，农村劳动力已从无限供给转向有限剩余，劳动力成本上升趋势不可逆转，而且年轻劳动力、技能型劳动力供给不足的矛盾更加突出，对工业企业尤其是劳动密集型企业的倒逼效应正加快显现。近期在国家税收金融支持政策影响下，企业资金成本压力有所减弱，但长期存在的中小企业融资难和融资成本高问题仍然突出。近年频繁出现的雾霾天气对资源环境高损耗型的工业发展模式敲响了警钟，未来社会各界对生态环境、生活环境要求将越来越高，国际上控制全球温室气体排放总量是大势所趋。能源资源约束日渐增强要求企业加大节能环保投入，无疑将会提高企业运营成本。在需求没有明显改善的条件下，企业成本上升将导致利润空间被压缩。值得一提的是，要素条件变化在制约工业短期增长的同时，也为推进结构调整实现长期健康发展提供了重要契机。

三、2014 年工业经济形势展望

（一）工业增长将进入中高速增长新阶段，工业发展动力机制面临重要转换

经过多年持续高速增长之后，我国工业发展的内外部条件发生了深刻变化，工业增速和比重阶段性下降的趋势正在逐步形成，工业发展进入转型升级和动力机制转换的重要时期。2014 年将是全面深化改革的元年，十八届三中全会拟定的全局性改革蓝图将不断释放制度红利，将为工业长期发展提供新的动力。同时，深化改革也将推动工业发展向市场化轨道理性回归，工业发展将更多地决定于工业结构与供需结构间的内在矛盾变化。未来，在货币政策没有太大松动的条件下，"房地产—财政—基建—制造业—消费"这一产业链条将难有大的作为，而其他消费热点培育仍需等待时机和时间。工业领域的产能过剩矛盾彻底化解尚需时日，发展方式粗放、创新能力不足等诸多结构性问题凸显使工业转型升级成为必然选择。外部国际形势变化也将是喜忧参半，对我国工业增长的拉动作用将更多是结构性的，提升国际分工地位的紧迫性日益增强。目前，工业增速经过一段时间的下移后逐步接近新的平衡，向潜在增长水平靠拢。考虑内外部支撑条件变化，综合判断，2014 年，规模以上工业增速将进入 10% 以下的常态运行区间。

（二）部分上中游行业增长波动风险加大，下游消费品行业运行将相对稳定

近年来，上中游的能源原材料及投资品产业随经济周期的波动性相对较大。经过近半年多的去库存之后，钢铁、有色、煤炭等部分行业供需关系有所改观，部分产品进入弱平衡状态，如近期铁矿石价格的上涨带动钢铁企业提高钢材价格。同时，随着经济增速持续下移，市场对投资稳增长政策预期增加，预期未来投资增加的领域主要包括城市基础设施建设、轨道交通建设、中西部基础设施建设及宽带网络建设等，而一旦短期市场景气度有所改善或政策出现松动信号，将助推部分上中游行业打破弱平衡关系，进入被动减库存和快速反弹阶段，但随之而来的过度投资风险也将再次显现，因此产业稳定运行需要宏观政策和市场预期的相对稳定。比较而言，农副食品制造业、食品制造业、纺织服装服饰业等消费品行业作为晚周期行

业，市场相对稳定且对政策敏感度较弱；受近期房地产销售增速放缓的拖累，消费品行业中弹性较大的家具制造业未来需求改善空间也相对有限。长期看，以信息化和绿色低碳循环发展为主题的新一代电子信息产业和节能环保产业可望培育成为新的增长点。

四、政策建议

（一）改善宏观政策和体制环境，引导工业结构调整

积极财政政策更多地向支持、引导需求结构和产业结构调整倾斜。以改善民生、推进两型社会建设、提高公共服务能力为重点，完善支持扩大国内需求的政策，积极培育新的终端消费热点，稳步推进国内消费市场持续增长；通过调整税收和财政支出结构，支持提高人力资本素质，改善技术创新环境。进一步加强对信贷运行的结构性约束，调节信贷资金在中西部地区、国有企业和民营企业、大企业和中小企业之间的合理配置。保持投资增长基本稳定，适当控制增长节奏，加大对农村基础设施建设、保障性住房建设、棚户区改造、污水和垃圾处理设施建设等重点项目投资力度，引导和带动需求和产业结构调整。

（二）建立健全长效机制，化解产能过剩严重矛盾

全面落实和贯彻实施《国务院关于化解产能严重过剩矛盾的指导意见》，尽快制定和完善有关部门、行业领域和地方的配套政策和任务执行方案。强化资源利用、能耗、环保、安全等具有社会外部性的指标在产能过剩行业管理中的应用。从节约能源资源、强化环境保护、社会安全等角度出发，逐步建立通过法律和市场手段调节产能过剩矛盾的长效机制。落实有保有控的金融政策，对产能严重过剩行业实施有针对性的信贷指导政策，加强和改进信贷管理。鼓励商业银行按照风险可控和商业可持续原则，加大对产能严重过剩行业企业兼并重组整合过剩产能、转型转产、产品结构调整、技术改造和向境外转移产能、开拓市场的信贷支持。以加快财税体制改革和理顺政府考核体系为突破，抑制地方政府的过度投资、盲目投资冲动。规范企业关闭破产或淘汰落后产能的程序，着力深化企业和社保体制等方面改革，建立落后产能退出的保障和补偿机制，有效防范社会风险。

（三）进一步落实简政放权，强化市场机制的决定性作用

深入落实国务院关于减少行政审批的相关决定，结合取消和下放投资、生产经营活动项目行政审批事项，深入推进产业管理方式转变和创新。在弱化政府对企业直接微观干预的同时，强化政府在在食品、环境、安全生产等方面的市场监管作用。推进依法行政，加强工业领域的相关立法工作，在科技创新、技术改造、节能减排、兼并重组、淘汰落后产能、质量安全、中小企业发展等重点领域，健全和完

善相关法律法规。改进完善产业信息统计体系，强化信息公开对企业投资经营的决策引导，建立健全产业运行、政策导向等信息共享及发布制度。

（四）深化资源环境管理体制改革，倒逼工业升级发展

深化资源环境体制改革，推进资源环境社会成本向企业内部转移，引导和倒逼高耗能、高污染企业转型升级。扩大消费税征税范围，将部分环境污染、资源消耗的产品以及部分高档消费品等纳入征税范围。适时考虑开征环境税，优先选择防治任务繁重、技术标准成熟的税目开征环境保护税，再逐步扩大征收范围。深化矿产资源有偿使用改革，完善污水处理和排污收费制度，稳步推进排污权有偿使用和交易试点。抓住当前市场煤价处于低位的契机，尽快启动资源税由从量向从价征收的相关改革，提高资源税对市场价格的敏感性。进一步完善成品油价格形成机制，提高成品油调价频率、幅度和挂钩油种，更好地反映国际油价变动。

（五）支持民营企业做大做强，鼓励国内企业提高国际化水平

结合简政放权和垄断行业改革，进一步放宽民营企业投资领域，支持民营企业开展跨区域、跨产业投资与经营，不断提升民营企业科技创新能力和经营活力。利用税收、金融、信息服务等综合手段，支持鼓励有条件的企业"走出去"，采取多种形式在境外投资和并购，收购品牌或设立贸易性实体和技术研发机构，提升国内企业的国际市场影响力和国际竞争力。

（执笔人：付保宗）

第四章　2013 年中国服务业发展回顾与 2014 年展望

内容提要：2013 年我国服务业增速略有回升，超过第二产业成为带动经济增长的主要力量。但是仍面临着部分现代服务行业增速回落、缺乏新的内在动力、服务业集聚区作用有待进一步发挥等困难和隐忧。随着经济运行中有利于服务业增长的积极因素持续增多，劳动力素质不断提升，各级政府越来越重视服务业的发展等，预计 2014 年服务业增加值将保持稳定增长，新的行业热点不断涌现，现代服务业比重将有较大提升。建议细化落实已有促进服务业发展的政策措施，提高城镇化质量，扩大有效服务需求，重视服务业与制造业的融合发展，创新体制机制，增强服务业发展后劲，为"十三五"服务业的健康发展奠定良好的基础。

在错综复杂的国内外环境下，2013 年我国服务业增速略有回升，取代第二产业成为拉动经济增长的主要力量，为经济增长、增加财源、改善民生和社会稳定做出了重要贡献。在世界经济深入转型调整和我国经济进入中长期潜在增长率下降、短周期弱复苏的交织阶段，如何适应经济发展方式转变的要求促进服务业加快发展，稳定实现"十二五"规划明确提出的要将服务业增加值提升 4 个百分点的目标，是当前面临的重大课题。

一、2013 年以来服务业发展的主要特点

（一）服务业保持平稳增长态势，在国民经济中的地位有所提升

2013 年服务业实现增加值 262204 亿元，增长 8.3%，增速分别高于 GDP 和第二产业 0.6 和 0.5 个百分点。按现价计算，服务业增加值占国内生产总值的比重达到 46.1%，首次超过第二产业（43.9%）。其中，第一季度服务业增加值占 GDP 比重达到 47.8%。在工业增速缓慢回升的背景下，服务业对国民经济增长的贡献率迅速提升（见表 4-1）。

表 4 - 1　全国三次产业增加值增长情况

单位:%

	2012 年				2013 年			
	第一季度	第一季度至第二季度	第一季度至第三季度	第一季度至第四季度	第一季度	第一季度至第二季度	第一季度至第三季度	第一季度至第四季度
国内生产总值	7.9	7.7	7.6	7.7	7.7	7.6	7.7	7.7
第一产业	3.8	4.3	4.2	4.5	3.4	3.0	3.4	4.0
第二产业	8.9	8.2	7.9	7.9	7.8	7.6	7.8	7.8
第三产业	7.4	7.7	7.9	8.1	8.3	8.3	8.4	8.3

资料来源:国家统计局网站。

(二) 现代服务业增速同比提高,服务业内部结构趋于优化

以金融业为代表的现代服务业增速普遍高于服务业整体水平。2013 年第一季度至第三季度金融业增速高于 2012 年同期 0.8 个百分点。但是与 2013 年第一季度我国金融业增速高于 2012 年同期 2.6 个百分点相比,呈现了增幅逐步缩小的发展态势。第一季度至第三季度交通运输仓储和邮政业、批发和零售业增速同比略有上升,住宿和餐饮业增速同比下降 2.6 个百分点,传统服务业增速及所占比重趋于下降(见表 4 - 2)。

表 4 - 2　前三季度服务业内部各行业增速对比表

单位:%

时间	交通运输、仓储和邮政业	批发和零售业	住宿和餐饮业	金融业	房地产业	其他
2012 年第一季度	7.1	10.7	7.5	8.8	-0.2	8.6
2012 年第一季度至第二季度	7.1	10.5	7.5	9.2	0.5	8.7
2012 年第一季度至第三季度	6.8	10.3	7.7	9.6	2.8	8.3
2013 年第一季度	7.0	10.5	4.5	11.4	7.8	6.8
2013 年第一季度至第二季度	6.8	10.3	4.8	10.8	7.5	7.4
2013 年第一季度至第三季度	7.2	10.4	5.1	10.4	7.3	7.6

资料来源:《中国经济景气月报》。

据中国物流与采购联合会统计，2013 年 1~11 月，全国社会物流总额 182.2 万亿元，同比增长 9.4%，呈现"稳中趋缓"的基本走势。从物流总额构成看，工业品物流总额 167.3 万亿元，同比增长 9.7%；进口货物物流总额 11.0 万亿元，同比增长 5.9%。受电子商务和网络购物高速增长带动，单位与居民物品物流总额继续保持快速增长态势，同比增长 29.0%。1~11 月，社会物流总费用 8.7 万亿元，同比增长 9.3%，其中，运输费用 4.4 万亿元，同比增长 9.2%，增速较 1~10 月回升 0.3 个百分点。预计全年社会物流总额接近 200 万亿元，同比增长 9.5% 左右；物流业增加值预计可达 3.9 万亿元，同比增长 8% 左右，两项指标增速同比略有放缓，社会物流总费用与 GDP 的比率将保持在 18% 左右，社会物流成本仍然较高。2013 年，受内需扩大特别是网上购物需求带动，快递、快运、配送等物流市场保持高速增长。全国规模以上快递企业业务量累计完成 91.9 亿件，同比增长 61.6%。物流业与制造业、流通业和金融业等多业联动均进一步深化。

2013 年，我国中心城市软件业稳定发展，系统集成和数据处理服务增长较快，表现突出。2013 年 1~11 月，全国 15 个副省级中心城市中有 8 个城市软件业务收入超过亿元，实现软件业务收入 1.59 万亿元，同比增长 27.6%。中心城市的软件产品、信息系统集成、数据处理和存储服务增速分别达到 30.1%、30.2% 和 31.7%。随着文化体制改革有力推进，文化创意产业日益成为新的经济增长点。2013 年我国电影票房已达 217 亿元，其中国产片票房增长同比超过 54%。

（三）社会消费品零售总额显著上升，呈逐月复苏态势

2013 年，我国社会消费品零售总额达到 234380 亿元，同比增长 13.1%，保持缓中趋稳、稳中回升走势。其中，城镇消费品零售额 202462 亿元，同比增长 12.9%；乡村消费品零售额 31918 亿元，增长 14.6%。按消费形态分，餐饮收入 25392 亿元，同比增长 9.0%，增速比上半年加快 0.2 个百分点；商品零售 208988 亿元，增长 13.6%，比上半年加快 0.5 个百分点。由于网上诚信机制逐步完善，电子商务呈快速发展态势，交易金额不断扩大，电子商务与各行各业深度融合。据工信部公布的数据，2013 年我国网络购物市场销售额增长 31.9%，分别比百货店、超市和专业店高出 21.6、23.6 和 24.4 个百分点。网上零售市场的快速发展也给传统百货公司带来了较大的压力，传统零售商贸行业纷纷开辟网络购物服务，流通现代化水平不断提升。

（四）固定资产投资保持较快增长，但增速有所下滑

2013 年，我国服务业固定资产投资达 242482 亿元，增长 21%，分别高于全社会投资总额和第二产业 1.4 和 3.6 个百分点。其中，水利、环境和公共设施管理业及教育和文体投资高于服务业平均水平（见表 4-3）。

表4-3　全国分行业固定资产投资和增速情况

指　标	2013 年	
	绝对量（亿元）	同比增长（%）
全国总计	436528	19.6
第一产业	9241	32.5
第二产业	184804	17.4
第三产业	242482	21.0
其中：交通运输、仓储和邮政业	36194	17.2
水利、环境和公共设施管理业	37598	26.9
教育	5486	19.1
卫生和社会工作	3184	21.7
文化、体育和娱乐业	5251	23.0
公共管理、社会保障和社会组织	5908	-2.3

资料来源：国家统计局网站。

（五）服务业发展的政策环境持续向好，新热点行业不断涌现

2012 年 12 月 1 日，国务院印发了《服务业发展"十二五"规划》，把推动服务业大发展作为产业结构优化升级的战略重点。2013 年 9 月国务院印发了《关于加快发展养老服务业的若干意见》，提出了加快发展养老服务业的总体要求、主要任务和政策措施，通过完善扶持政策，吸引更多民间资本，培育和扶持养老服务企业和机构发展。2014 年 1 月民政部、国家发改委下发《关于开展养老服务业综合改革试点工作的通知》，作为《关于加快发展养老服务业的若干意见》的实施细则，提出在全国开展养老服务业综合改革试点工作，进一步优化养老服务业发展的政策环境，完善体制机制，创新发展模式，拓宽民间资本参与渠道，重点扶持发展养老服务龙头企业。一些地方政府也出台了相关养老扶持政策。这些政策的出台有利于解决我国养老服务和产品供给不足、市场发育不完善、养老服务的扶持政策不健全、体制机制不完善、城乡区域发展不平衡等问题，促进养老服务业快速发展。

2013 年 10 月国务院公布了《关于促进健康服务业发展的若干意见》，提出放宽市场准入、加强规划布局和用地保障、优化投融资引导政策、完善财税价格政策、引导和保障健康消费可持续增长、完善健康服务法规标准和监管、营造良好社会氛围等政策措施。由于健康服务业覆盖面广，产业链长，将会有效拉动医疗服务、健康管理与促进、健康保险以及相关服务，还拉动药品、医疗器械、保健用品、保健食品、健身产品等产业发展。

二、面临的主要困难和隐忧

（一）非制造业商务活动指数徘徊在荣枯线附近，服务业缺乏新的内在动力

2013 年，我国非制造业商务活动指数处于 2009 年以来的历史最低水平，12 月非制造业商务活动指数仅为 54.6%，比上月回落 1.4 个百分点，其中在手订单和存货指数分别只有 44.9% 和 46.9%。从全年走势看，2013 年非制造业商务活动指数与 2012 年相比趋于下降，2013 年 6 月和 8 月仅为 53.9%，徘徊在荣枯线附近，反映服务业领域信心不足（见图 4-1）。

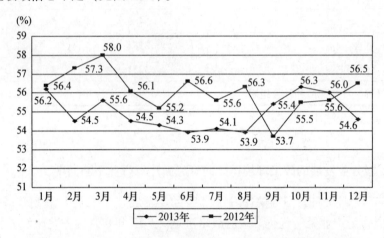

图 4-1　2012 年、2013 年全国非制造业商务活动指数变化情况

资料来源：国家统计局网站。

12 月非制造业商务活动、新订单及业务活动预期指数同比下降分别为 1.5、3.3 和 5.9 个百分点。其中服务业新订单指数仅为 49.7%，比上月下降 0.6 个百分点，跌至临界点以下（见表 4-4）。

表 4-4　中国非制造业 PMI 分类指数（经季节调整）

单位:%

时间	商务活动	新订单	中间投入价格	收费价格	业务活动预期
2012 年 12 月	56.1	54.3	53.8	50.0	64.6
2013 年 1 月	56.2	53.7	58.2	50.9	61.4
2013 年 2 月	54.5	51.8	56.2	51.1	62.7
2013 年 3 月	55.6	52.0	55.3	50.0	62.4
2013 年 4 月	54.5	50.9	51.1	47.6	62.5
2013 年 5 月	54.3	50.1	54.4	50.7	62.9

时间	商务活动	新订单	中间投入价格	收费价格	业务活动预期
2013 年 6 月	53.9	50.3	55.0	50.6	61.8
2013 年 7 月	54.1	50.3	58.2	52.4	63.9
2013 年 8 月	53.9	50.9	57.1	51.2	62.9
2013 年 9 月	55.4	53.4	56.7	50.6	60.1
2013 年 10 月	56.3	51.6	56.1	51.4	60.5
2013 年 11 月	56.0	51.0	54.8	49.5	61.3
2013 年 12 月	54.6	51.0	56.9	52.0	58.7

资料来源：国家统计局网站。

（二）部分服务行业增速回落，需要转型发展

从服务行业商务活动指数看，信息传输软件和信息服务业、邮政业、水上运输业、装卸搬运及仓储业、电信广播电视和卫星传输服务业、零售业等行业商务活动指数为 60% 以上，企业业务总量明显增长；生态保护环境治理及公共设施管理业、住宿业、租赁及商务服务业、餐饮业、道路运输业等行业商务活动指数低于临界点，企业业务总量有所减少。从服务业内部行业企业的景气指数看，住宿和餐饮业景气指数和信心指数都最低，即期景气指数仅为 79.8，即期信心指数为 85.8，表明行业进入深度调整期，总体下滑颓势未得到扭转，信心亟待提振（见表 4 - 5）。

表 4 - 5　2013 年第三季度服务行业企业景气指数和心信指数情况

行业	景气指数	即期指数	预期指数	信心指数	即期指数	预期指数
批发和零售业	123.9	116.5	128.8	120.4	115.9	123.4
交通运输、仓储及邮政业	111.0	108.1	113.0	109.6	108.6	110.3
住宿和餐饮业	88.3	79.8	94.0	90.1	85.8	93.0
信息传输、软件和信息服务业	137.8	132.3	141.4	140.0	139.6	140.2
房地产业	115.7	113.7	117.1	115.6	117.7	114.4
社会服务业	110.4	109.7	110.9	113.5	116.9	111.3

资料来源：《中国经济景气月报》。

（三）服务业集聚区粗放经营，集聚作用有待进一步发挥

目前，我国一些服务业集聚区同质化现象严重。如国家 16 家文化科技融合创新示范基地中有 14 家都将动漫游戏作为主导产业。一些服务业集聚区定位不准确，

重"形态建设"而轻视甚至忽视"业态建设",与一般的写字楼差别不大,收入也只是靠收取的房租来维持运转。在一些偏远地区兴建的服务业集聚区企业入住率不高,资金和资源利用效率偏低。一些地方物流园运营模式比较简单,没有利用好聚集的物流信息,只是简单地聚集了部分物流企业,并未对资源进行有效整合。即使是发达地区一些相对规范的、大型的物流园或物流信息平台,平台与平台之间也各自为政,信息不能互联互通,平台只能在一定地域范围内发挥作用。

(四)服务外包形势严峻,亟待摆脱处于价值链低端的不利局面

"十一五"期间,我国服务贸易逆差从94亿美元扩大到221亿美元,呈逐年扩大趋势。其中,旅游服务从五年前的顺差变成了逆差,且逐年在持续地扩大。表明中国需要进一步增强服务贸易的国际竞争力。逆差扩大的行业分别是运输、专利使用权和金融服务。多年来持续的逆差扩大的主要原因是我国服务业竞争力较弱,服务外包的"接包商"中,除少部分医药研发外包企业外,大多从事劳动密集、较低端的业务。

三、2014年服务业发展的影响因素与展望

2014年是全面贯彻落实十八届三中全会精神的开局之年,也是完成"十二五"规划的攻坚之年。从国际看,世界经济总体延续缓慢复苏态势,外需市场有所改善,与外需相关的服务领域有望逐步好转。但是全球价值链和供应链调整加快,对我国制造企业、服务企业抢占国际供应链中高端环节提出更高要求,外部不确定因素和内部转型压力同时存在,但是,由于服务业特别是生产性服务业,在降低生产交易成本和提高产业竞争力上的作用,正在随着新型工业化的加速而日益凸显,因此这一阶段也是服务业结构调整的契机,且积极因素正在逐渐积累,支持民间投资等政策效应逐步显现,对服务业稳步增长将发挥积极作用。

(一)城镇化进程的不断加快和保障体系的进一步完善

按照目前城镇化发展态势,预计我国将在2025年左右基本完成城镇化进程,即城镇化水平达到65%以上。城镇化的推进需要水、电、路、气等公用事业和城市基础设施建设配套发展,也会带动房地产、教育、卫生、医疗等行业的快速发展。同时,作为2012年下半年颁布的惠及亿万百姓的《国家基本公共服务体系"十二五"规划》的实施,还会进一步改变人们对教育、医疗、养老等服务支出的预期,使民众尤其是提高具有较高边际服务消费倾向的中低收入群体弱化预防性储蓄动机,随着经济长期持续增长而积累的消费能力将不断增强,社会保障体系逐步趋于健全完善,居民即期消费的愿望和能力将持续增加,有助于释放潜在的服务消费需求,对经济持续增长特别是服务业快速发展提供了强大动力支持。

（二）居民消费结构升级为服务业整体及各行业加快增长扩大了有效需求

2013 年，我国人均 GDP 超过 6000 美元，达到中高发展中国家收入水平，按照发达国家产业结构演进规律，人均 GDP 超过 4000 美元后，消费将成为服务业发展的新动力，推动服务业迅速崛起。而且我国部分发达地区开始迈向后工业社会，需求层次不断提高，商贸、交通通信支出持续增长，人们用于改善居住环境方面的支出大幅度增长，以教育、居住、通信、文化、卫生保健为主的发展型、享受型的新消费结构逐步形成，文教娱乐、金融保险、居住服务、旅游、医疗保健等为代表的享受性需求支出的上升将带动生活性服务业的快速发展。另外，由工业化中期加速向中后期过渡，制造业高端化、绿色化发展，将实现从过去片面注重生产环节向"研发"、"服务"与"生产"相结合的战略转变，必将为物流、金融等生产性服务业形成巨大市场，带动生产性服务业投资和需求快速增长，促使我国进入现代服务业跨越发展阶段。

（三）全球经济向服务经济的转型以及与信息网络经济、知识经济的互动，将引发新的服务业革命

发展现代服务业，从国外发达国家的成熟经验看，是在工业化比较发达的阶段，主要依托信息技术和现代化管理理念产生和发展起来的。因此，信息技术和 IT 服务产业既是现代服务业的基础，又是现代服务业不可或缺的组成部分。随着我国互联网带宽的日益提高、智能终端的快速普及，用于通信、网络等方面的消费需求大幅增长，推动移动支付、信息、网络购物等现代服务业快速发展。

（四）体制机制改革的进一步深化为服务业发展创造了更多的机会

国家有关部门多次提出加快推进服务业垄断行业的改革，包括放宽准入领域，降低准入条件，培育多元化竞争主体等，同时已经把包括行政管理体制改革在内的公共服务改革放到了重要位置，随着改革的深入，势必催生出许多新的利民举措，达到促进服务业竞争、提高效率和拉动消费的目的。如在《"十二五"规划纲要》、《"十二五"服务业发展规划》等文件中提出了完善税收政策、创新金融服务、扩大用地供给、完善价格形成机制、加大资金支持、推进质量体系建设、加快社会信用体系建设等举措，改革创新将成为未来一段时期内服务业领域最大的红利。

长期看，我国服务业发展受到社会分工细化、人员素质提升、消费观念转变等利好因素影响，服务消费需求持续增长。但同时由于制约服务业发展的因素短期内难以完全消除，与发达国家相比，我国服务业虽然存在 20 个百分点以上的增长空间，但是服务业对 GDP 增长的贡献率及所占份额的提高在未来一段时间变化是比较缓慢的。其核心原因是服务业发展在本质上存在自身的规律。第一，生产性服务业是工业化发展到一定阶段的产物，服务业的发展不能摆脱其工业依附的特性。特别是对于工业生产性服务业的发展，必须通过工业的进一步深化、通过工业服务的

外包与分工的发展来推动，我国服务业的大发展需要经历生产性服务业加快发展和升级阶段。第二，消费性服务业是消费水平大幅度提升、消费层级发生质变的产物，需要以收入分配机制、社会保障体制等不断完善为基础，而我国的收入分配改革制度具体方案迟迟没有出台，城市居民收入的实际增速下滑，经济下行的压力比较大，将对未来一段时间的服务消费需求产生一定的抑制作用。综合以上因素的叠加效应，考虑到全国经济普查数据调整因素，预计2014年服务业增加值增长为8.5%左右，服务业增加值占GDP比重为46%左右，增加值比重继续领先第二产业。

四、政策建议

在坚持产业结构优化调整的背景下，持续保持宏观调控政策的稳定性与连续性，更好地发挥市场机制作用，激发我国服务业的内生活力，促进其健康快速发展。同时，需要清醒认识所面临的机遇与挑战，制定不同层次的应对预案，以改革创新破发展困局，全力扩大服务需求，推动服务业与城镇化互动发展，促进第二、三产业融合发展，鼓励服务业创新发展。

（一）继续推进服务业综合改革试点，创新服务业体制机制

继续以推进服务业综合改革试点为抓手，及时沟通情况和宣传推广典型经验，探索加快发展服务业的新途径，制定出台一批可以广泛推广的促进服务业发展的具体政策。以放宽市场准入、促进产业结构调整为切入点，适当延长并拓展国家对知识型服务企业的优惠政策。实施"营改增"扩围后，继续保持政策的延续性，预备专项资金扶持因"营改增"而增负的企业，完善税收优惠政策。不断壮大金融、物流、科技信息、商务服务等重点产业，积极培育电子商务、云计算、物联网、研发设计、环境服务等新业态、新行业，推动服务业向高端、高质、高效方向发展。鼓励企业积极运用现代科技和先进管理理念，不断创新经营模式、服务模式，培育服务业新业态、拓展新领域、提供新产品，激发服务业的发展动力。

（二）建立有效的服务业工作机制，以科学发展的理念引领服务业发展

我国处于向工业化中后期发展的关键时期，有关部门应抓紧研究、起草并尽快出台加快信息服务、商务服务等发展的相关政策，围绕转型升级，大力发展相关的生产性服务业。充分发挥、完善和健全各地服务业办公室或者服务业发展领导小组的职能，落实重点产业和重点工作协调推进制度，协调解决影响全地区服务业发展的重大问题。积极发挥服务业发展引导资金引领产业政策的导向性作用，按照产业政策的要求，选好领域，确定项目，通过引导资金吸引社会资本，促进服务业快速有序发展。

（三）巩固承接服务外包的基础和优势，提升在全球服务外包中的地位

加强服务业标准化建设和知名品牌培育，积极推进服务业重大项目建设。加快服务外包后台支持体系的建设，积极承接国际服务外包。引导本土服务企业学习和借鉴国际知名服务企业的先进技术和管理经验，通过提高技术服务水平、规范服务外包流程等方式，不断增强承接服务外包的能力，逐步拓展承接国际服务外包的高端领域。鼓励引导外资投向软件、研发服务、移动增值服务、工业设计、咨询服务、电子商务等生产性服务业领域，引导企业灵活地采用品牌特许经营、品牌租借、贴牌与创牌等方式扩大规模提升实力。

（四）完善相关扶持政策，扩大服务需求

以完善服务功能为切入点，推进信息和城市交通高速化、智能化、便捷化。积极鼓励发展文化旅游、医疗健康等服务消费，加快研究并鼓励各地出台养老服务发展的财税、土地等扶持政策，综合运用各种财税手段多样化地支持服务业发展。在做好城镇服务业同时，激活农村服务消费市场，支持商贸流通企业向农村延伸，激发农民工群体服务消费能力。加速全社会保障体系、收入分配体制的建设和完善，并制定相应的服务业领域改革长期规划，转向以经济转型和培育新增长源为着力点的、兼顾短期的服务业宏观经济政策体系，促使服务业增长由政策刺激向自主增长有序转变。鼓励各地错位发展具有一定特色和优势的现代物流、专业性批发市场、商务服务、文化旅游等服务业重点行业，从用地价格、基础设施配套、政府基金、税收等方面明确优惠措施，将促进我国服务业发展的政策落到实处。

（执笔人：王佳元）

第五章 2013 年中国高技术产业、战略性新兴产业发展回顾与 2014 年展望

内容提要: 2013 年,在"稳中求进"政策总基调和国外市场不断回暖的双重作用下,我国高技术产业和战略性新兴产业总体呈平稳发展态势。但是,产业运行中还存在着企业利润率明显下滑、中小企业融资难、市场有效需求不足等一系列困难,而且不掌握关键核心技术、处于价值链中低端、抑制市场拓展的体制机制等一些制约产业发展的长期性不利因素也依旧存在。2014 年,我国高技术产业和战略性新兴产业的发展前景仍然谨慎乐观。既受资金成本、节能环保要求以及海外市场不确定性等因素所约束,同时又受十八届三中全会表现出来的改革意志以及释放的政策信号所指引。

一、2013 年高技术产业、战略性新兴产业运行总体情况

面对复杂的国际国内环境,我国战略性新兴产业、高技术产业主动服从和服务于经济发展方式转变的主线,发展呈现良好态势(见图 5 - 1 至图 5 - 3)。

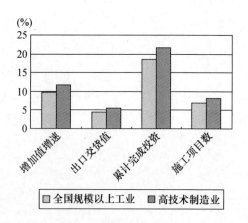

图 5 - 1 2013 年 1 ~ 11 月高技术制造业与规模以上工业主要指标增速比较

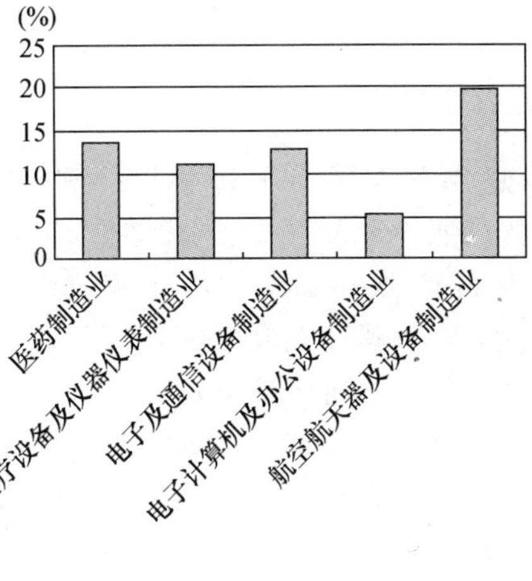

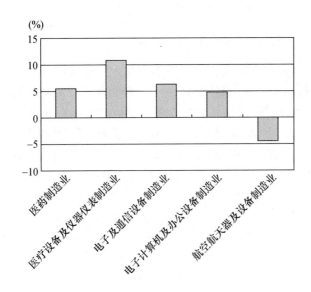

图5-2 2013年1~11月高技术制造业分行业的增加值增速

图5-3 2013年1~11月高技术制造业分行业的出口交货值增速

（一）高技术制造业明显优于工业

从主要运行指标看，增加值、出口交货值、投资、施工项目数等方面均实现了平稳较快增长，处于年度预期的合理区间。初步统计，2013年1~11月，我国高技术制造业增加值累计增长11.7%，较全国规模以上工业增加值增速高出2.0个百分点；我国高技术产业出口交货值为44236.1亿元，同比增长5.6%，较全国规模以上工业出口交货值增速高出1.0个百分点；高技术制造业累计完成投资13419.83亿元，同比增长21.6%，较全国规模以上制造业投资增速高出3.0个百分点；高技术制造业施工项目数16514个，同比增长8.3%，较全国规模以上制造业施工项目增速高出 1.2 个百分点。

（二）各细分行业运行相对平稳

1～11 月，电子信息制造业保持平稳增长，规模以上制造业增加值增长 11.2%；全行业实现销售产值 84313 亿元，同比增长 10.9%；出口交货值 43897 亿元，同比增长 5.0%。软件产业共实现软件业务收入 2.84 万亿元，同比增长 24.8%。电信业的主营业务收入累计完成 10674.3 亿元，同比增长 8.5%；全国电信业务总量累计完成 12762 亿元，同比增长 7.7%；基础电信企业互联网宽带接入用户总数达 1.88 亿户，同比增长 11.3%；移动互联网用户总数达 8.04 亿户，同比增长 7.8%；全国固定电话用户减少 986.7 万户；全国移动电话用户净增 1.11 亿户，总数达 12.23 亿户。医疗设备及仪器仪表制造业和医药制造业增加值分别增长 11.1% 和 13.5%。2013 年，我国光伏组件产量约为 26GW，同比增长 13%；出口量约为 16GW，出口额约 100 亿美元，同比下降 27%。

（三）行业并购和整合迎来新的发展阶段

在 2012 年下半年 IPO 暂停、市场需求疲软、产业结构调整、提升资源配置效率等因素的共同作用下，我国高技术产业、战略性新兴产业开始出现并购和整合的趋势。而且 2013 年 1 月，工信部、发改委、证监会等部门联合发布《关于加快推进重点行业企业兼并重组的指导意见》，为电子信息、医药等高技术产业的并购提供了指引和方向。在电子信息领域，包括阿里巴巴收购新浪微博 18% 股权，百度并购 PPS、安卓应用商店的 91 无线，腾讯收购搜狗 36.5% 股权，紫光集团收购展讯通信、锐迪科，三安光电收购美国 LUMINUS 公司 100% 的股权并分别与珈伟股份、阳光照明成立合资公司，德豪润达与雷士照明共建 LED 封装厂，TCL 集团、瑞丰光电与裕星企业合资成立华瑞光电科技（惠州）有限公司以整合 LED 产业链，福日电子收购迈锐光电有限公司 92.08% 的股权等。据清科研究中心数据显示，2013 年前 11 个月，互联网在创投市场共 1062 起投资中再次位居首位，以 200 起投资案例数和 8.94 亿美元投资金额，占投资总案例数和投资总金额的 18.8% 和 15.1%，分别排名第一。在生物领域，乐普医疗收购陕西秦明医学仪器、河南新帅克制药，和佳股份收购珠海弘升生物科技、四川思迅科技有限公司合法拥有的 9 项软件著作权资产等；在节能环保领域，天壕节能收购新世纪机电 60% 股权、新疆西拓 26% 的股份等；在新能源领域，顺风光电接盘无锡尚德等。据清科研究中心数据显示，截至 2013 年 10 月底，并购事件高达 33 起，并购金额超过 58 亿美元。

二、面临的困难和存在的主要问题

虽然我国高技术产业、战略性新兴产业 2013 年全年呈平稳发展态势，在充分肯定成绩的同时，我们必须增强忧患意识。从目前了解的情况看，我国高技术产业、战略性新兴产业发展不仅受到一些长期性、深层次问题的制约，而且还面临着一些新情况、新问题，需要密切跟踪并采取相应措施。

（一）高技术产业、战略性新兴产业发展面临的困难

1. 行业、企业利润率明显下滑

产能扩张步伐过快引发日益激烈的市场竞争，以及要素成本的不断攀升、部分行业管理新政导致企业经营成本大幅上升，利润率持续下降。一方面，越来越多的企业和资本受惑于部分战略性新兴产业领域相对较高的预期行业毛利率、较低的行业进入门槛和广阔的潜在市场，并在各级政府"有形的手"支持下竞相进入相关行业领域。不掌握核心技术的"一哄而上"的"跨跃式"发展，不仅引发部分领域产能的爆发式增长，而且日趋激烈的竞争必然导致产品价格的不断下降并摊薄行业利润。如目前 LED 行业的毛利率仅在 20% 左右，而净利润不到 5%。另一方面，成本不断上升导致企业效益显著下滑，并加大了企业生存压力。随着"刘易斯转折点"的到来，结束了我国长期以来工资不变而劳动力无限供给的历史，将对在国际分工中主要承担劳动密集型加工组装环节的我国高技术企业的工资成本带来较大的上行压力，也使得依靠规模优势和低成本优势的电子产品代工企业的利润率普遍维持在 3% 左右。此外，多家医药企业反映，目前原材料价格和人工成本不断上涨，新版 GMP 改造增加生产成本，全国一刀切的"压价中标"政策和限用抗菌药物政策，使众多医药企业面临不同程度的销售价格下降而生产成本上升两难局面，企业利润率明显下滑。部分软件企业还反映，"营改增"政策对于上规模软件企业，将增加税负 6% ~7%。

2. 中小企业融资需求无法满足或融资成本明显上升

2013 年，央行多次提出"鼓励和引导金融机构加大对小微企业的信贷投入，支持符合条件的小微企业发行债务融资工具"。但是一方面，在"防风险、去杠杆"的整体背景以及金融抑制下金融脱媒的加速推进和美联储逐渐退出量化宽松的表态，都使得我国实体经济的流动性整体趋紧；另一方面，软预算约束体制下，国企和城投对资金成本的相对不敏感，可能会对其他经济主体融资形成挤出效应。因此，受额度限制、存贷比约束等因素影响，融资难（融资需求无法满足或融资成本上升）已成为高技术中小制造企业不得不面对的事实。由于面对发达国家制造业回归、其他低成本发展中国家（如印度、巴西）的竞争等一系列挑战，我国高技术制造业利润率持续下滑。特别是对于从事低附加值加工组装环节的高技术中小制造企业而言，利用自我积累的内源性融资功能本来就很弱，赖以生存的外源性信贷融资成本的上升不仅会阻碍我国高技术中小制造企业的快速扩张，而且民间融资成本一旦超出企业承受上限，因资金链断裂而倒闭的风险会陡然增大。如部分高技术企业反映，由于有效抵押物不足，银行不仅不愿意向中小企业放贷，而且即便贷款，在目前贷款规模有限的情况下，贷款利率在基准利率基础上普遍上浮 30% ~50%，且提高担保条件、担保费用或拉长贷款审批时间，都造成企业融资成本的提高。同时，"实贷实还"的贷款模式，即借贷企业贷款到期后必须先归还银行贷款本息，然后才能向银行申请新贷，也加

重了企业的财务负担。LED、光伏、海工装备等部分战略性新兴产业又普遍存在着生产企业、供货商、客户三者之间的"连环债"问题，而一旦出现销售市场不稳定、利润空间下降、产品质量有瑕疵等情形，这条资金链就易断裂并易引致行业上下游企业陷入更大困境。此外，中小企业在资金需求难以满足的背景下，还常因处于给大企业进行配套生产的弱势地位，而遭遇大企业因财务流程复杂、回款慢等原因造成的货款拖欠，最终使得整个产业链的发展陷入恶性循环。

3. 市场有效需求不足

一方面，受世界主要发达经济体复苏缓慢的影响，国际贸易摩擦频发且技术壁垒封锁加剧，外需持续不足。据独立贸易监测组织 Global Trade Alert 称，包括关税上调、出口限制及不公正的监管调整等在内的保护主义措施大幅增多，在全球贸易保护主义抬头之际，中国已成为最大受害国。如欧盟、美国在 2013 年对我国通信设备、光伏等高技术领域连续发起反倾销、反补贴调查，并以国家安全为由限制我国企业和相关产品进入美国市场，给我国相关领域出口带来严重的负面影响。同时，南美、非洲和东南亚等新兴市场虽然具有较高的长线开发价值，但短期内由于存在着政策不透明、执行政策难度高等问题，一时还难以迅速开拓。另一方面，内需扩张受制于部分新政的实施以及体制机制的约束。如在生物领域，受到医保总额预付、零加成试点扩大，特别是下半年医药行业的反商业贿赂力度加大等因素的影响，医院用药增幅受到不同程度的扼制。同时，由于国内审批时间长等原因，创新药物、医疗器械上市流程十分缓慢，有的企业在国内外同时申请，反而在国外率先通过认定，影响了产品的国内市场开拓。此外，企业反映，国家高技术产业化专项、科技重大专项等支持的一批自主创新产品，虽然在核心技术方面实现了某种突破，但市场化推广的阻力较大。如中晟光电设备（上海）有限公司反映，公司生产的大规模生产型 LED MOCVD 设备虽具有世界先进水平，但国内厂商不愿在大生产线上应用，创新成果面临推广难的境遇。

（二）高技术产业、战略性新兴产业发展存在的主要问题

从产业自身和发展环境看，一些长期性、深层次问题还未根本解决。

1. 产能、产量虽不断增加，但产业竞争力不强

出于区域经济增长和政治绩效考虑，地方政府不顾技术积累和区域实际条件，纷纷出台扶持政策及补贴措施，将其作为新一轮产业投资重点。部分新兴领域的"跨跃式"发展主要体现在了资产规模、主要设备安装数量、生产能力等指标的快速增长，而非核心技术能力、产业竞争力的提升。总体而言，我国高技术产业、战略性新兴产业还大多处于国际垂直分工体系的底层、全球价值链的低端，核心竞争力缺失，产业尚不能自主可控，在总体上仍扮演着"跟随者"的角色。如在电子信息领域，终端的高端芯片由美国高通、博通主导，无线基站主控业务处理器件主要由美国飞思卡尔垄断。在化工新材料领域，国内产品仍以通用、中低端产品为主，大多数高端产品无论是装置规模、技术水平，还是产品性能、生产成本都难以与国

外产品相抗衡，国内聚碳酸酯基本被德国拜耳、日本帝人、日本三菱等外资垄断。

2. 企业风险管理能力特别是财务管理能力的欠缺，放大了行业危机

尽管近年来在各种利好政策的刺激下，我国高技术产业、战略性新兴产业的部分领域实现了"高速"发展，但部分国内高技术企业的风险管理意识薄弱，同时又缺乏科学化的风险管理手段，不仅导致企业的决策缺乏前瞻性，而且也导致风险来临时企业生存受到威胁。特别是在面临市场需求快速回落的成长放缓阶段，重规模、轻效益、好风险的"以小博大"式激进扩张导致了部分企业的高负债率。在行业陷入发展瓶颈时，过高的负债率使得企业极易陷入借贷危机，加剧了经营风险。如光伏领域的无锡尚德、江西赛维、超日太阳、向日葵等知名企业，LED 领域的深圳亿光、十方光电、古镇雄记、雷星光电、巴可光科技等老牌企业，纷纷陷入发展困境甚或倒闭。应该说，造成上述企业危机的原因既有市场突变、产能过剩的外因，更有企业激进扩张而风险管理失控等累积的内因。

3. 产业发展的政策环境还有待进一步完善

一方面，国家标准、规范和检测体系的不健全，导致有效市场需求难以培育。鉴于战略性新兴产业相关技术的日益成熟和飞速发展，全球各国纷纷推出相关的技术法规或标准，并对战略性新兴产业重点产品提出了强制性的认证要求。如在 LED 照明领域，美国 LED 照明灯具 TBT 通报评议会规定了测量 LED 灯流明输出、输入功率和相对光谱分布的方法。此外，还规定了测量 LED 光源光通维持率的方法，以预测 LED 灯的额定寿命。尽管 2013 年被照明行业人士誉为"标准年"，但我国 LED 行业还是缺乏被业界认可的国家标准，检测体系也尚未建立，造成了当前 LED 行业标准的层出不穷和无序竞争，并导致市场出现混乱加剧的迹象。在光伏发电领域，相比美国、德国以及日本，我国分布式光伏发电并网技术还缺乏统一和高质量的标准，已发布的标准要求较低，对我国分布式光伏发电的发展也将带来不利影响。另一方面，地方政府产业政策的不当激励造成部分新兴领域产能过剩。以 GDP 为导向的政绩考核机制和不甚合理的财政分权体制，以及高技术产业、战略性新兴产业的大发展十分符合当前的国家战略导向，使得各级政府过度干预产业发展，混淆了政府和市场的界限。如在 LED、光伏等领域，大量企业和资本在享有用地、贷款以及税收补贴等一系列政策优惠的支持下，产能扩张步伐过快，出现了某种程度的低端化、低效化。同时，当产业发展处于困境后，由于面临的债务处理、人员安置等现实问题导致退出壁垒相对较高，使过剩领域的产能很难借助市场规律而被淘汰，更加剧了相关行业领域的产能过剩。

三、2014 年高技术产业、战略性新兴产业发展环境分析

综合考虑国际国内因素，2014 年，我国高技术产业、战略性新兴产业发展面临的不确定性因素进一步增多，导致产业发展形势不容乐观。与往年相比，2014 年很

可能会成为我国高技术产业、战略性新兴产业发展的艰难之年，这都需要我们密切跟踪并采取相应措施。

（一）从国际形势看

一是市场需求不容乐观。在技术进步缺乏突破的情况下，预计2014年全球需求不旺的局面难有改观，高技术产业、战略性新兴产业领域的摩擦还将持续升级，竞争形势日趋严峻。一方面，IMF在2013年10月的《世界经济展望》报告中指出，展望未来，全球活动有望缓慢加强，但该预测所面临的风险依然偏于下行。造成下行的短期风险主要包括欧元区重陷深渊、美国的预算纠葛、美国和新兴市场经济体财政政策收紧、流入新兴市场的资本突遭切断以及较长时间的油价飙升等。另一方面，在经济停滞可能成为新常态的国际宏观经济背景下，将引发更多的政治极端主义，各国更可能施行以邻为壑的政策。旨在刺激本国产业发展、促进就业的贸易保护主义形势依然严峻。以新能源产业为例，据报道，美国白宫与美国国防部将出台一项新政，禁止采购中国装配的光伏组件并用于美国军事基地。2013年11月，欧盟开始对中国太阳能玻璃征收17.1%~42.1%的临时反倾销税；按照法规，欧盟各成员国将在2014年5月投票决定是否对中国太阳能玻璃征收为期5年的永久性反倾销税。2013年12月31日，美国方面又要求对自中国大陆和台湾地区进口的太阳能电池产品进行"双反"合并调查，力图阻断中国大陆利用台湾地区代工环节规避之前高额"双反"的渠道。以生物产业为例，英国药品和健康产品管理局发布新闻称，从2014年4月30日起将全面禁售未注册的草药制品，这也意味着目前英国市场上的中成药将全部退出英国市场。

二是全球发展格局新动向不利于产业摆脱被动和依附地位。在当前的世界经济形势下，发达国家纷纷提出"再工业化战略"，试图实现从"产业空心化"到"再工业化"的回归。同时，全球正迎来第三次工业革命，即一种建立在互联网和新材料、新能源相结合基础上的工业革命即将到来，它以"制造业数字化"为核心，并将使全球技术要素和市场要素配置方式发生革命性变化。我国高技术产业、战略性新兴产业的发展不仅面临着发达国家、其他低成本发展中国家（如印度、巴西）的竞争等一系列挑战，而且先进制造技术也将对产业发展提出新要求。随着中国要素成本的持续上升、传统比较优势的不断弱化，过去依靠发达国家拉动作为增长引擎的局面正在发生着变化。如何实现从低附加值、劳动密集型模式向追求高附加值、高技术含量模式的转变，实现从中国制造向中国创造的转变，实现从被动接受者角色向掌控主导权角色的转变，将成为我国高技术产业、战略性新兴产业未来相当长的一段时期内都必须面对和思考的问题。

三是美联储的货币政策有可能会加剧产业发展面临的风险。美联储在"量化宽松"5年后开始退出，意味着全球金融体系的信贷收紧，很有可能将引发资金流向的变化，对倚重外资的国内高技术产业影响深远。一方面，未来实体经济对于资金面的市场预期将呈现由松趋紧的根本转变，资金面偏紧的状况仍将持续；另一方面，根据利率平价理论，国内融资成本的上升将成为大概率事件，短期融资成本也曾在 2013 年 12 月接近 9%。两方面的共同作用，必将提高部分依赖廉价资本的高杠杆行业（企业）的信用风险，也不利于产业的长期投资，这都将有碍我国高技术产业、战略性新兴产业的可持续发展。

（二）从国内形势看

深入贯彻落实十八大提出的坚持走中国特色自主创新道路、深化科技体制改革、完善知识产权体系、实施国家科技重大专项等要求，以及强化需求导向，推动战略性新兴产业健康发展，都将有力促进我国高技术产业、战略性新兴产业的快速发展。但是，我们也必须清醒地认识到，一系列针对高技术产业、战略性新兴产业的政策从出台到落实并发挥功效，可能还需要一段较长的时间。

一是在外需不足的情况下，中央政府加大了对新兴技术产品国内市场的培育和扶持。以电子信息产业为例，2013 年 7 月，工信部、国家发改委等八部委共同起草了《关于促进智慧城市健康发展的指导意见》，明确提出了我国智慧城市的发展思路和建设原则。智慧城市涉及交通、通信、教育、医疗、安防等各领域的技术设施建设，而物联网在其中扮演着重要角色。预计，2020 年全球物联网设备将达 750 亿部。同时，2013 年 12 月，工信部向中国移动、中国电信、中国联通三家运营商正式发放了 4G 牌照。预计，未来 1～2 年，我国 4G 市场规模将实现跨越式增长，有望超越美国、韩国和日本，成为世界最大的 4G 市场。随着物联网和 4G 市场的大发展，电子信息产业有望出现新的增长点。以生物产业为例，2013 年 10 月国务院发布《关于促进健康服务业发展的若干意见》（国发 [2013] 40 号），以维护和促进人民群众身心健康为目标，涉及医疗服务、健康管理、健康保险以及相关服务等多个领域，相关领域将迎来发展良机。到 2020 年，健康服务业总规模达到 8 万亿元以上。以新能源产业为例，2013 年 7 月，国务院出台了《关于促进我国光伏产业健康发展的若干意见》（国发 [2013] 24 号），将"十二五"装机规划由原定的 20GW 提高至 35GW。以节能环保产业为例，2013 年 9 月，国务院出台了《关于印发大气污染防治行动计划的通知》（国发 [2013] 37 号），为城市设定了具有约束力的城市空气质量改善目标，规定了提高燃油质量和地区燃煤上限等一系列控制污染的具体措施，上述关于大气污染治理的政策要求将转化为节能环保产业发展的市场需求，有利于我国节能环保产业的发展。

二是中国（上海）自由贸易试验区的设立和建设，通过开放倒逼国内制度层面的改革，探索建立并创造出一个与国际接轨、自由开放、鼓励创新的市场经济环境，实现机制和体制的全面创新和升级。作为与世界对接、更加开放平台的上海自贸区，将真正让"市场在资源配置中发挥决定性作用"，必将在外资准入、转型升级、现代企业制度等方面对我国高技术产业、战略性新兴产业的可持续快速发展带来更加深远的影响。同时，2013 年 12 月 28 日十二届全国人大常委会第六次会议通过了《中华人民共和国公司法》的修正案，取消了最低注册资本的规定，不仅使得全部用技术出资或者其他可以评估的实物出资成为现实，而且还有助于鼓励个人创业，有助于高技术产业、战略性新兴产业领域创新能力的提升和企业的设立。

三是中共十八届三中全会发布的《中共中央关于全面深化改革若干重大问题的决定》展示了一项全面的改革计划，产业发展有望加速实现"从低成本优势向创新优势、从政府主导向市场主导、从规模扩张向质量增长"的转变，医药、新能源、新材料、高端装备制造等高技术产业领域也有望受益于改革的深化。以生物产业为例，随着医改向深水区逐步迈进，医保支付方式改革（包括控费、临床路径的推广等）、公立医院体制改革，医疗服务价格调整，民营资本的逐步介入等重大问题或将逐步破冰，这都将推动生物产业进入黄金发展期。以高端装备制造产业为例，随着低空空域管理改革的进一步推开，不仅我国通用航空市场有望迎来快速发展期，而且航空地面设备及配套、空管系统、航空运营及维修业务、通用航空飞机制造等领域也将进入重要战略机遇期。

综合分析影响我国高技术产业、战略性新兴产业发展的国内外各种因素，我们认为，预计 2014 年我国高技术产业仍将保持平稳较快增长，增速大致可保持在10% 以上，但增速将低于 2013 年。

四、政策建议

目前，我国经济正面临着从快速增长到科学发展的转型，面临着在"全球价值链"分工角色中突围，即对国际价值链原有分工秩序挑战，正处于创新驱动发展的关键时刻。为促进高技术产业、战略性新兴产业保持相对稳定和高质量的增长，结合当前形势，建议要加强重大技术的选择和培育，要加速产业政策的转型，要着力完善产业发展环境等方面的工作。

（一）加强重大技术的选择和培育

对高技术产业、战略性新兴产业而言，发展的重点并不仅仅是做大，而是必须要拥有核心技术。因此，要避免"穿新鞋走老路"，就必须充分发挥重大技术对我国经济社会的"支撑"和"引领"作用，就必须正视重大技术的选择和培育问题。必须从自己所处的阶段出发，考虑到发展阶段的不同、禀赋资源的不同。所谓重大技术，应该是指其技术地位在众多技术中处于核心、关键的地位。具体衡量主要包括三个层面：一是是否具有基础性，二是是否具有公共性，三是是否具有战略性。尽管政府的目标不是在支持哪个潜在"成功者"的问题上用政府的判断来取代市场的判断，但是我们必须确定是否"不干预"足以让我国可以建立起有效的技术能力。因此，政府要发挥因势利导的作用，减少因无知而犯错误，提高成功的可能性。

（二）加速产业政策的转型

在积极推动高技术产业、战略性新兴产业发展中，要加强研究全球动态和我国产业发展的监测分析，并及时与地方共享研究分析成果，指导地方做好分析工作。在市场配置资源的前提下，各级政府应更多扮演"规划者"和"服务者"的角色，而非"主导者"的角色。应更多出台普适性政策，而不应牺牲有限的财政一味扶持、保护、优惠少数"大而不倒"的"明星"企业。应更多关注企业国际竞争力的提升，而非简单的产能提升。同时，产业发展要实现自力更生，则政策的支持必须适时适度，要在兼顾产业发展阶段和政策支持使命的基础上，明确择机退出的节点，避免产业发展对政策的过度依赖。

（三）着力完善产业发展环境

在充分论证和征求意见的基础上，加强国际合作并吸取现有地方标准及其他国家已有规范，合理制定适合产业发展的标准体系和检测体系，推动技术进步，引导产业健康发展。在公开透明、公平效率的原则指导下，通过严格的政府及行业标准，特别是要从能耗、环保要求、安全生产等方面规范行业投资，并借鉴日本淘汰落后产能的政策手段，加速淘汰产业"跨跃式"发展中形成的落后产能，有利于资源配置效率的提升。在通过激活货币信贷存量支持实体经济发展的背景下，将信贷传递给所需目标的关键在于，大力发展地方性中小银行或政策性银行，积极发展基于互联网的新型金融产品，更好服务于高技术中小企业的实际需求。同时，在高技术企业面临更复杂多变的国内外经营环境的背景下，不仅要使企业意识到风险管理的重要性，将发展重心由规模扩张转向价值创造，而且还要引导企业加强风险管理能力的建设。

（执笔人：张于喆）

下　篇

中国工业发展的阶段性变化研究

第六章　总论：中国工业发展的阶段性变化

内容提要：世界发展实践证实，经济高增长往往与工业高比重相伴而生，工业结构升级和分工地位提升是工业化进程中迈向更高收入水平的必要条件。当前，我国工业高增长动力正在减弱，工业结构升级和国际分工地位提升的阻力明显增大，驱动工业发展的内外部条件发生深刻变化。未来，我国工业发展将进入次高增长阶段，工业比重见顶可能性增加。我国工业结构变化日益接近"技术升级陷阱"，国际分工地位面临向高级阶段跃升的重要关口。一定时期内工业仍将是驱动我国经济增长的主导力量，工业发展面临由规模扩张型的传统模式向内涵增长型的工业经济"升级版"转变。

　　我国已进入实现工业化的关键时期，逐步接近迈向高等收入国家的重要门槛①。未来工业能否持续健康发展，直接关系到能否顺利完成"基本实现工业化和全面建设小康社会"②的战略任务。当前，工业增长持续放缓，驱动工业发展的内外部条件正在发生深刻变化。我国工业持续多年的高增长态势是否将要终结？工业在经济中的比重是否即将见顶？工业结构和国际分工地位能否实现更大跨度跃升？工业发展动力机制面临怎样的转换及关键因素是什么？本报告试图回答上述问题。

　　基于结构主义非均衡增长理论③，要素结构和需求结构共同构成我国工业发展的基本驱动因素，政府对工业发展产生直接或间接作用。工业发展的表现特征包含三个维度：一是工业规模和地位；二是工业结构；三是工业国际分工地位。

---

　　①　根据世界银行图表集法（Atlas Methodology）现价计算，2012年，我国人均国民收入5740美元，属于中高等收入国家（4086美元≤人均国民收入≤12615美元）。

　　②　2012年，中共十八大报告提出，到2020年"实现国内生产总值和城乡居民人均收入比2010年翻一番"、"工业化基本实现"。

　　③　不同于新古典增长理论，认为长期经济增长不仅由生产要素决定，需求因素和结构因素也同等重要。见H. 钱纳里等. 工业化和经济增长的比较研究［M］. 上海：上海三联书店，1995.

一、世界工业发展的一般变化规律

（一）工业比重随经济发展呈倒"U"形变化，经济高增长往往与工业高比重相伴而生

一个经济体的工业比重随着经济水平的提升总体呈现倒"U"形变化形态，也就是经历先升高再降低的过程。不同国家倒"U"形形态存在差异。具体表现在不同国家由工业化启动到工业比重见顶经历时间很大不同，工业比重见顶时的峰值水平存在差异。尤其是不同国家工业比重见顶时的收入水平各有不同。先行工业化国家普遍在较高收入水平上工业比重才出现拐点，而一些国家在较低收入水平下工业比重已经出现拐点。世界经验证实，经济高增长往往与工业高比重相伴而生，而工业比重下降往往成为导致经济高增长终结的重要原因，由此向更高收入水平迈进的步伐也会受到阻碍。

（二）工业化中后期遭遇"技术升级陷阱"是陷入"中等收入陷阱"的重要诱因

在工业化中后期的重化工业深化发展阶段，向高加工度化和技术密集化升级是工业持续发展的必经之路。相比之前由劳动密集型向资本密集型转换，工业结构向高技术密集度升级的难度明显增大，许多国家在工业化中后期遭遇"技术升级陷阱"[①]，表现在较长时期内难以摆脱技术进步缓慢、停滞或倒退的状态。具体看，近年来国际上不同国家的制造业技术密集化水平并未随收入水平提高单调上升，而是在中高收入水平区间出现明显的下凹形态。中高等收入国家在向高收入国家迈进的过程中，一方面，由于要素成本上升，参与技术密集型产业中低端环节国际分工的传统比较优势受到削弱；另一方面，由于技术进步遭遇瓶颈，未能及时向技术密集型产业高端环节升级。因而导致高技术和中高技术产业比重下降，即遭遇"技术升级陷阱"。诸多中高等收入国家在工业化中后期遭受"技术升级陷阱"导致经济发展长期徘徊不前，因而陷入难以逾越的"中等收入陷阱"。

（三）国际分工地位由生产能力国际配置阶段向更高阶段升级需要更大跨度跳跃

产业国际分工地位转换大体经历四个阶段[②]：一是简单生产能力国际配置阶段；二是复杂生产能力国际配置阶段；三是研发创新能力国际配置阶段；四是品牌优势

[①] 本文首次提出这一概念，用以描述工业结构向技术密集化升级较之前难度明显加大。

[②] 金碚. 全球竞争新格局与中国产业发展趋势［J］. 中国工业经济，2012（5）.

国际配置阶段。产业国际分工阶段转换具有一定的非连续性，由低级向高级阶段升级面临不同跨度跳跃。从简单生产能力向复杂生产能力国际配置阶段转换易于在积累中逐步实现，而再向更高阶段升级则比之前需要更大跨度跳跃。一是阶段转换所需的驱动要素变化较之前更显著。生产规模扩大能够带来劳动力技能经验和资本的不断积累，却不必然带来研发创新和品牌优势的提升。二是现有产业国际分工体系对中低端环节向高端升级产生明显压制。跨国公司垄断高端关键环节，对中下游环节形成分工锁定效应。"二战"后世界上仅有韩国等少数经济体真正实现产业国际分工地位向中高端提升，而多数国家在向高级分工阶段跃升时遭遇巨大瓶颈。

（四）工业结构升级和分工地位提升是工业化进程中迈向更高收入水平的必要条件

从世界各国历史看，工业化进程中能否长期保持工业持续发展没有相同归属。一些先行工业化国家如美国、德国、瑞士等长期稳固地占据着工业主要领域的核心技术高地，因此得以保持经济和科技强国地位。但相当多的国家和地区在工业化中后期却陷入了"中等收入陷阱"。工业结构升级受阻和竞争力削弱是导致上述国家经济增长放缓的重要原因。实践证明，工业结构升级和分工地位提升是工业化阶段迈向更高收入水平的必要条件。比较韩国和巴西发展道路异同可以得到有力佐证。

二、中国工业发展的阶段性变化特征

57

（一）工业比重始终显著高于国际一般规律，工业高增长出现回落趋势

改革开放以来，伴随着市场化水平和对外开放程度的逐步提高，要素供给和市场需求对工业增长的作用日益显著，工业产出比重总体呈现先降后升再降的变化过程。在持续多年高速增长之后，近年来，我国工业比重和增速总体出现回落迹象，尤其是2006年之后持续回落，逐步接近改革开放以来的低点（见图6-1），工业结构与内外部条件的矛盾正在积累。在特殊体制机制环境和具体国情下，我国工业比重变化与国际一般规律一直存在明显偏离。一方面，我国工业比重与人均收入水平间的相关性较弱，工业比重随人均收入变化而变化的特征并不显著；另一方面，我国工业比重始终高于多数人均收入水平相当的其他国家或地区。究其原因，要素市场化改革滞后以及高投资率和高出口依存度的需求结构等对工业高增长和高比重形成很大促进作用。当前我国工业发展形态正逐步向市场化轨道理性回归。

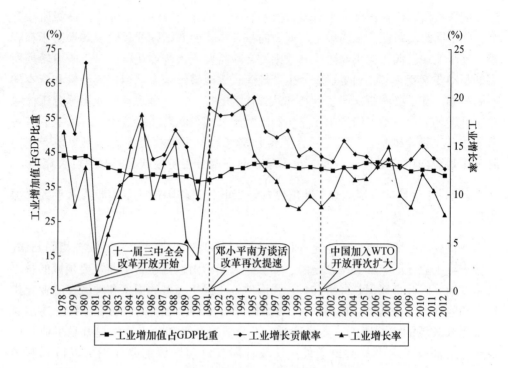

图6-1　改革开放以来我国工业增速和比重变化

注：工业增长贡献率＝工业增加值增长量/GDP 增长量＝上年工业增加值占 GDP 比重×当年工业增长率/当年 GDP 增长率。

资料来源：历年《中国统计年鉴》。

（二）工业结构重型化呈现能源原材料产业主导特征，向高加工度化和技术密集化升级受到明显抑制

从 20 世纪末开始，我国进入新一轮重化工业阶段。无论从国际经验还是从市场供需机制看，我国重化工业发展阶段仍将持续一段时间。但与先行工业化国家不同，我国新一轮工业结构重型化呈现显著的能源原材料产业主导特征，加剧了资源环境矛盾和产能过剩压力。近年来我国制造业加工度出现不升反降趋势，工业结构高加工度化明显不足（见表6-1）。目前我国工业加工度水平显著低于日本和韩国等国家工业化中后期水平。同时，我国工业的名义技术密集化程度明显上升，但实际技术密集化水平受到高估。我国通过要素低成本优势主要参与了高技术和中高技术密集型产业的中低端环节，实际技术水平与先进国家仍然存在很大差距。目前，我国工业企业研发强度仅相当于日本的 20% 和韩国的 50%。

表 6 – 1　中国制造业加工度和技术密集化变化及国际比较

指标	国家	中国					韩国	日本
	年份	1990	1995	2000	2005	2011	2009	2009
加工度指数	机械类/初金属	2.65	3.05	3.82	2.81	2.77	5.69	5.94
	服装/纺织	0.18	0.32	0.44	0.39	0.41	0.21	0.56
	印刷/造纸	0.45	0.41	0.39	0.35	0.32	1.09	1.91
技术密集度（%）	高技术制造业	6.50	8.10	13.80	15.80	11.90	60.10	47.00
	中高技术制造业	31.50	29.70	29.30	30.30	34.40		
	中低技术制造业	26.20	27.10	25.90	29.90	30.80	31.60	—
	低技术制造业	35.80	35.10	31.00	24.00	22.80	15.20	27.50
企业研发强度（%）		—	0.50	0.71	0.76	0.93	1.81	3.96

注：①中国数据按照总产值计算，韩国和日本按照增加值计算。②技术密集度是指不同技术水平制造业产值（或增加值）占制造业比重。③企业研发强度是指企业研发投入占收入比重，中国为大中型工业企业，韩国和日本为制造业。

资料来源：中国数据来自历年《中国统计年鉴》；韩国和日本数据来自 OECD 数据库。

（三）工业国际分工地位提升缓慢，低端锁定风险逐步加大

从 20 世纪 80 年代中后期开始，我国制造业通过加工贸易和利用外资的方式不断参与全球价值链分工体系。首先，加工贸易快速发展并成为外贸出口的主体。其次，我国利用外国直接投资规模迅速扩张。但以加工贸易和外资企业为主导的出口模式，也导致国内工业企业价值链结构升级的动力和能力受到很大削弱，长时期被锁定在全球产业分工体系低端环节。目前我国多数工业行业国际分工地位仍处于简单和复杂生产能力国际配置阶段。一方面，我国制造业具有大量进口零部件等中间产品、然后组装加工出口的分工特征，在资本和技术密集型的零部件生产上仍严重依赖于发达国家（见表 6 – 2）。另一方面，我国多数工业行业具有进口高质量产品而出口低质量产品的特征。近年来我国参与国际分工程度较深的产业普遍呈现价值增值能力持续下降趋势，表明我国工业被低端分工锁定的状况甚至存在恶化风险。

表 6-2 中国与部分国家中间产品进口和最终产品出口比较 单位:%

指标	国家		1992 年	1995 年	2000 年	2005 年	2010 年	2012 年
中间产品进口占产口进口比重		中 国	68.0	64.4	62.4	70.9	62.4	60.3
	发达国家	美国	51.3	55.0	53.2	50.2	48.9	50.6
		日本	44.5	47.6	49.0	50.0	46.8	43.8
		韩国	60.9	62.4	67.1	63.2	58.8	58.6
	发展中国家	马来西亚	66.8	70.3	76.9	76.8	70.4	66.9
		印度尼西亚	61.8	66.4	69.8	67.6	67.3	67.2
		印度	53.2	61.0	58.3	60.2	69.0	64.7
最终产品出口占产品出口比重		中 国	61.5	58.2	59.3	54.4	55.8	57.6
	发达国家	美国	32.7	32.0	32.3	33.6	36.8	37.1
		日本	46.2	39.0	39.5	37.1	37.1	37.0
		韩国	43.9	32.4	32.5	37.1	43.9	42.0
	发展中国家	马来西亚	34.0	31.6	27.7	28.1	27.2	29.2
		印度尼西亚	38.9	11.8	36.3	30.3	23.2	22.1
		印度	43.7	42.2	41.0	39.5	37.6	43.9

资料来源：根据 UN Comtrade 计算而得。

三、中国工业发展的驱动要素变化

我国工业发展呈现日益明显的要素增长驱动型、资源能源高损耗型、投资和出口拉动型特征，但支撑工业发展的要素和需求条件正在发生深刻变化（见表6-3）。

表 6-3 我国工业增长的驱动要素结构及变化（1991~2011 年）

单位:%

年份			1991~1995	1996~2000	2001~2005	2006~2011	1991~2011
工业增加值增长			18.5	10.2	10.9	11.5	12.4
要素供给	增长贡献率[①]	资本	38.9 (12.0)	53.0 (9.0)	53.8 (9.8)	63.6 (12.2)	52.0 (10.7)
		劳动力	5.5 (2.5)	-16 (-4.1)	10.1 (2.7)	15.6 (4.5)	4.7 (1.5)
		全要素生产率	55.6 (10.3)	63 (6.4)	36.1 (3.9)	20.8 (2.4)	43.2 (5.4)

年份		1990	1995	2000	2005	2011
资源 环境	工业资源环境损耗 占工业增加值[②]	21.6	11.8	9.4	13.0	14.9
需求 结构	工业最终需求 依赖度[③] 投资	45.3	43.3	39.1	51.3	57.3
	消费	50.3	54.3	56.4	44.7	40.8
	净出口	3.5	1.4	3.4	4.4	2.2
	出口	—	—	35.6	53.9	39.6

注：①括号中的数据为增长率。②工业增长的资源环境成本＝工业资源环境损耗÷工业增加值＝资源环境损耗占国民收入比重×工业能耗占全社会能耗比重÷工业增加值占国内生产总值比重。其中资源环境损耗占国民收入比重来自于世界银行数据库，其他数据来自国家统计局。③指某项最终需求对工业产值的诱致额与工业总产值的比率；由于存在误差项，投资、消费和净出口依赖度之和不完全等于 100%。根据历年中国投入产出表测算。

资料来源：历年《中国工业经济统计年鉴》；世界银行数据库；中国投入产出学会；历年中国投入产出表。

（一）工业资本产出效率呈下降态势，资本高增长趋势难以持续

自 20 世纪 90 年代以来，我国工业发展走上资本替代劳动的道路，资本高增长成为支撑工业高增长的主导力量。资本高增长主要来自高资本回报率的拉动和高储蓄率的推动，但两个方面下降压力均在增大（见图 6-2）。2003 年以来工业资本回报率上升与工业资本产出效率趋降形成明显的反向走势，显示存在产出分配过度向资本倾斜的现象。由于资金、土地等要素成本受到一定程度低估，资源环境外部负效应未充分内部化，显性资本回报率可能由于存在隐性补贴而被高估。如果部分不合理的成本收益得到纠偏，势必会降低现实的工业资本回报率水平，也随之将降低工业资本增速以及对工业增长的贡献度。另外，当前我国总储蓄率在世界所有国家中遥遥领先，随着人口老龄化的到来，居民消费能力和消费倾向将有所提高而储蓄率会随之下降；如果工业投资的隐性补贴减少、国企分红提高、社会保障支出增加，则企业和国家的储蓄率也将随之下降。

（二）劳动力低成本供给优势趋于弱化，结构性供需矛盾日益突出

改革开放以来，大量低成本劳动力资源成为我国工业发展的重要支撑，而近年来工业劳动生产率增速呈现明显下降趋势，工业增长对劳动力数量增长的依赖程度有所提高（见图 6-3）。我国工业就业数量增加主要源于两个方面：一是劳动力供给总量增长，二是农村剩余劳动力持续转移。未来两个方面均发生重要变化：一方面，我国劳动力供给总量增长空间已十分有限。预计劳动人口数量也将在 2015 年见顶后下降，到 2020 年将降至 2011 年前后的水平。考虑到未来劳动参与率可能下

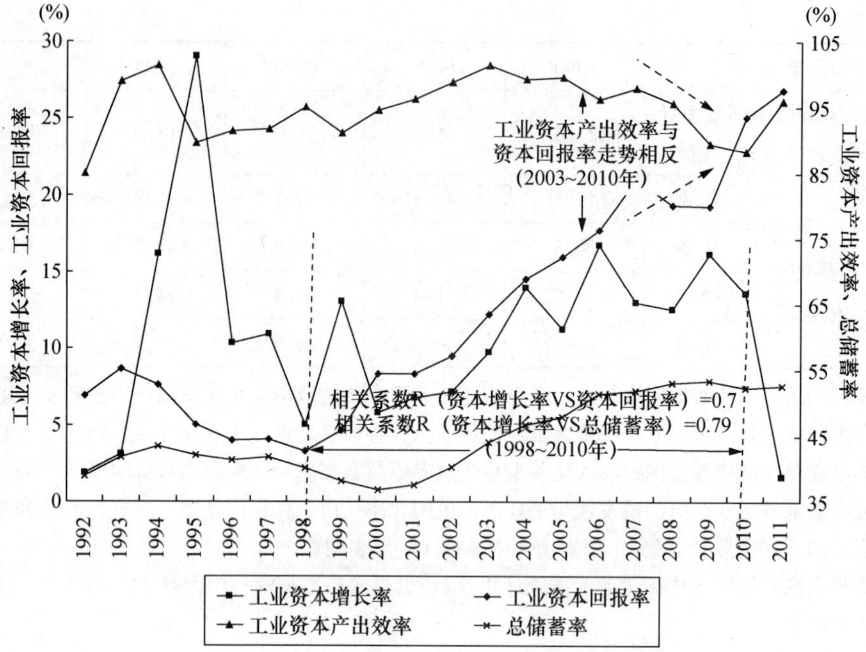

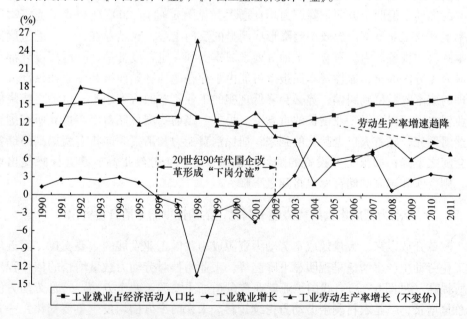

图 6 - 2　我国工业资本增长、产出效率、回报率与总储蓄率变化（1992～2011 年）

注：工业资本＝工业固定资产净值（不变价），工业资本回报率＝利润总额/固定资产净值，工业资本产出效率＝工业增加值（不变价）/固定资产净值（不变价）。

资料来源：历年《中国统计年鉴》，《中国工业经济统计年鉴》。

图 6 - 3　我国工业就业占比、工业就业与劳动生产率增长（1990～2011 年）

资料来源：历年《中国统计年鉴》，《中国工业经济统计年鉴》。

降，劳动力供给总量将在 2015 年之前见顶趋降。由此，工业劳动力数量增加将主要依靠非工业部门尤其是农业就业向工业转移。而当前农村劳动力已从无限供给转向有限剩余，尤其是可供转移的年轻劳动力更有限，转移的难度和成本正不断提高。另一方面，劳动力结构性供需矛盾也日渐突出，年轻劳动力供给更趋紧张，劳动力技能错配现象也有所加剧。未来 10 年工业劳动力供给数量增速将下降 1 个百分点以上。

（三）技术进步难度和风险加大，企业技术创新主体地位不突出

改革开放以来，外商投资企业成为我国间接利用国外技术的重要途径。随着我国要素低成本优势减弱，外商投资进入减缓甚至出现再转移风险。随着我国技术位势提高，通过购买和转让形式直接引进技术的成本和难度有所加大。随着技术进步方式由跟随引进向自主创新转换，技术进步难度和风险不断加大。当前国内工业企业技术创新主体地位很不突出，自主研发能力和动力明显不足。近年来工业企业研发强度增长明显慢于全社会增长，且与发达国家差距也未出现明显缩小的趋势（见图 6-4）。2012 年，我国大中型工业企业研发强度为 0.93%，仅相当于美国和日本的 25.4% 和 24.8%。企业研发强度增长严重滞后，一方面，反映了全社会研发资源被较多地分配到非产业领域，对企业获取研发资源形成一定挤出效应；另一方面，反映产学研存在明显脱节，技术供给与产业需求间存在突出矛盾，技术创新资源潜力未能有效转化为产业实际创新能力。

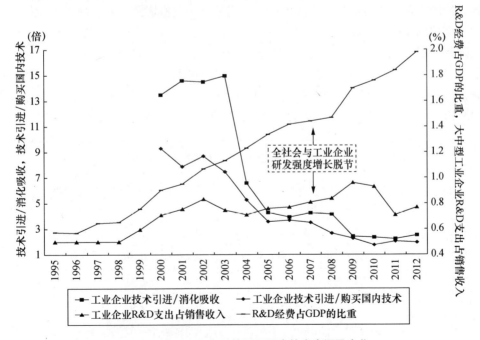

图 6-4　我国工业发展的国际国内技术来源及变化

注：2011 年和 2012 年工业企业范畴为规模以上工业企业，其余年份为大中型工业企业。

资料来源：历年《中国统计年鉴》，世界银行数据库。

（四）工业增长的资源环境成本增大，资源环境后发劣势正在凸显

我国经济发展的资源环境成本出现明显上升趋势。2000~2011 年，我国工业资源环境损耗占工业增加值的比重由 9.4% 提高至 15% 左右。资源环境约束成为我国相比先行工业化国家的显著后发劣势。目前，我国资源环境损耗占国民收入的比重不仅大大高于美国、日本和韩国等发达国家，甚至明显高于巴西、印度、南非等发展中国家。资源环境成本偏高助推工业增长偏离了理性规模。当前我国能源资源消耗和污染排放总量已相当可观，工业污染导致的累积性环境风险不断显现。未来社会各界对生态环境、生活环境要求越来越高，国际上控制全球温室气体排放总量也是大势所趋。降低工业能耗污染强度必然会对工业增长产生抑制作用。

（五）需求结构失衡加剧，形成工业结构升级倒逼环境

受投资增长加速和加入 WTO 后开放扩大的影响，工业需求结构明显转换，工业增长呈现日益显著的投资和出口拉动型特征（见表 6-4）。但需求结构失衡矛盾日渐突出。首先，工业高投资需求依赖度产生的负面效应不断显现。超前和非理性投资需求使工业发展效益和效率受到高估，不仅拉动相关产业出现一定的过度增长，也弱化了市场机制的优胜劣汰作用，延缓了工业结构升级的进程。同时，导致较普遍和严重的产能过剩，间接加剧了收入分配不平衡并抑制了消费需求增长。其次，传统工业品出口需求扩张难度加大。国际金融危机爆发对发达国家以信用过度扩张支撑的需求增长模式产生巨大冲击，从而对我国传统廉价商品的进口需求将产生抑制作用。我国在低端制造产品市场正受到更多后起发展中国家的追赶，在中高端领域则受到来自发达国家的很大压制。最后，虽然国内消费需求增长潜力仍然很大，但释放过程将需要较长时间。目前，收入分配不合理、社会保障体制不健全等制约消费增长的因素仍然较多，能否有效释放消费潜力取决于政策调整的方向和力度。

表 6-4　拉动我国工业增长的需求结构及变化（1990~2010 年）

年份	工业最终需求依赖度（%）[1]				工业最终需求生产诱发系数[2]			
	投资	消费	净出口	出口	投资	消费	净出口	出口
1990	45.3	50.3	3.5	—	0.52	0.35	0.43	—
1992	43.3	54.8	1.0	—	0.48	0.35	0.41	—
1995	43.3	54.3	1.4	—	0.48	0.41	0.70	—
1997	43.5	52.9	5.1	30.1	0.53	0.41	0.46	0.63
2000	39.1	56.4	3.4	35.6	0.51	0.43	0.41	0.65
2002	44.2	44.0	0.8	36.3	0.47	0.30	0.09	0.57
2005	51.3	44.7	4.4	53.9	0.50	0.36	0.45	0.62

年份	工业最终需求依赖度（%）				工业最终需求生产诱发系数			
	投资	消费	净出口	出口	投资	消费	净出口	出口
2007	50.2	40.3	10.5	51.0	0.54	0.37	0.58	0.64
2010	57.3	40.8	2.2	39.6	0.50	0.35	0.36	0.59

注：①某项最终需求对工业产值的诱发额与工业总产值的比率；由于存在误差项，投资、消费和净出口依赖度之和不完全等于100%。②每增加一单位某项最终需求所诱发的工业增加值。

资料来源：中国投入产出学会：历年中国投入产出表。

四、未来中国工业发展的阶段性变化趋势

（一）工业发展将进入次高增长阶段，工业比重见顶可能性增加

未来我国工业发展由持续多年的高增长阶段转入次高增长阶段，短期增长和长期发展的艰难选择摆在面前。从供给侧、需求侧和资源环境方面综合分析，未来我国工业年均增速将由改革开放以来年均11%以上的较高水平降至9%以下的较低水平（见表6-5）。尽管短期内仍然存在通过人为推高投资和忽视资源环境继续提升工业增速的可能，但在长期将会因为延迟效率提升而导致未来更大幅度的增速下降。进一步发掘工业增长潜力只有通过优化资源配置效率、加快技术进步，实现工业结构优化升级和国际分工地位跃升。

表6-5　未来供需结构变化与我国工业增长趋势测算　　　　单位：%

因素	指标	2001~2011年	2012~2015年	2016~2020年
供给侧	工业增加值	11.2	8.8	7.9
	资本	11.1	9.0	7.0
	劳动力	3.7	2.5	1.5
	全要素生产率	3.1	2.4[①]	3.1[②]
需求侧	工业增加值	11.2	8.8	8.6
	投资需求	15.4	9.0	7.0
	消费需求	10.2	7.8	6.0
	工业品出口	17.8	10.0	10.0

注：①假设保持2006~2011年的年均增速；②假设保持2001~2011年的年均增速。本表增速均以不变价测算。

我国工业相对服务业生产率的增减对工业比重升降的影响更直接。从发达国家经验看，随着工业与非工业部门间生产率差异趋于消失，工业在经济中的地位也将停止上升或趋于下降。目前，我国工业产业与服务业间劳动生产率差距逐渐缩小并接近消失。综合判断，未来我国工业地位趋势性下降的可能性正在增加，下降的速度和幅度则与效率改善、技术进步和需求结构调整的进展密切相关。

（二）工业结构变化日益接近"技术升级陷阱"

未来工业结构进入向高加工度化和技术密集化升级的关键时期，这一转变比之前资本替代劳动的难度明显增大。长期以来，我国工业企业在持续高增长的盛宴中，更注重劳动和资本数量增长带来的规模扩张，而相对忽视自主创新能力的培育，技术积累相对滞后。同时，在以低成本要素资源参与国际分工的过程中，受到跨国公司压制和对技术扩散的控制，本地企业通过干中学或技术转移所获取的知识溢出受到很大限制。我国工业发展陷入了低成本要素环境—低端价值链分工层次—缺乏技术积累—依赖技术引进—难以转型升级的路径依赖。目前，我国日益接近多数中高等收入国家陷入"技术升级陷阱"时期的收入区间（见图6–5）。随着收入水平继续提高及要素成本上升，如果国内企业技术能力不能及时提升，则可能面临遭遇"技术升级陷阱"的风险。

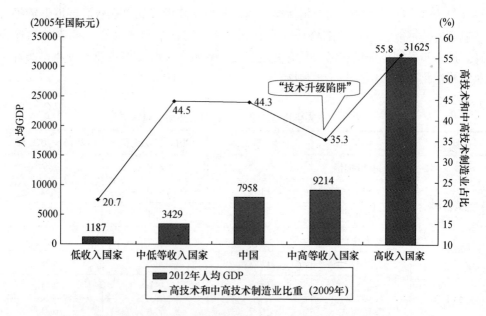

图6–5　我国人均GDP、技术密集化水平与不同收入水平国家比较

资料来源：UNIDO：Industrial Development Report 2011；世界银行数据库。

（三）工业国际分工地位面临向高级阶段跃升的重要关口

未来我国工业国际分工地位向更高阶段升级的形势日趋紧迫，而国际分工阶段转换面临的跨度也明显增大。当前国际产业竞争版图面临战略性调整，我国工业国际分工地位跃升的压力和障碍明显增多。一方面，新兴经济体追赶步伐加快，对我国传统制造业的挤占效应不断显现。2002～2011 年我国国际直接投资流入年均增速由 1992～2001 年的 36.09% 下降至 9.81%。外资企业对我国出口的贡献度出现明显见顶下行趋势，2005～2011 年外资企业出口占全部出口的比重由 58.3% 下降到52.4%。我国传统劳动密集型产品的国际市场份额出现连续下滑。另一方面，发达国家对我国国际分工地位提升的压制效应日趋增大。美国、欧洲等发达经济体纷纷实行再工业化战略，重心主要集中在高端制造和新兴产业领域，而这却与我国未来制造业升级方向高度吻合。发达国家可能凭借技术优势在高端制造领域设置更高进入门槛，采取贸易保护主义政策维护其国内市场，收缩中高技术制造业对外投资活动，强化我国国际分工地位的低端锁定。这无疑将加大我国工业向复杂生产能力国际配置和更高阶段跃升的阻力。同时，世界新技术革命正在孕育之中，世界产业竞争版图将可能再次复原，我国与发达国家间技术鸿沟和产业分工层级差距将再次重现。因此，未来我国工业国际分工地位跃升面临不进则退的重要关口。

（四）一定时期内工业仍将是驱动经济增长的主导力量，工业面临由传统发展模式向工业经济"升级版"的阶段性转变

未来我国工业增速和比重变化将直接关系到国民经济能否保持较快的增长态势，直接关系到能否顺利实现向更高收入水平迈进的目标。在较长时期内工业在经济发展中的主导作用仍将难以替代。国际经验表明，未来我国工业能否持续发展在于工业发展的动力机制能否成功转换。与相似阶段的巴西相比，未来工业增速大幅回落而重蹈巴西覆辙的可能性较小。但相比 1987 年的韩国，我国仍存在诸多不足。一是人力资本投资和研发能力建设相对滞后；二是对外资依赖程度较高，受到低端分工锁定的风险更大；三是投资比重偏大，消费需求受到较大压制；四是资源能源和环境约束构成明显的后发劣势。未来我国还需更大力度的制度和政策调整。

未来打造中国经济"升级版"不在于削弱工业在经济中的地位，而在于转换工业发展的动力机制，提升工业发展质量和水平，即相应打造中国工业经济"升级版"。我国工业发展的动力机制将面临三方面的重要转换：由于要素低成本供给优势弱化，面临由要素增长驱动型向创新驱动型转换；由于资源环境约束强化，面临由资源环境高损耗型向资源环境集约利用型转换；由于投资和出口高增长难度加大，面临由投资和出口高依赖型向多元需求拉动型转换。由此，我国工业发展面临由规模扩张型的传统模式向内涵增长型的工业经济"升级版"转变（见表 6 - 6）。

表6-6 我国工业发展的阶段性变化趋势与动力机制转换

工业发展	关键要素		传统因素	转换方向	政策变量
表现特征	规模与地位		高速增长	次高速增长	深化管理体制改革激发工业发展活力
	工业结构		能源原材料主导型重化工业化	高加工度和技术密集化	
	国际分工地位		生产能力国际配置	研发创新和品牌管理国际配置	
驱动因素	要素供给	驱动机制	要素增长驱动型	效率增长驱动型	改革要素市场
		劳动力	农村劳动力转移减速	促进农业劳动力转移	促进农民工市民化
			劳动力总量即将见顶	提高人力资本素质	加大教育投资
			劳动力供需结构失衡	调整劳动力供需结构	调整教育结构
		资本	资本产出效率趋降	提高资本产出效率	推进金融市场化
			高储蓄率面临压力	改善资本配置效率	消除资本流动障碍
		全要素生产率	引进国际技术难度增大	提高技术消化吸收能力	提高创新服务能力
			国内企业创新动力较弱	支持企业技术进步	强化企业创新主体
	资源环境	驱动机制	资源环境高损耗型	资源环境集约利用型	改革资源环境体制
		关键因素	资源环境损耗量增长	节能环保技术进步	理顺资源产品价格
			资源环境成本上升	调整产业结构	强化资源环保监管
	需求条件	驱动机制	投资和出口高依赖型	多元需求拉动型	改革投资和收入分配体制
		投资	占比高、结构失衡	优化投资结构	优化投资结构
		出口	扩张空间缩小	出口产品层次提高	调整外贸政策
		消费	增长和升级缓慢	加快消费增长和升级	改善消费环境
总结			传统模式	工业经济"升级版"	深化工业改革

五、打造中国工业经济"升级版"的政策建议

打造中国工业经济"升级版"关键是通过更加有效的市场传导机制引导要素结构和需求结构升级，并实现供需结构和工业结构在更高层级上协调与互动。

（一）深化工业管理体制改革，创建公平市场新秩序

构建平等准入、公平竞争的市场环境。一是消除歧视性进入壁垒。放松石油天然气、电力、盐业等垄断行业市场管制和准入限制，消除汽车、石化、钢铁、装备等行业针对为民营资本的歧视性准入障碍。建立健全科学、系统的产业准入标准体系，强化资源利用、能耗、环保、安全等具有社会外部性的功能性监管指标在行业管理中的应用。二是完善产业退出援助机制。建立健全劣势企业退出市场的机制，采取多种形式降低退出企业的外部成本和社会负面效应，探索利用必要的经济补偿和政策支持方式，支持市场退出企业妥善解决职工安置、企业转产、债务化解等相关外部问题。

转变政府作用方式和机制。一是深入推进行政审批制度改革和管理方式创新。弱化政府对微观企业活动的直接干预，强化政府在制定战略规划、提供公共品服务以及弥补市场缺陷等方面的作用。界定和规范政府投资范围，有效发挥政府投资对社会投资的引导和带动作用。二是加强工业领域的立法工作。在科技创新、技术改造、节能减排、兼并重组、淘汰落后产能、质量安全、中小企业发展等重点领域，健全和完善相关法律法规，加强依法行政。三是建立健全产业信息统计披露制度。改进完善产业信息统计体系，建立健全产业政策导向及相关信息发布和预警机制，强化信息共享及对企业投资决策的信息指导。四是协调产业政策和地方政策之间的关系。鼓励地方探索适合自身工业发展特征的政府职能转变方式。

（二）提高工业资本配置和产出效率，释放有序竞争新活力

理顺资本价格体系。一是继续推进利率市场化进程，构建完善的市场利率体系。在取消贷款利率下限的基础上，进一步放开存款利率上限，逐步实现利率完全市场化。二是发展多层次资本市场体系。继续壮大蓝筹市场和中小板市场，落实创业板定位，发展面向创新型企业和中小企业的创业板、新三板、场外市场等多元资本市场体系，不断完善民间投资的融资担保制度和创业投资机制，加快建设统一监管的全国性场外市场。三是大幅度提高债券在融资结构中的比重。加快完善国债一级和二级市场，推进公司债券市场制度规则统一，深化债券市场互通互融。

调整工业所有制结构。一是深入推进国有经济战略性调整。完善国有资本有进有退、合理流动机制，破除地方保护主义，消除影响企业重组的财税利益分配、资产划拨、债务核定和处置等体制机制障碍，支持企业跨地区、跨所有制、跨行业兼并重组；推进国有大型企业股份制改革。二是改善民间投资环境。进一步拓宽民间投资渠道，鼓励和引导民间资本进入非自然垄断的产业领域，鼓励和引导民营资本联合和参与国有企业改革。落实和细化保护民间投资合法权益的相关政策，加强对民间投资的服务、指导和规范管理。三是引导外商直接投资流向。适度放宽外商投资企业投资主体限制、出资限制，运用相关法律法规合理规避外资恶意并购及垄断；引导外资加大对研究与开发、品牌管理等高端产业环节的转移，鼓励外资参与

传统制造业的改造，提高外资投资项目产业辐射功能。

（三）改善劳动力结构和素质，构建人力资源有效供给新体系

消除制约劳动力合理流动的制度性障碍。一是逐步消除城乡劳动者就业的身份差异，实现城乡劳动者同工同酬。二是逐步实现公共服务和保障体系由户籍人口向常住人口全覆盖。推进农民工整体融入城市公共服务体系，确保农民工及其子女平等接受教育、卫生等基本公共服务；积极推进覆盖农民工的城镇保障性住房体制改革，建立覆盖农民工的城镇住房保障体系，促进农民工在城镇落户定居；建立覆盖农民工的社会保障体系。三是加快户籍制度改革，逐步突破以户籍与福利合一的社会管理制度。四是完善农民市民化过程中土地权利实现机制，依法保护农民工土地权益。适应农民工进城落户和城镇化发展的需要，赋予农民对承包土地、宅基地、农房和集体资产股权更大的处置权。

大力发展产教、产学结合的教育体系，有效改善劳动者素质。一是深化教育体制改革，强化提升素质教育水平。适当提高学前教育和高中、高等教育入学率，增加劳动者受教育年限；根据产业升级战略要求和市场需求变化，构建教育结构与产业结构的动态互动机制，根据企业与市场需求变化，有针对性地调整专业设置及其他教育资源配置。二是加强职业教育和农民工技能培训，构建多层次专业技术人才再教育体系。加大对职业教育的资金投入力度，健全农民工职业教育和技能培训体系，大幅度提高技术熟练型农民工的比重。完善培训补贴管理办法，加大财政补贴力度，构建网络化、开放式、自主性的职业教育体系。三是结合系统的文化改革和文化建设，建立具有中国传统文化的价值观，倡导工业精神。

（四）突出企业技术创新主体地位，激发技术进步新动力

加大对企业科技创新的支持力度。一是加大对自主创新技术和装备的支持力度。完善自主创新设备采购管理制度，加强中央预算内投资项目设备采购管理，深入推进使用国产首台（套）装备的风险补偿机制，支持保险公司开展国产首台（套）重大技术装备保险业务，积极开展示范工程并发挥示范带动作用。二是加大对企业科技创新税收支持力度。建立健全鼓励新技术、新产品应用的税收政策体系，鼓励企业加大研发投入，促进新技术、新工艺、新设备、新材料的推广应用。实现高附加值替代进口产品与进口产品之间的同等优惠待遇，创造公平竞争环境。三是加大对知识产权的保护力度，健全知识产权交易市场。提倡国内生产技术商品化，鼓励国内企业间的技术和知识产权贸易，支持企业参与国际专利交换工作。四是鼓励上下游及关联企业间建立技术创新联盟，实现利益与风险共担的合作共赢。

改善企业技术创新公共服务环境。一是强化顶层设计和统筹安排。有效协同整合科技、教育、工信、发改等相关部门创新管理职能和资源，加强对技术引进、技术扩散、消化吸收再创新的组织管理；针对工业发展的前沿关键领域、共性技术、

核心设备、重点环节，确立明确的技术引进和开发重点。二是提高技术创新公共服务水平。提高工程研究中心、工程实验室等公共服务平台的研发水平和产业化应用效率，构建促进官产学研合作的服务体系和社会信用环境，引导研究人员在大学、科研院所和企业间互相流动。三是加强研究全球技术动态分析。跟踪国际先进技术发展趋势及时制（修）订重点工业产品的技术标准。

（五）强化资源环境优胜劣汰效应，探索工业绿色发展新模式

消除能源资源等生产要素价格扭曲。一是深化能源价格机制改革。建立与发电环节适度竞争相适应的上网电价形成机制，调整销售电价分类结构，减少各类用户电价间交叉补贴；完善煤炭成本构成，使煤炭价格反映开采、经营过程中的资源、环境和安全成本；降低成品油在批发环节的垄断程度，提高价格形成过程的透明度；完善天然气价格形成机制，逐步理顺与可替代能源的比价关系。二是抑制"两高一资"行业出口增长。不断降低"两高一资"行业产品出口退税率，甚至取消这些行业的出口退税政策，严格控制高耗能、高污染和资源性产品的出口规模。

加强环保监控管理，提高环保准入门槛。一是建立健全循环经济管理和考核体系。大力推广分段收费制度，加快推进污水处理、垃圾处理、环境税等收费制度改革；建立区域环境容量体系，落实跨省流域生态补偿机制，完善排污权交易体制。二是加强环保立法和执法工作，提高环保准入门槛和违法成本。推进环保法律法规体系建设，建立环保排放实时监测体系；协调各部门间环保标准，形成环保监管合力。构建环境法规、政策考核、社会监督共同参与的可持续发展长效机制。

（六）引导工业需求结构升级，打造中国工业国际新形象

发掘消费需求潜力，促进消费结构升级。一是促进居民收入增长。继续支持劳动密集型产业升级发展，降低企业劳动相关的税负，降低中小企业和服务业的准入和贷款门槛；继续完善最低工资标准制度，及时调整最低工资标准，建立健全工资集体协商体系；适时推进存款利率市场化，开拓居民投资渠道，鼓励企业分红；增加对居民部门的公共支出，提高对低收入居民的社会保障支出和收入补贴。二是降低居民储蓄率。扩大养老保险体系、医保、失业保险及其他社会保障的覆盖面；改革公共支出和税收制度，减少机会、公共服务和收入等方面的不平等；进一步发展消费信贷市场，引导居民消费和储蓄平衡增长。三是降低企业和政府储蓄率。扩大和提高国企分红，通过加大政府在社保、医疗卫生和教育领域的支出加大对居民部门的收入再分配；发展金融机构和资本市场，拓宽企业尤其是中小企业融资渠道；改革税收和公共财政体系，推动地方政府将工作重点向提供公共服务转变。

引导贸易结构升级，提升企业跨国经营水平。一是改革出口退税制度。根据工业结构调整的要求，调整优化出口退税产品目录和税率，支持具有高附加值、高技术含量的机电、电子信息产品的出口，鼓励工业出口企业调整产品结构，加快技术进步，提高经营管理水平。二是改革外贸经营权审批制度。减少对外贸经营者身份

的限制，进一步放宽内资企业申请进出口经营权的资质条件。三是调整加工贸易政策。鼓励加工贸易转型升级，增强加工贸易与国内产业的关联度，延展国内价值链。调整对外投资政策，支持企业开展国际化经营。四是健全支持"走出去"战略政策体系。全方位引导工业企业在全球配置资源，尤其是支持国内企业探索有效利用后起发展中国家的低成本要素资源实现产业链纵向整合。

（执笔人：付保宗）

参考文献

［1］United Nations Industrial Development Organization（UNIDO）. Industrial Development Report 2005 – 2011.

［2］Maddison, Angus. Phases of Capitalist Development ［M］. Oxford, UK：Oxford University Press, 1982.

［3］Simon Kuznets. Economic Growth of Nations ［M］. Harvard University Press, 1971.

［4］Lewis, W. Arthur. Theory of Economic Growth ［M］. New York：Harper & Row, 1965.

［5］H. Chenery, S. Robinson, M. Syrquin. Industrialization and Growth of Comparative Study ［M］. Oxford University Press, 1986.

［6］［美］劳伦·勃兰特等. 伟大的中国经济转型 ［M］. 上海：上海人民出版社, 2009.

［7］［美］查默斯·约翰逊. 通产省与日本奇迹——产业政策的成长（1925—1975）［M］. 长春：吉林出版集团, 2010.

［8］林毅夫. 新结构经济学 ［M］. 北京：北京大学出版社, 2012.

［9］吴敬琏等. 中国下阶段经济改革的前沿问题 ［M］. 北京：中国经济出版社, 2012.

［10］陈佳贵等. 中国工业化与工业现代化问题研究 ［M］. 北京：经济管理出版社, 2009.

［11］王岳平等. "十二五"时期中国产业结构调整研究 ［M］. 北京：中国计划出版社, 2011.

［12］郭克莎. 工业增长质量研究 ［M］. 北京：经济管理出版社, 1998.

［13］彭文生. 渐行渐远的红利——寻找中国经济新平衡 ［M］. 北京：社会科学文献出版社, 2013.

［14］孙建国等. 中日工业化进程比较 ［M］. 北京：社会科学文献出版社, 2013.

［15］冯飞. 迈向工业大国——30 年工业改革与发展回顾 ［M］. 北京：中国发展出版社, 2008.

［16］林重庚等. 中国经济中长期发展和转型 ［M］. 北京：中信出版社, 2011.

［17］蔡昉. 刘易斯转折点——中国经济发展新阶段 ［M］. 北京：社会科学文献出版社, 2008.

［18］张建华. 基于新型工业化道路的工业结构优化升级研究 ［M］. 北京：中国社会科学出版社, 2012.

［19］李善同. "十二五"时期至 2030 年我国经济增长前景展望 ［J］. 经济研究参考, 2010（43）.

［20］林兆木. 转变经济发展方式的关键在于深化改革 ［J］. 宏观经济管理, 2011（8）.

［21］金碚. 中国工业的转型升级 ［J］. 中国工业经济, 2011（7）.

［22］王一鸣．"中等收入陷阱"的国际比较和原因分析［J］．学习时报，2011 – 03 – 28.

［23］卢锋．我国资本回报率估测（1978—2006）［J］．经济学（季刊），2007（4）.

［24］陈东琪．回顾 20 年改革实践探讨下一步改革思路［J］．宏观经济管理，2012（12）.

［25］刘世锦等．陷阱还是高墙——中国经济面临的真实挑战与战略选择［J］．比较，2011（3）.

［26］马晓河．迈过"中等收入陷阱"的需求结构演变与产业结构调整［J］．宏观经济研究，2010（11）.

［27］常修泽．中国发展转型问题研究［J］．理论视野，2010（10 – 11）.

［28］高路易．2020 年的中国——宏观经济情景分析［D］．世界银行中国研究论文，2010（9）.

第七章 中国工业增长与行业结构变化

内容提要：改革开放以来，在制度变迁和市场机制的作用下，我国工业增长和工业结构呈现明显的阶段性变化特征。大国经济、后发优势特征使得我国工业比重较高，与国民收入水平出现偏离；工业结构变化逐步向供需条件作用下的市场化轨道回归，轻、重工业结构失衡问题得到一定程度的纠正；工业结构重化工业化趋势明显，向高加工度化和技术密集化方向升级面临突破；工业结构的加工度深化发展不足，与重型化结构发生偏离；工业结构升级主要表现为资本不断深化，技术密集型产业名义比重上升，但实际高度化不足。因此我们认为，工业结构高度化发展是我国完成工业化不可或缺的重要环节；以能源、原材料工业发展为主导的重化工业化导致工业结构的虚高与偏离；要充分发挥市场机制对促进工业结构升级的根本性作用；转变技术进步模式和改善创新环境是未来工业结构技术密集化升级的关键。

工业化不仅是一个国家从以农业部门为主向以非农业部门为主的结构转变过程，更是首先反映在产业结构向以工业为主导转变的过程，反映在工业内部结构不断调整升级的过程。工业化过程中，工业内部的结构变动呈现出明显的阶段性和规律性变化特征：工业化初期，工业结构以轻工业等劳动密集型产业为主导；工业化中期的重化工业化阶段，工业结构从以轻工业发展为重心向以重工业发展为重心转变；重化工业化过程中，工业结构从以原材料工业为重心向以加工、制造工业为重心转变，即"高加工度化"，在高加工度化过程中，工业结构进一步向"技术集约化"方向转变。

由于各国的资源禀赋、要素条件、制度变化、历史人文等都存在较大的差别，其工业化过程中的工业发展规律存在一定程度的偏差不可避免，但先行和后起追赶型工业化国家的工业增长中仍然存在可以遵循的一般路径，特别是在工业增长过程中工业结构不断升级的阶段性发展规律。参照世界工业结构变动的一般性规律，考察我国工业增长过程中工业结构变动的阶段性特征，对确定现阶段工业发展战略和判断未来工业发展方向都具有十分重要的意义。

一、改革开放以来中国工业增长的阶段性变化

随着我国社会主义市场经济体制的建立和不断发展，工业经济在市场机制的作用下，工业增长在一定程度上呈现出了工业化进程中应有的规律性和阶段性特征，

但由于历史原因和特殊的国情条件，除受市场机制的作用外，我国工业发展战略的几次大转变是与经济体制改革相伴的，工业化进程受制度变迁的影响较大，制度性因素的影响使得我国工业增长的阶段性变化与其他工业化国家的一般发展轨迹存在较大的偏离。

（一）在制度变迁和市场机制的作用下，工业增长的阶段性特征突出

改革开放以来我国工业发展的过程中，工业增长的阶段性变化特征较明显。从我国工业增加值增速的变化趋势看（见图7-1），工业增长呈现三大发展阶段：第一阶段是改革开放初期到20世纪80年代末，工业增长在经济体制大变革时代呈现出先加速后减速的特征；第二阶段是90年代初到90年代末，市场化改革加速，对外开放程度深化，受1998年亚洲金融危机的影响，工业增长进入另一个波动周期；第三个阶段开始于21世纪初我国加入WTO之后，全球化步伐加快，在积极财政和货币政策的配合下，工业增长逐步回升，进入新一轮的增长周期，直到受2008年国际金融危机爆发而呈下降趋势。从图7-1中不难看出，前两个阶段的振幅较剧烈且频率较高，主要是因为在改革开放的大背景下，经济体制由计划向市场转轨，放松了计划控制，增强了市场调节的作用，工业经济增长在体制的变革中释放了活力，但也同时暴露出计划和市场的双轨制运行下的宏观调控政策干预经验不足，工业增长起伏较大，对国民经济平稳健康发展带来了一定的不利影响。工业占国民经济比重也显现出与工业增长基本吻合的阶段性变化特征（见图7-2）：第一阶段（1978~1990年），工业增加值占GDP的比重持续下降，由44.1%下降至36.7%，这一阶段的发展主要是对改革开放前"虚高"的重工业化水平的纠正；第二阶段（1991~2001年）和第三阶段（2002~2012年），工业增加值占GDP的比重呈现波浪式上升趋势，峰值分别为1997年的41.7%和2006年的42.2%，受1998年亚洲金融危机和2008年国际金融危机的影响，工业比重分别出现回落，呈现明显的周期性变化特征。

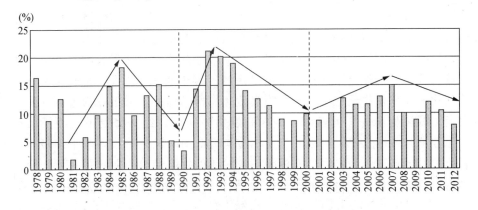

图7-1 1978~2012年工业增加值增速变化趋势

资料来源：历年《中国统计年鉴》。

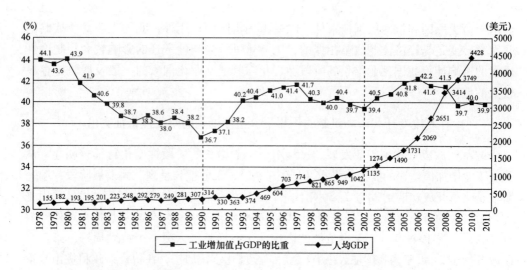

图 7-2 1978~2011 年工业增加值占 GDP 的比重及人均 GDP 变化趋势

资料来源：历年《中国统计年鉴》，世界银行数据。

（二）大国经济、后发优势特征使得我国工业比重较高，与国民收入水平出现偏离

总体而言，我国工业比重在 20 世纪 90 年代以后一直接近或超过 40% 的份额，明显高于世界平均水平，也明显高于处于相似经济水平的世界中等偏上收入国家平均水平。从历史看，美国、英国、德国等先行工业化国家和日本、韩国等后起追赶型国家工业比重超过 40% 时，人均 GDP 普遍接近或超过 10000 美元，而目前我国人均 GDP 只有 4000 美元，工业比重与人均 GDP 水平出现了较大程度的偏离。较高的工业比重对应的是较低的国民收入，这一偏离现象与我国的国情条件和制度安排密切相关。尽管人均经济水平不高，但我国幅员辽阔，是个人口大国，具有鲜明的大国经济特征。计划经济时期，基于对大国经济前提下工业发展模式的认识，我国在新中国成立初期就制定了建立完整工业体系的目标，实行优先发展重工业的工业化战略，在以行政手段配置资源发展工业的条件下，使我国工业结构转变与先行工业化国家所经历的"轻工业—重工业—重化工业化—高加工度化—技术密集化"的阶段性发展规律有所不同，以重工业为重点的发展模式奠定了我国初步的工业基础，但在高度集中的计划经济体制下，经济结构失衡，工业增长效率低下，过高的工业比重与过低的国民经济收入水平出现严重偏离。改革开放初期，我国大力发展轻工业的纠偏战略使得工业比重有所下降，工业结构出现了明显的轻型化趋势，按工业净产值计算的霍夫曼比例由 1978 年的 0.63 上升至 1988 年的 0.81，但这一比例仍然小于 1，以资本品为主的重工业仍占据较大份额，体现了我国大国经济建立完整工业体系的特征，在大力发展轻工业的同时，并没有忽视重工业的发展，轻、重工业呈现均衡发展态势。90 年代以

后轻工业市场产品的饱和推动了产业结构的调整升级，制造业开始向重工业和高加工度转变。规模以上轻工业比重 2000 年比 1990 年下降了 7.16 个百分点，而重工业中的加工工业所占比重 2000 年比 1990 年上升 5 个百分点，比原料工业（上升 2.32 个百分点）呈现更快的上升趋势，其中，机械电子类行业所占比重 2000 年比 1996 年提高了 6.93 个百分点。这一时期的结构转变符合工业化发展的一般规律，随着工业化的不断推进，工业增长由以消费品工业为重心向以资本品工业为重心的发展阶段转变，工业结构的调整升级使得工业比重在并不低的基础上又回升至 40% 以上的水平。

后发追赶型发展模式是我国工业化过程中的另一个显著特征，也是我国工业比重一直保持较高水平的重要原因。作为发展中国家，我国工业化进程起步较晚，较低的资源、要素成本条件使我具有利用国外先进技术和国际资本的后发优势。20世纪 90 年代以前我国对外开放还主要是以引进国外先进技术和生产设备为主，而90 年代以后，我国对外开放的领域进一步扩大，开始鼓励和吸引外商来华直接投资，这恰好适应了发达国家大规模产业转移的趋势，我国成为承接国际产业转移的理想目的国，集中于制造业的外商直接投资迅速扩大，成为推动我国工业增长的重要力量，我国也因此成为"世界工厂"，1990 年我国制造业增加值占世界制造业增加值的比重仅为 2.69%，2010 年这一比重上升至 15.41%[1]。

二、工业增长过程中工业结构的阶段性变化

改革开放以后，随着工业发展战略的调整，社会主义市场经济体制的建立和发展，国民经济社会发展水平的不断提高，工业化进程不断向前推进，在我国工业增长的阶段性变化中，工业结构也经历了与工业增长阶段相适应的三个调整变动阶段：第一阶段（1978～1990 年），纠正片面发展重工业，大力发展轻工业占主导的加工制造业；第二阶段（1991～2001 年），轻重工业均衡发展，制造业呈现重化工化和高加工度化趋势；第三阶段（2002 年至今），工业的资本深化特征明显，重化工业加速发展并占据主导地位，轻工业比重显著下降。

（一）工业结构变化逐步向供需条件作用下的市场化轨道回归，轻、重工业结构失衡问题得到一定程度的纠正

改革开放以前，我国在政府主导的计划经济体制下采取了超前发展重化工业的经济战略，从而超前推高了重化工业在工业中的比重，使工业结构变化与国际一般规律出现很大偏差。改革开放之后，工业结构变化逐步向供需条件作用下的市场化轨道回归。1978 年至 20 世纪 80 年代前期，随着政府对居民消费干预和控制力度的逐渐降低，长期以来受到压制的消费品需求出现反弹，从而导致以消费品为主导

① UNIDO. Industrial Development Report, 2011.

的轻工业的迅速扩张，轻、重工业结构失衡问题受到一定程度的矫正。1978~1982年重工业总产值占工业比重从56.9%上升到49.8%，重工业与轻工业产值比重由1.32倍下降到0.99倍。20世纪80年代中后期到1999年，轻、重工业保持基本平衡的发展态势，重工业与轻工业产值比重在1.03倍和1.16倍之间小幅波动。从1999开始，重工业呈现快速增长势头，工业增长再次形成以重工业为主导的格局。1999~2012年，重工业总产值在工业中的比重由50.8%迅速上升至71.8%，重工业与轻工业的产值比也由1.03倍上升到2.55倍，达到改革开放以来的历史最高水平。考虑到重工业增加值率（工业增加值/工业总产值）通常高于轻工业，因此重工业增加值占全部工业的比重应该更高。从图7-3中可以清晰地看到，我国自2000年以来轻重工业结构的变化出现明显分化，呈现显著的重化工业化阶段性特征。

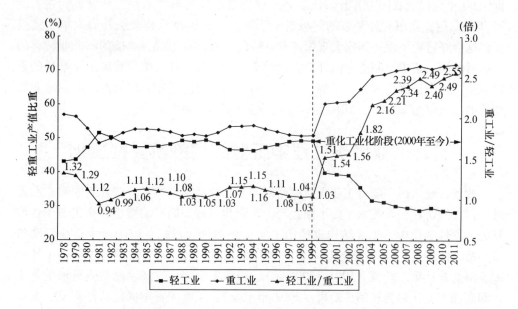

图7-3 1978~2011年我国轻、重工业结构变化趋势

资料来源：历年《中国统计年鉴》。

（二）工业结构重化工业化趋势明显，向高加工度化和技术密集化方向升级面临突破

工业化国家的历史经验表明，工业化进程中工业比重呈上升趋势，工业内部结构也不断发生变化，当进入工业化中期阶段，重化工业比重不断上升，出现"重化工业化"现象，而在重化工业化发展的过程中，工业结构不断向高加工度化和技术密集化转变，由此推动其从中等收入国家向高收入国家迈进。总体而言，从变化趋势看（见图7-4），我国工业内部的行业结构呈现基本符合一般规

律的阶段性变化特征，但由于受体制机制因素和国情要素条件的影响，结构转变发生了一定程度的偏离。1990~2003年工业行业结构基本沿着一般升级规律方向变动，规模以上消费品制造业和能源、原材料制造业的比重呈现显著的下降趋势，与此同时，代表高加工度化的装备制造业比重呈现明显的上升趋势，并且在1996年以后逐渐超过消费品工业，工业增长形成以重加工制造业为主导的发展格局，工业结构的升级标志着我国工业化开始进入了一个新的历史阶段——重化工业化发展阶段。这一阶段一直延续至21世纪，我国加入WTO，经济发展环境发生了巨大变化，工业化和城市化进程加快，国际产业资本加速向中国转移，投资需求高速增长，工业受需求结构变动的影响，行业结构发生了明显的适应性变化，重化工业呈现加快增长势头。在投资需求成为经济增长主导力量的作用下，能源、原材料和装备制造业得到快速发展。2000~2011年，规模以上能源、原材料制造业产值占制造业产值比重上升了3.12个百分点，规模以上装备制造业产值占制造业产值比重上升了2.49个百分点。其中，产值比重上升幅度较大、排序在前4位的行业分别是黑色金属冶炼及压延工业、有色金属冶炼及压延工业、通用设备制造业和交通运输设备制造业。相比之下，消费品制造业产值比重下降了5.61个百分点，食品、饮料、纺织服装等满足基本生活需求的消费品制造行业比重持续下降。

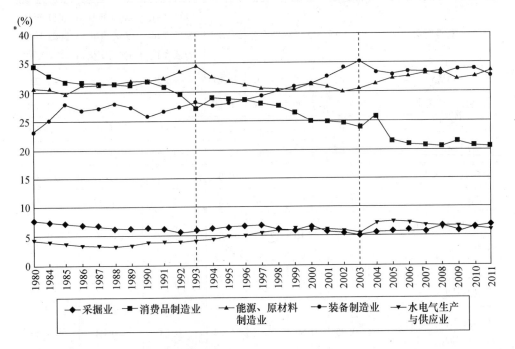

图7-4 1980~2011年规模以上工业的行业结构变化趋势

资料来源：历年《中国统计年鉴》。

　　与改革开放之前的超前重化工业化时期不同，此次工业结构重型化发展更多地受到市场供需机制的驱动作用，较大程度上体现了当前发展阶段下工业结构变化的一般规律。一方面，需求结构变化对重化工业发展形成重要的拉动作用。近年来，我国以基础设施建设和房地产投资为主体的投资需求快速增长，消费结构正逐步从"吃、穿、用"为主向住房、汽车等为代表的"住、行"为主升级，从而带动重化工业产品需求快速增长。另一方面，要素禀赋结构改变对具有资本密集型特征的重化工业形成重要支撑。经过多年经济发展，我国国内资本积累量不断增加，要素资源禀赋中的资本—劳动比不断提高，同时，金融扩张、引进外资又进一步增强了资本供给能力；而由于要素市场体系不健全，土地、资源环境等相关成本存在不同程度低估，也对重化工业发展起到一定的助推作用。因此，目前这一阶段的重化工业化趋势主要是以能源、原材料制造业的迅速扩张为主导，代表高加工度化和技术密集化趋势的装备制造业比重提高趋缓，而且近年来技术密集度较高的通信设备、计算机及其他电子设备制造业比重还呈显著下降趋势，2011 年比 2005 年的比重下降了 3.72 个百分点。这一现象表明这一阶段的重化工业化过程中的工业结构升级进展得并不顺利，向高加工度化和技术密集化转变仍面临突破（见表 7-1）。

表 7-1　1995~2011 年我国制造业行业规模以上产值结构的变化

单位：%

行业分类	1995 年	2000 年	2005 年	2011 年	2000 年比 1995 年的增减变化	2005 年比 2000 年的增减变化	2011 年比 2005 年的增减变化
消费品制造业	32.85	28.42	24.02	22.81	-4.43	-4.40	-1.21
农副食品加工业	6.38	5.04	4.93	6.09	-1.34	-0.11	1.16
食品制造业	2.09	1.95	1.75	1.94	-0.14	-0.20	0.19
饮料制造业	2.42	2.37	1.43	1.63	-0.05	-0.94	0.20
烟草制品业	2.10	1.96	1.32	0.94	-0.14	-0.64	-0.38
纺织业	9.65	6.97	5.88	4.51	-2.68	-1.09	-1.37
纺织服装、鞋、帽制造业	3.08	3.10	2.31	1.87	0.02	-0.79	-0.44
皮革、毛皮、羽毛（绒）及其制品业	2.04	1.82	1.61	1.23	-0.22	-0.21	-0.38
木材加工及木、竹、藤、棕、草制品业	0.85	0.89	0.85	1.24	0.04	-0.04	0.39
家具制造业	0.47	0.50	0.66	0.70	0.03	0.16	0.04
造纸及纸制品业	2.13	2.15	1.93	1.67	0.02	-0.22	-0.26

行业分类	1995 年	2000 年	2005 年	2011 年	2000 年比1995 年的增减变化	2005 年比2000 年的增减变化	2011 年比2005 年的增减变化
印刷业和记录媒介的复制	0.86	0.83	0.67	0.53	-0.03	-0.16	-0.14
文教体育用品制造业	0.78	0.84	0.69	0.44	0.06	-0.15	-0.25
能源、原材料制造业	36.50	35.88	37.63	39.00	-0.62	1.75	1.37
石油加工、炼焦及核燃料加工业	4.25	5.99	5.57	5.09	1.74	-0.42	-0.48
化学原料及化学制品制造业	8.00	7.78	7.59	8.40	-0.22	-0.19	0.81
医药制造业	2.01	2.41	1.97	2.06	0.40	-0.44	0.09
化学纤维制造业	1.70	1.68	1.21	0.92	-0.02	-0.47	-0.29
橡胶制品业	1.30	1.10	1.02	1.01	-0.20	-0.08	-0.01
塑料制品业	2.36	2.57	2.35	2.15	0.21	-0.22	-0.20
非金属矿物制品业	6.32	5.00	4.27	5.55	-1.32	-0.73	1.28
黑色金属冶炼及压延加工业	7.67	6.40	9.96	8.85	-1.27	3.56	-1.11
有色金属冶炼及压延加工业	2.88	2.95	3.68	4.96	0.07	0.73	1.28
装备制造业	30.65	35.71	38.35	38.20	5.06	2.64	-0.15
金属制品业	3.46	3.44	3.04	3.22	-0.02	-0.40	0.18
通用设备制造业	4.96	4.12	4.92	5.66	-0.84	0.80	0.74
专用设备制造业	3.68	2.97	2.82	3.61	-0.71	-0.15	0.79
交通运输设备制造业	6.92	7.26	7.29	8.73	0.34	0.03	1.44
电气机械及器材制造业	5.44	6.54	6.45	7.10	1.10	-0.09	0.65
通信设备、计算机及其他电子设备制造业	5.30	10.21	12.53	8.81	4.91	2.32	-3.72
仪器仪表及文化、办公用机械制造业	0.89	1.17	1.29	1.05	0.28	0.12	-0.24

资料来源：历年《中国统计年鉴》。

81

（三）工业结构的加工度深化发展不足，与重型化结构发生偏离

国际经验表明，随着工业化水平的提高，工业结构中以深加工为主的加工工业与原材料工业之比应该呈现上升的趋势。从我国工业上下游部门之间的比例所反映的加工度看（见表7-2），服装对纺织的加工度指数在工业化初期呈现明显上升趋势，符合一般发展规律；机械类对初金属的加工度指数在工业化中期开始阶段呈现上升趋势，由1990年的2.65上升至2002年的4.10，但自2003年以来却呈现逐年下降的趋势，2011年仅为2.77，这恐怕与近些年来原材料工业的超速发展而形成了对机械制造工业发展的压制不无关系。目前我国已进入中等收入国家，工业化开始进入中后期阶段，但高加工度工业发展明显不足，与已经高度重型化的工业结构发生了明显的偏离。通过与发达国家工业化过程中的加工度指标相比，从机械类/初金属的比例来看（见表7-3），日、韩工业化过程中的加工度呈现明显的上升趋势，工业化中后期已经达到相当高的水平，日本加工度指数达到7.26，韩国也达到4.69。而发达国家的加工度指数更是达到9.28，大大高于我国现阶段工业化过程中的水平。与其他发展中国家或落入中等收入陷阱的国家相比，工业加工度指数相当，说明我国的工业化当前还没有进入真正意义上的高加工度化阶段，加工制造业没有取代原材料工业成为驱动工业发展的主导产业。因此，完成当前经济发展战略调整的重大任务中需要构建促进工业结构向高加度化转变的条件和动力，才能实现结构升级，才能实现从中低收入向高收入国家行列迈进。

表7-2　中国2003~2011年工业加工度指数变化

年份	1980	1985	1990	1995	2000	2001	2002	2003
服装/纺织	0.15	0.16	0.18	0.32	0.44	0.46	0.46	0.44
印刷/造纸	0.54	0.55	0.45	0.41	0.39	0.40	0.40	0.41
机械类/初金属	2.46	3.18	2.65	3.05	3.82	3.79	4.10	3.68
年份	2004	2005	2006	2007	2008	2009	2010	2011
服装/纺织	0.40	0.39	0.40	0.41	0.44	0.45	0.43	0.41
印刷/造纸	0.44	0.35	0.34	0.33	0.34	0.36	0.34	0.32
机械类/初金属	3.14	2.81	2.75	2.61	2.54	2.93	2.96	2.77

注：初金属包括钢铁和有色金属，机械类包括机械、电气、电子、运输设备和精密仪器等。

资料来源：根据历年《中国统计年鉴》行业总产值数据计算。

表7-3 主要工业化国家的工业加工度指数比较

国别	年份	服装/纺织	印刷/造纸	机械类/初金属
韩国	1971	0.24	1.34	3.20
	1979	0.32	1.08	2.92
	1991	0.44	0.98	4.69
日本	1953	0.11	1.11	1.96
	1965	0.16	1.27	3.82
	1992	0.47	2.27	7.26
美、日、德、英、法五国平均	1983	0.61	1.65	6.98
	1992	0.64	1.97	9.28
巴西	1974	0.48	0.86	1.53
	1989	0.58	0.66	2.75
印度	1986	0.05	1.00	2.41
	1990	0.10	0.59	2.19
中国	2011	0.42	0.32	2.77

资料来源：国外数据转引自王岳平《"十二五"时期中国产业结构调整研究》。中国数据根据历年《中国统计年鉴》计算而得。

（四）工业结构升级主要表现为资本不断深化，技术密集型产业名义比重上升，但实际高度化不足

在工业化进程中，工业结构的变化很大程度上体现在要素密集度的变化上，主要表现为工业结构由劳动密集型向资本密集型再向技术密集型演变的特征，我国工业结构在一定程度上也呈现出由劳动密集向资本和技术密集转变的特征。我国工业结构的要素密集度变化首先表现为资本的有机构成的提高，资本深化特征表现突出。从制造业整体看，规模以上企业人均固定资产净值从2003年的8.67万元上升到2011年的18.37万元（未扣除价格变动因素）。研究数据发现（见表7-4），资本密集型行业的资本深化特征尤其明显，技术密集型行业和劳动密集型行业也呈现出资本深化的特征。

表7-4 2003～2011年我国制造业行业人均固定资产净值余额

单位：万元/人

行业分类 \ 年份	2003	2005	2007	2011
农副食品加工业	7.77	8.70	10.35	16.83
食品制造业	7.93	9.10	10.88	15.64
饮料制造业	12.92	14.16	15.64	20.86

续表

年份 行业分类	2003	2005	2007	2011
烟草制品业	28.39	32.16	34.14	46.64
纺织业	5.71	6.27	7.49	11.05
纺织服装、鞋、帽制造业	2.20	2.45	2.90	4.74
皮革、毛皮、羽毛（绒）及其制品业	2.18	2.15	2.50	4.07
木材加工及木、竹、藤、棕、草制品业	5.94	6.26	6.90	11.22
家具制造业	4.30	4.21	5.41	7.63
造纸及纸制品业	12.43	15.82	18.60	28.01
印刷业和记录媒介的复制	8.88	10.31	11.23	14.47
文教体育用品制造业	2.35	2.64	3.08	4.50
石油加工、炼焦及核燃料加工业	35.60	36.90	42.97	72.11
化学原料及化学制品制造业	14.18	16.83	21.43	35.91
医药制造业	10.02	13.30	14.68	18.53
化学纤维制造业	22.28	25.07	28.16	35.40
橡胶制品业	7.61	8.59	11.57	18.56
塑料制品业	7.25	8.04	8.02	11.28
非金属矿物制品业	7.83	10.25	12.32	22.89
黑色金属冶炼及压延加工业	18.79	23.26	33.35	52.60
有色金属冶炼及压延加工业	14.15	17.72	21.61	38.58
金属制品业	5.47	5.90	6.92	12.83
通用设备制造业	5.95	6.44	7.88	14.54
专用设备制造业	6.12	7.06	8.64	15.24
交通运输设备制造业	9.42	11.02	13.70	20.25
电气机械及器材制造业	6.33	6.32	7.20	12.24
通信设备、计算机及其他电子设备制造业	9.84	9.73	10.14	11.22
仪器仪表及文化、办公用机械制造业	5.07	5.65	6.11	9.49

注：表中数据未扣除价格因素。

资料来源：根据历年《中国统计年鉴》数据计算而得。

相比资本不断深化，我国制造业的技术密集化水平却依然较低。对制造业技术密集度的划分，国内研究基本采用 OECD 的行业分类方法，即以制造业的 R&D 经费投入强度作为划分标准。参考 OECD 的分类方法，结合我国的统计情况，将我国制造业行业分为高技术、中高技术、中低技术和低技术等类型。单从行业分类看（见表7-5），我国制造业的技术密集型产业（包括高技术和中高技术产业）比重总体呈现上升趋势，1990 年仅为 38%，2011 年达到 46.36%。其中 2000~2011 年，中高技术制造业的比重上升明显，由 29.32% 上升至 34.43%，但高技术制造业的比重在 2005~2011 年中呈下降趋势，由 15.79% 下降至 11.93%，造成下降的原因主要是近几年电子信息制造业产值比重大幅下降。但是，应该注意的是，参照 OECD 的技术密集度行业划分的高技术产业类型并不能反映出当前我国制造业中高技术产业比重较低的真实情况，技术密集的名义高度化提高较快，但实际高度化不足。在我国制造业大类中，只有通信设备、计算机及其他电子设备业、医药制造业等少数行业的 R&D 经费投入强度超过 1%，与 OECD 标准定义的国际高技术产业差距非常大，只为该标准的 1/10 左右。若以 R&D 经费投入强度超过 1% 的标准划分为技术密集型行业，根据王岳平（2011）的研究对小行业的计算，我国真正属于技术密集型的行业比重较低，2007 年仅占规模以上工业增加值的 9%，而且与 2003 年相比，比重还有所下降。尤其是近 10 年来，我国制造业的技术密集化趋势不明显，产业结构实际高度化不足。导致这一现象的原因主要是，在当前全球化条件下，国际分工从产业间、部门间分工向产业内分工转变，像通信设备、计算机及其他电子设备业这样的技术密集型行业，我国承接的也多是国际产业分工中组装加工类制造环节，技术含量较低，属于劳动密集型产业。

表 7-5　1990~2011 年制造业按技术密集度分类的行业比重

单位:%

年份 制造业分类	1990	1996	2000	2005	2011
制造业总计	100	100	100	100	100
高技术制造业	6.52	8.05	13.77	15.79	11.93
中高技术制造业	31.48	29.74	29.32	30.29	34.43
中低技术制造业	26.21	27.13	25.87	29.90	30.84
低技术制造业	35.79	35.08	31.04	24.02	22.81

注：高技术制造业为：通信设备、计算机及其他电子设备制造业、医药制造业、仪器仪表及文化办公用机械制造业；中高技术制造业为：电气机械及器材制造业、交通运输设备制造业、化学原料及化学制品制造业、化学纤维制造业、通用设备制造业、专用设备制造业；中低技术制造业为：橡胶制品业、塑料制品业、石油加工炼焦及核燃料加工、黑色金属冶炼及压延加工业、有色金属冶炼及压延加工业、非金属矿物制品业、金属制品业；低技术制造业为：农副食品加工业、食品制造业、饮料制造业、烟草制品业、纺织业、纺织服装鞋帽制造业、皮革毛皮羽毛（绒）及其制品业、木材加工及木竹藤棕草制品业、家具制造业、造纸及纸制品业、印刷业和记录媒介的复制业、文教体育用品制造业。

资料来源：根据历年《中国统计年鉴》计算而得。

三、结论与启示

（一）工业结构高度化发展是我国完成工业化不可或缺的重要环节

从前面的分析研究中发现，虽然我国工业规模已经很大，在国民经济中占有较高比重，重化工业化趋势明显，从总量结构上看似乎标志着工业发展已经达到工业化中后期的水平，但是，由于我国工业结构升级进展得并不顺利，存在工业结构高度化水平不足导致工业总量、结构"虚高"的现象，与国民收入水平也存在较大程度的偏离。由此笔者认为，从工业结构的高度水平而言，与先行工业化国家相比，我国仍处于工业化过程的中期阶段，现阶段以至未来的一段时期内，在促进工业内部结构调整升级的过程中，我国工业在国民经济未来一定时期应保持一定的发展速度和规模，工业占 GDP 的比重仍然要维持一定的强度，才能保障国民收入水平的持续提高，而不至于落入中等收入陷阱。未来在保持工业在国民经济发展中的主要地位和作用的基础上，应加快促进工业内部结构的高加工度化和技术密集化升级。

（二）以能源、原材料工业发展为主导的重化工业化导致工业结构的虚高与偏离

近年来，经济增长过度依赖投资，特别是非理性投资的存在，导致重化工业迅速扩张的动力主要来源于冶金、煤炭、石油等能源、原材料工业，而不是依靠机械、电子等装备制造行业。能源、原材料工业的快速增长吸引了投资的大量流入，能源、原材料价格的大幅上涨又阻碍了加工制造业增加值率的提高，以原材料工业为主导的工业结构偏离了工业结构高加工度化和技术密集化的升级方向，产业结构变动对要素的优化配置作用明显减弱，资本、劳动力等生产要素从生产率上升较快的加工制造行业流向生产率上升较慢的资源密集型行业，加工制造业缺乏持续增长的动力。由于工业扩张动力主要来自能源和原材料工业，重化工业化趋势加快的表象却容易导致对我国工业结构重型化升级趋势的误判，事实上，加工制造业的发展明显不足是工业结构偏离发展阶段、向高加工度化和技术密集化升级缓慢的重要原因。

（三）要充分发挥市场机制对促进工业结构升级的根本性作用

从我国工业结构的阶段性变化看，在政府与市场作用的博弈过程中，政府对工业结构变动的干预影响较大，市场经济体制对工业结构的调整与优化作用还应进一步加强。计划经济时期，政府代替市场通过直接干预的手段为资源的配置与市场活动提供了一系列的制度安排，导致工业结构严重失衡，与经济发展水平出现较大偏离，违背了工业化进程中产业结构的演进规律，国民经济建设也遭受了严重损失。

改革开放以来，随着社会主义市场经济体制的建立，政府缩小了经济职能的范围和权力，放松了对整个经济的行政干预，加强了市场机制的调节作用，工业结构的变动逐渐回归到与经济发展阶段相适应的正常轨道上来。但是应该看到，目前的产业政策仍然以倾斜式结构政策为主，延续了"计划色彩深厚"的传统，一些直接干预措施（如目录指导、项目审批、市场准入等）仍被沿用，"选择性的产业政策"仍然是政府干预经济发展的重点，而"选择性"政策这种事先确定"赢者"加以扶持的行为破坏了市场竞争机制的有效运行，并且造成垄断与寻租行为的发生。因此，政府应该用"功能型"、"竞争型"政策代替"选择性"政策，为那些具备潜在竞争优势的企业或产业发展创造公平的竞争环境，让市场本身筛选出具有赢者特质的企业或产业。

（四）转变技术进步模式和改善创新环境是未来工业结构技术密集化升级的关键

我国工业结构的技术密集化程度不高，与技术进步模式以及企业、行业自主创新的研发投入严重不足密切相关。改革开放以来，由于我国与发达国家之间存在巨大的技术差距，因而形成了我国制造业以技术引进为主的技术进步模式。技术引进虽然在较短的时间内缩短了与发达国家的差距，但以技术引进为主的技术进步模式在我国存在着较大的缺陷。首先，由于我国自技术引进以来一直"重引进、轻吸收"，导致我国对引进技术产生"路径依赖"，陷入了"引进—落后—再引进—再落后"的技术引进陷阱，被动跟随发达国家、跨国公司的技术变化，从而抑制了我国制造业自主创新能力的提升。其次，核心技术被跨国公司控制，技术引进硬件多、软件少，重复引进现象十分严重。跨国公司构建全球价值链，对核心技术的垄断是它们保持竞争优势的重要手段，由于缺乏核心技术，我国企业不得不在产品中承担核心部件的高昂成本。最后，不完善的知识产权制度和寻租活动机会①使得我国制造业结构升级的创新驱动机制难以有效形成。由于经济活动中存在较高的租金，寻租的机会越大，导致创新的机会成本越高于寻租的机会成本。当企业投资产生的知识被不情愿地扩散到竞争者那里，一个企业从事 R&D 投入的激励将减少。由于知识产权制度不完善和缺乏激励创新者创新的产权管理制度等原因，企业不愿创新，因此，完善知识产权制度是改善创新环境、转变技术进步模式的重要保障。

（执笔人：周劲）

参考文献

[1] UNIDO. Industrial Development Report，2011.

---

① 寻租活动机会指以较低的投入获得高额利润的机会。

［2］王岳平等．"十二五"时期中国产业结构调整研究［M］．北京：中国计划出版社，2012.

［3］王岳平．开放条件下的工业结构升级［M］．北京：经济管理出版社，2004.

［4］冯飞等．迈向工业大国——30 年工业改革与发展回顾［M］．北京：中国发展出版社，2008.

［5］张建华等．基于新型工业化道路的工业结构优化升级研究［M］．北京：中国社会科学出版社，2012.

［6］周劲．我国制造业的组织结构特征与发展趋势［J］．中国社会科学报，2010（2）．

［7］经贸合作与发展组织．OECD 的科学技术与工业记分牌［M］．北京：科学技术出版社，2003.

第八章 中国工业国际分工地位与变化特征研究

内容提要：自改革开放以来，我国抓住全球化带来的机遇，融入全球生产体系，参与国际分工的程度不断加深，但是在全球产业分工中面临的矛盾也日益突出，主要的表现是产业内分工水平较低，多数行业呈分工水平下降态势；价值链分工具有大量进口中间产品、出口加工组装产品的特征，低端锁定倾向明显；我国对外投资发展滞后，全球资源的整合治理能力不足。未来我国工业分工地位提升既面临着严峻的困难与挑战，也有前所未有的机遇与条件，需要在向高附加值环节升级、国家价值链构建、制造环节核心竞争力提升、对外投资与整合全球资源等方面进行重点突破。

传统的产业结构研究，不论是按照要素密集度进行的产业分类，还是按照加工深度进行的产业分类，都是基于产业间分析的角度进行的。但是基于产业间分工的结构研究在全球化程度不断加深、产业内及产品内分工更趋普遍的情况下是不够深入的，甚至产生结构虚拟高度化的现象，从而不能对一国产业结构进行准确把握。在新的国际分工模式下，我国产业结构问题主要不是三次产业之间的比例关系问题，而是产业链和价值链内关键环节缺失的问题。从产业发展角度看，经济转型一定要解决怎样从价值链低端向中高端延伸，从依赖低成本的价格竞争向以质量、技术、品牌、服务为核心的非价格竞争转变，从依靠资源要素投入向创新驱动转变的问题。因此，对应于产业内及产品内分工的价值链结构研究相比于传统的产业间结构研究更必要和准确。另外，随着我国工业发展进入以质量和效益提升为主要目标的阶段，以及跨国公司在全球竞争中的优势越来越凸显，资源要素在企业间优化配置、企业市场势力提升等成为产业国际竞争力的核心内容之一。因此，产业组织结构调整也成为转变经济发展方式、优化产业结构的重要方面。

一、中国参与国际分工的变化历程

自 1978 年启动改革开放进程以来，我国紧紧抓住全球化带来的机遇，融入全球生产体系，从基本实现自给自足的封闭经济向利用国内外资源、国内外市场的开放经济转变。30 多年来，我国的国际分工地位显著提升，参与国际分工的程度不断加深，但是在全球产业分工中面临的矛盾也日益突出，这要求在未来发展中突破传统思维，寻求新的战略方向，以有效实现我国开放型经济水平的进一步升级。

（一）以产业间分工为主的阶段

改革开放初期，我国参与国际分工的形式以产业间分工为主，在时间上大致涵盖 1978～1991 年。这一时期，虽然工业制成品在出口中所占的比重不断提升，但初级产品的出口地位仍然比较突出。1978 年以来，我国积极实施出口导向型战略，引入国际资本、技术和管理技能，开辟经济特区和开发区，使廉价劳动力优势得到充分发挥，实现了经济的快速增长。1978 年，初级产品出口占我国出口总额的 54.8%，工业制成品出口占 45.2%；至 1985 年，两者比重已经近乎相等，初级产品为 50.56%，工业制成品为 49.44%；至 1991 年，初级产品出口比重下降至 22.45%，工业制成品上升至 77.46%。虽然在这一阶段后期工业制成品取代初级产品成为我国出口的主体，但主要集中于轻工和纺织服装产品，以产业间分工为主。这通过加工贸易所占比重较低也能得到一定体现：在 20 世纪 80 年代初期，加工贸易占出口结构的比重一直在 20% 以下，至 1991 年其比重增长至 45.10%，仍明显低于一般贸易（53.01%），如图 8－1 所示。

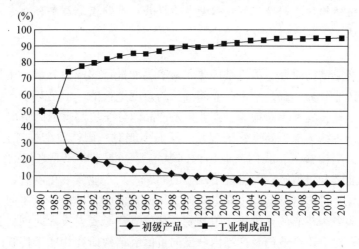

图 8－1　我国出口产品结构的历史演变

资料来源：根据国家统计局有关数据计算而得。

（二）产品内分工迅速兴起阶段

20 世纪 90 年代以来，产品内分工蓬勃发展的阶段，在时间上涵盖 1992～2001 年。这一时期，我国加快融入全球经济进程，越来越多的国内企业参与到全球价值链组织形式的国际制造体系中，利用 FDI、发展对外贸易、承接国际外包等分工方式成为融入世界经济、发挥比较优势、有效配置资源的重要途径。参与国际分工的快速深化，一是体现在我国利用外国直接投资的规模迅速扩张。1993 年，我国实际利用外资 275.15 亿美元，在规模上仅次于美国，成为利用外国直接投资最大的发展中国家。这一阶段，我国年均实际利用外资增幅从 1986～1991 年的 15.01% 提高到36.09%，占发展中国家的比重超过1/5。二是体现在加工贸易规模的迅速扩大，并成为外贸出口的主体。这一时期，我国大量地从国外进口原材料和中间产品，加工成最终产品或半成品之后再出口。1992年，加工贸易占出口的比重已经达到46.64%，比一般贸易低4.78个百分点；至1999年，加工贸易比重达到最高的56.88%，高于一般贸易16.29个百分点（见图8-2）。

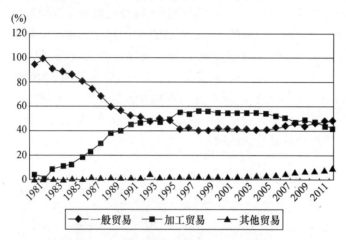

图8-2　1981年以来我国出口结构演变
资料来源：根据国家统计局有关数据计算而得。

通过产业内贸易指数（即G-L指数）变化，也可以对这一时期的分工状况有所反映。分析发现，工业制成品在1990~2003年一直处在一个较高的产业内贸易水平，多数年份的G-L指数都在0.85以上。以轻纺产品、橡胶制品、矿冶产品及其制品、机械及运输设备最为明显。其中，机械及运输设备的产业内贸易在这一时期增长非常迅速，主要是由于我国抓住了发达国家机电制造业和高技术产品中的劳动密集型环节向外转移的机遇，大力发展外向型的机电制造业和高新技术产业。

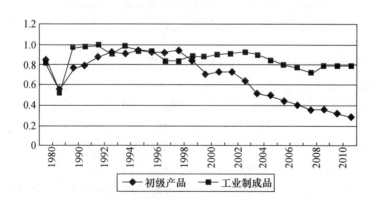

图8-3　我国产业内贸易水平（G-L指数）的变化
资料来源：根据国家统计局数据计算而得。

（三）加入世界贸易组织以来的新阶段

2002 年以来，我国的国际投资地位发生了一系列重要转变，日益呈现出与世界先行国家普遍规律相近的变化趋势。其一是国外直接投资流入的增速明显回落，年均增幅从 1992~2001 年的 36.09% 下降至 2002~2011 年的 9.81%。这一时期，由于新兴发展中国家的崛起及各国对外资普遍实行放松政策，我国吸收外国直接投资的绝对额尽管仍居发展中国家第一位，但占总额的相对比重却有所下降。其二是资本输出较之于前两个阶段呈显著加快态势，我国对外直接投资从 2004 年的 54.98 亿美元，增长至 2011 年的 746.54 亿美元，其中 2005 年和 2008 年的增速均超过 100%（见图 8-4）。由于国际资本流动规模和投资结构是全球生产一体化背景下判断一国国际分工地位的重要指标。因此，中国作为外国直接投资母国的崛起极大地改变了世界投资格局的传统版图。

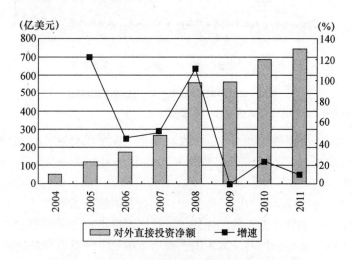

图 8-4 2004 年以来我国对外直接投资增长情况
资料来源：根据国家统计局有关数据计算而得。

另外一个显著的表现是在出口结构上，加工贸易比重大幅下降，从 2002 年的 55.26% 下降至 2012 年的 42.11%，下降 13.15 个百分点；一般贸易比重则从 2002 年的 41.83% 上升至 2012 年 48.22%，提高 6.39 个百分点。而且，机械产品的出口规模进一步扩大，占总出口的比重从 2002 年的 39% 上升到 2009 年的 49.12%，是轻纺产品、橡胶制品、矿冶产品及其制品的 3.19 倍。对比之下，杂项制品占比则从 2002 年的 31.07% 下降至 2011 年的 24.20%，下降 6.87 个百分点（见图 8-5）。此外，近年来我国参与国际分工还面临生产要素的供需形势变化对传统分工格局带来影响，成本更低的发展中国家兴起、发达国家制造业回归给国际分工的外部环境带来挑战等诸多新形势。

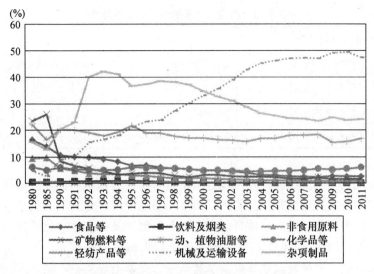

图 8 - 5　我国主要出口商品类别的结构演变

资料来源：根据国家统计局有关数据计算而得。

二、当前中国工业国际分工的结构性特征

（一）参与国际分工的产业内分工水平较低，多数行业呈分工水平下降态势

1. 工业行业的总体分析

为了测度各工业行业的产业内分工水平，引入 Greenaway（1994）判断标准，以贸易产品的单位出口价值和单位进口价值之比（UVx/UVm）为基础，选择合适的"离散因子"——α，将产业内贸易划分为水平型产业内贸易（HIIT）和垂直型产业内贸易（VIIT）两种类型。水平型产业内贸易是由同类产品的不同属性和特征引起的，它超越了要素禀赋基础，基于消费多样化、生产规模化和专业化而发生。垂直型产业内贸易是由同一产品具有不同生产环节引起的，并没有脱离要素禀赋基础。测度指标中，UVx 和 UVm 分别表示产业内贸易产品的单位出口价值和单位进口价值，a 一般取值为 0.25。

这样，满足水平型产业内贸易（HIIT）产品的条件是：$1 - a \leqslant UVx/UVm \leqslant 1 + a$，即介于 0.75 ~ 1.25；满足垂直型产业内贸易（VIIT）产品的条件是：$UVx/UVm \leqslant 1 - a$ 或者 $UVx/UVm \geqslant 1 + a$，即小于 0.75 或大于 1.25。

进一步划分，可以将垂直型产业内贸易与水平型产业内贸易区分为低质量与高质量的差别（见表 8 - 1）。高质量的垂直型产业内贸易和高质量的水平型产业内贸易表示一国在国际分工中能够提供高质量的产品出口，其出口产品品质高于进口产品，或与进口产品品质相当。低质量的垂直型产业内贸易和低质量的水平型产业内表示一国在国际分工中提供的出口产品品质较低，劣于进口产品品质。

表 8 - 1 产业内贸易的划分类型与标准

产业内贸易分类	标准	备注
低质量的垂直型产业内贸易	UVx/UVm < 1 - a	小于 0.75
高质量的垂直型产业内贸易	UVx/UVm > 1 + a	大于 1.25
低质量的水平型产业内贸易	1 - a≤UVx/UVm < 1	大于 0.75、小于 1
高质量的水平型产业内贸易	1≤UVx/UVm≤1 + a	大于 1、小于 1.25

分析发现，我国多数行业在国际分工中具有出口低质量产品、进口高质量产品的特征，以装备制造领域最明显。2012 年，我国仅有 6 个工业行业属于水平型产业内贸易，分别为食品制造业、饮料制造业、石油加工及炼焦业、化学原料及化学制品制造业、橡胶制品业，6 个行业属于高质量垂直型产业内贸易，分别为农副食品加工业、纺织业、服装及其他纤维制品制造业、皮革毛皮羽毛（绒）及制品业、造纸及纸制品业、通信计算机及其他电子设备制造业。其余 15 个行业均属于低质量垂直型产业内贸易，又以印刷和记录媒介的复制业、医药制造业、普通机械制造业、专用设备制造业、仪器仪表及文化办公用机械制造业为最低。2012 年相比 2000 年，有 15 个行业的产业内分工水平是下降的，其中自 1992 年以来持续下降的是印刷和记录媒介的复制业、化学原料及化学制品制造业、医药制造业、塑料制品业、有色金属冶炼及压延加工业、金属制品业、普通机械制造业、电气机械及器材制造业；产品内分工水平上升的有 12 个行业，其中自 1992 年以来持续上升的是纺织业、造纸及纸制品业、橡胶制品业、专用设备制造业、通信计算机及其他电子设备制造业、仪器仪表及文化办公用机械制造业（见表 8 - 2）。

表 8 - 2 我国各工业行业的 UVx/UVm 分析

行业	1992 年	2000 年	2012 年
农副食品加工业（吨）	0.82	1.91	1.76
食品制造业（吨）	0.85	1.17	1.01
饮料制造业（吨）	0.00	1.20	0.92
烟草加工业（吨）	0.65	0.44	0.59
纺织业（吨）	1.39	1.68	1.87
服装及其他纤维制品制造业（件）	1.69	1.90	0.36
皮革毛皮羽（绒）及制品业（吨）	1.49	1.47	3.63
木材加工及竹藤棕草制品业（吨）	0.51	0.36	0.39
造纸及纸制品业（吨）	1.75	1.95	4.16
印刷和记录媒介的复制业（吨）	2.06	0.52	0.18

行业	1992 年	2000 年	2012 年
石油加工及炼焦业（吨）	0.82	0.65	1.08
化学原料及化学制品制造业（吨）	1.77	1.08	0.85
医药制造业（吨）	0.40	0.31	0.08
化学纤维制造业（吨）	1.20	1.50	0.54
橡胶制品业（吨）	0.61	0.67	0.80
塑料制品业（吨）	0.94	0.60	0.35
非金属矿物制品业（吨）	0.16	1.19	0.21
黑色金属冶炼及压延加工业（吨）	0.68	0.60	0.73
有色金属冶炼及压延加工业（吨）	0.80	0.77	0.57
金属制品业（吨）	0.41	0.34	0.21
普通机械制造业（吨）	0.02	0.28	0.19
专用设备制造业（件）	0.01	0.03	0.08
交通运输设备制造业（件）	0.00	0.49	0.22
电气机械及器材制造业（吨）	6.46	0.65	0.25
通信计算机及其他电子设备制造业（件）	0.16	0.28	1.95
仪器仪表及文化办公用机械制造业（件）	0.01	0.06	0.15
其他制造业（吨）	0.66	2.66	2.71

资料来源：根据 Uncomtrade 数据库计算而得。

2. 高加工度产品的重点分析

在产业链较长、生产迂回度较高的高加工度产品领域，进口高质量产品、出口低质量产品的特征更加明显。选取 7 个行业的 28 种高加工度产品进行分析发现，处于高质量垂直型产业内贸易的产品仅有一种，即自动资料处理机及其部件，处于水平型产业内贸易的产品有两种，分别是电视接收机和声音收线或重播机，其余 25 种产品均处于低质量垂直型产业内贸易水平。值得警惕的是，我国产品出口相比进口所能获得的收益是很低的，而且在不断恶化。28 种高加工度产品中，有 7 种产品的进出口价格指数（UVx/UVm）是上升的，其余 21 种产品均呈价格指数下滑趋势。其中，价格指数上升的产品主要分布在通信计算机及其他电子设备制造业、仪器仪表及文化办公用机械制造业，主要是进口中间产品，然后加工组装出口最终产品的行业。对比之下，金属制品业、普通机械制造业、专用设备制造业、交通运输设备制造业、电气机械及器材制造业等领域的产品普遍呈指数下滑趋势。比较看，金属制品业产品多具有价格指数持续下降的态势，普通机械制造业产品呈普遍偏低且不断下降的趋势，交通运输设备制造业产品具有降幅明显的特点。这种现象表明我国出口机电产品的科技水平相比进口产品明显偏低，与我国高端产品依赖进口、低端产品廉价出口的贸易格局是一致的（见表8-3）。

表8-3　我国部分高加工度产品的 UVx/UVm 分析

行业	名称	1992 年	2000 年	2012 年
金属制品业	结构物及结构物部件（吨）	0.67	0.45	0.39
	储存或运输用的金属容器（吨）	0.44	0.65	0.70
	线材产品（吨）	0.51	0.45	0.29
	钉、螺丝钉等（吨）	0.82	0.20	0.14
	手用或机用工具（吨）	0.23	0.24	0.17
	贱金属制成品（吨）	0.45	0.36	0.23
	预制装配式建筑物（吨）	1.19	0.94	0.24
普通机械制造业	水蒸汽或其他蒸汽发动锅炉等（吨）	—	0.32	0.21
	切削金属或其他材料的加工工作母机（件）	0.01	0.00	0.00
	加工金属、烧结金属碳化物或金属陶瓷的工作母机（件）	0.12	0.07	0.02
	部分机器的零件、组件及附件等（吨）	—	0.13	0.12
	供管、锅炉外壳等（吨）	—	0.32	0.19
	机械的非电力零件及附件（吨）	0.02	0.35	0.23
专用设备制造业	拖拉机（件）	0.12	0.03	0.08
	摄影或电影摄影用品（吨）	—	1.87	0.37
	电影软片等（米）	0.85	2.73	0.12
交通运输设备制造业	汽车及其他主要用作载客的汽车（件）	1.04	0.26	0.10
	通货汽车及特殊用途汽车（件）	0.95	0.21	0.18
	陆路汽车（件）	1.09	1.21	0.55
	船、艇等（件）	0.08	0.24	0.12
电气机械及器材制造业	电力器具等（吨）			0.31
	分布电力设备（吨）	0.95	0.65	0.40
电子及通信设备制造业	自动资料处理机及其部件（件）	0.17	0.33	1.97
	电视接收机（件）	0.30	0.11	1.19
	无线电广播接收机（件）	1.43	0.25	0.14
	声音收线或重播机（件）	0.06	0.17	1.20

行业	名称	1992 年	2000 年	2012 年
仪器仪表及文化办公用机械	办公室机械（件）	0.06	0.06	0.15
	部分机器零件及附件（吨）	—	0.27	0.41

资料来源：根据 Uncomtrade 数据库计算而得。

（二）价值链分工具有大量进口中间产品、出口加工组装产品的特征

1. 工业总体的比较

价值链分工结构首先关注一国进出口结构中最终产品与中间产品的比例关系。分析发现，在全球贸易格局中，工业化国家，尤其是美、日等发达国家处于全球产业链和价值链的高端，主要从事产品的研发、设计、营销环节以及高端零部件的生产，很少从其他国家进口中间投入品，而后起发展中国家则主要依赖从发达国家进口高集成度的零部件，按照其研发设计要求进行组装加工后出口。

选取美国、日本、韩国、马来西亚、印度尼西亚、印度等涵盖不同发展水平的国家进行对比分析。在这些国家中，我国出口产品结构中，最终产品比重明显居高，最高的 1992 年高达 61.51%，比美国、日本、韩国分别高 28.85、15.31、17.64 个百分点。不止于此，我国最终产品出口占比还远远高于马来西亚、印度尼西亚等发展中国家，分别高 27.55、22.62 个百分点。对比之下，日美及韩国、马来西亚、印度尼西亚等国家出口中，中间产品所占比重较高，如美国 2000 年占比为 65.30%，日本 2005 年占比为 62.1%。这说明中国作为最终产品出口基地的地位在国际上是很突出的。值得注意的是，由于国内市场规模狭小，无法拥有像日本、韩国、中国那样的完全配套型产业结构，东南亚国家在中间产品领域拥有较强竞争力，并向中国等其他国家出口（见表 8－4）。

表 8－4　中国与部分国家出口结构比较

单位:%

年份		1992	1995	2000	2005	2010	2012
中国	初级产品	4.2	2.9	1.9	1.2	0.6	0.4
	中间产品	34.3	38.9	38.9	44.4	43.7	42.0
	最终产品	61.5	58.2	59.3	54.4	55.8	57.6
美国	初级产品	4.6	4.0	2.4	3.0	5.8	5.4
	中间产品	62.7	64.0	65.3	63.5	57.5	57.5
	最终产品	32.7	32.0	32.3	33.6	36.8	37.1

年份		1992	1995	2000	2005	2010	2012
日本	初级产品	0.3	0.4	0.3	0.9	1.3	1.6
	中间产品	53.5	60.7	60.2	62.1	61.6	61.4
	最终产品	46.2	39.0	39.5	37.1	37.1	37.0
韩国	初级产品	0.5	0.2	0.2	0.3	0.4	0.5
	中间产品	55.6	67.3	67.3	62.6	55.7	57.5
	最终产品	43.9	32.4	32.5	37.1	43.9	42.0
马来西亚	初级产品	6.2	2.4	1.3	1.0	1.3	1.4
	中间产品	59.9	66.1	71.0	70.9	71.5	69.5
	最终产品	34.0	31.6	27.7	28.1	27.2	29.2
印度尼西亚	初级产品	5.9	4.8	4.8	10.3	20.0	23.5
	中间产品	55.2	83.5	58.9	59.4	56.8	54.4
	最终产品	38.9	11.8	36.3	30.3	23.2	22.1
印度	初级产品	2.3	3.2	2.1	2.4	2.2	3.1
	中间产品	54.0	54.6	56.9	58.1	60.2	53.1
	最终产品	43.7	42.2	41.0	39.5	37.6	43.9

资料来源：根据 Uncomtrade 计算而得。

从进口看，我国进口产品结构中，中间产品所占比重明显偏高，最高的 2005 年其占比达到 70.85%，比美国、日本、韩国分别高 20.68、20.83、7.69 个百分点。其中，日本、韩国均为我国中间产品进口的最大来源国，其次为东盟国家、欧盟以及美国等国家和地区。进口额较大的中间产品有集成电路、液晶设备、变速机、存储单元、印刷机零部件、光电半导体设备、电路连接接合器等。对中国等东亚地区国家来说，日本在中间产品和资本产品的供给方面支撑着东亚国家的生产和出口。对比之下，在日、美等发达国家，最终产品占其进口结构的比例较高，中间产品进口偏少，2012 年，最终产品占美国进口的 47.77%，占日本进口的 46.12%。结合前文的出口结构分析，可以得出，我国具有大量进口中间产品然后组装加工出口的特征（见表 8 - 5）。

表 8 - 5　中国与部分国家进口结构比较

单位：%

年份		1992	1995	2000	2005	2010	2012
中国	初级产品	2.7	2.4	7.5	3.7	7.5	8.7
	中间产品	68.0	64.4	62.4	70.9	62.4	60.3
	最终产品	29.3	33.2	30.2	25.4	30.2	31.0

续表

年份		1992	1995	2000	2005	2010	2012
美国	初级产品	2.6	2.3	1.2	1.2	1.5	1.6
	中间产品	51.3	55.0	53.2	50.2	48.9	50.6
	最终产品	46.1	42.7	45.6	48.6	49.6	47.8
日本	初级产品	11.3	8.3	6.2	7.5	10.2	10.1
	中间产品	44.5	47.6	49.0	50.0	46.8	43.8
	最终产品	44.2	44.0	44.9	42.4	42.9	46.1
韩国	初级产品	10.1	6.5	5.4	6.3	9.3	11.0
	中间产品	60.9	62.4	67.1	63.2	58.8	58.6
	最终产品	29.0	31.1	27.5	30.5	31.8	30.5
马来西亚	初级产品	2.9	1.8	2.1	1.6	3.3	3.4
	中间产品	66.8	70.3	76.9	76.8	70.4	66.9
	最终产品	30.3	27.9	21.1	21.6	26.2	29.7
印度尼西亚	初级产品	3.1	3.9	4.2	3.4	3.2	2.7
	中间产品	61.8	66.4	69.8	67.6	67.3	67.2
	最终产品	35.1	29.8	26.0	29.0	29.5	30.1
印度	初级产品	32.2	18.6	24.2	17.3	12.6	16.1
	中间产品	53.2	61.0	58.3	60.2	69.0	64.7
	最终产品	14.6	20.4	17.5	22.6	18.4	19.2

资料来源：根据 Uncomtrade 计算而得。

　　按照要素禀赋理论，进口零部件通过加工、组装后再出口，其出口的本质为凝结在出口产品中国内附加值的要素含量，而不是整个出口产品的要素含量。中间产品贸易与最终产品贸易的生产技术差异越大，中间产品贸易的比重越大，则采用传统方法计算发展中国家贸易要素含量的误差越大。以液晶显示器为例，我国生产中使用的零部件和材料很大一部分来自于日本企业，有的材料来自日本企业的供应比例达到100%。这充分说明我国加工贸易产品中包含的进口投入部分是相当大的（见表8-6）。

2. 工业行业的比较

　　从20世纪80年代至今，国际贸易领域中非常引人注目的是，一些拥有众多低技术水平劳动力的发展中国家，生产出口了大量资本和技术密集型的高技术产品。最典型的是，作为最大的发展中国家，中国从2004年开始出现大量高技术产品的对外贸易顺差。这样，我国的出口结构发生了显著变化，由劳动密集型产品扩展到

表 8-6　液晶显示器及投入产品来自于日本的供应比例

产品	零部件	材料
液晶显示器（11%）	彩色膜（21%）	彩色光刻胶（71.3%）
		墨光刻胶（81.4%）
		照片隔板（94.5%）
		液晶玻璃底板（51%）
	偏光板（58%）	偏光板保护膜（100%）
		防反射膜（94.2%）

资料来源：日本 2012 年版制造业白皮书。

资本技术密集型产品。但是这一过程中，我国只是承接了众多跨国公司高技术产品加工组装阶段的生产转移，在资本和技术密集型的零部件生产上仍严重依赖于发达国家。

分析发现，我国在产业链条较长、劳动密集型环节易于分解的产业具有典型的进口中间产品、出口最终产品的特征，这在机械设备制造领域和部分劳动密集型产品都非常明显。这就解释了为什么我国作为最大的发展中国家却在资本技术密集型的机电产品出口上占有很大的优势。不同行业间比较看，我国最终产品在出口中的占比以机械设备制造产业和部分劳动密集型产业为最高，主要是食品制造业、纺织皮革毛皮羽（绒）及制品业、家具制造业、造纸及纸制品业、文教体育用品制造业、塑料制品业、非金属矿物制品业、金属制品业、普通机械制造业、交通运输设备制造业、电气机械及器材制造业、通信计算机及其他电子设备制造业等。与出口结构相对应，在进口结构上同样以部分机械设备制造产业和劳动密集型产业的中间产品进口比重较高，主要是农副产品加工业、食品制造业、纺织业、皮革毛皮羽（绒）及制品业、家具制造业、文教体育用品制造业、橡胶制品业、塑料制品业、金属制品业、交通运输设备制造业、电气机械及器材制造业、通信计算机及其他电子设备制造业等，其中间产品进口比例远高于日本、美国等发达国家。最终产品进口比重较高的行业主要是医药制造业、普通机械制造业、专用设备制造业等，表明我国的生产制造设备仍严重依赖国外进口（见表 8-7 和表 8-8）。

表 8-7　2012 年不同工业行业出口产品结构的比较

行业	产品类	中国	美国	日本	韩国	马来西亚	印度尼西亚	印度
农副食品加工业	A	9.1	13.3	0.5	0.4	0.1	0.2	9.8
	B	43.3	29.2	36.1	24.8	93.9	94.7	42.6
	C	47.6	57.5	63.5	74.8	6.1	5.1	47.6

行业	产品类	中国	美国	日本	韩国	马来西亚	印度尼西亚	印度
食品制造业	B	0.7	23.5	3.5	2.7	34.1	4.9	39.8
	C	99.3	76.6	96.5	97.3	65.9	95.1	60.3
纺织业	A	0.2	6.4	1.9	2.7	6.8	3.4	1.2
	B	74.3	74.9	95.6	94.5	88.7	92.3	67.7
	C	25.5	18.7	2.5	2.8	4.6	4.3	31.1
服装及纤维制品制造业	B	0.3	0.8	0.4	2.6	0.1	0.1	0.1
	C	99.7	99.2	99.6	97.4	99.9	99.9	99.9
皮革毛皮羽（绒）及制品业	B	1.3	32.5	64.6	77.5	9.9	3.5	28.5
	C	98.7	67.5	35.4	22.5	90.1	96.5	71.5
木材加工及竹藤棕草制品业	A	0.0	0.2	0.2	0.0	0.4	0.1	0.2
	B	82.8	95.4	81.5	89.6	97.6	89.1	84.4
	C	17.2	4.4	18.3	10.4	2.1	10.7	15.4
家具制造业	B	5.6	38.5	91.1	78.3	3.9	4.0	4.6
	C	94.4	61.5	8.9	21.8	96.1	96.0	95.5
造纸及纸制品业	A	0.0	14.2	23.7	2.5	0.1	0.0	0.2
	B	81.8	76.6	59.0	88.6	69.6	94.3	92.0
	C	18.2	9.2	17.3	8.9	30.3	5.7	7.8
印刷和记录媒介的复制业	B	30.2	29.2	36.1	44.9	40.4	23.7	19.3
	C	69.8	70.8	63.9	55.1	59.6	76.3	80.7
文教体育用品制造业	B	2.8	5.0	14.3	15.7	31.8	1.6	10.1
	C	97.2	95.0	85.7	84.3	68.2	98.4	89.9
医药制造业	B	80.2	43.2	49.1	63.4	43.3	34.6	22.5
	C	19.8	56.8	51.0	36.6	56.7	65.4	77.5
橡胶制品业	B	70.8	63.4	70.9	68.8	89.9	83.5	80.3
	C	29.2	36.6	29.2	31.2	10.1	16.5	19.7
塑料制品业	B	46.4	67.6	85.9	85.9	75.2	90.6	73.8
	C	53.6	32.4	14.1	14.1	24.8	9.4	26.2
非金属矿物制品业	A	0.5	1.6	1.3	0.7	0.3	2.6	6.4
	B	74.5	96.7	97.3	94.7	94.5	73.0	93.5
	C	25.0	1.7	1.4	4.6	5.3	24.4	0.1

行业	产品类	中国	美国	日本	韩国	马来西亚	印度尼西亚	印度
金属制品业	A	0.0	4.0	3.7	0.5	5.4	0.0	1.2
	B	72.0	89.4	93.2	85.8	83.2	91.3	80.0
	C	28.0	6.6	3.1	13.7	11.5	8.7	18.9
普通机械制造业	B	29.8	46.1	43.3	43.0	24.1	46.4	44.5
	C	70.2	53.9	56.7	57.0	75.9	53.6	55.5
专用设备制造业	B	25.6	28.0	17.8	29.5	40.8	56.3	31.7
	C	74.4	72.0	82.2	70.5	59.2	43.7	68.3
交通运输设备制造业	B	35.5	63.6	52.6	28.2	73.5	63.5	47.8
	C	63.5	35.7	47.4	71.7	26.0	35.4	50.1
电气机械及器材制造业	B	56.8	74.7	76.7	70.0	80.1	59.4	73.4
	C	43.2	25.3	23.3	30.0	19.9	40.6	26.6
通信计算机及其他电子设备制造业	B	27.8	55.3	37.0	45.3	60.6	44.9	9.2
	C	72.3	44.7	63.0	54.7	39.5	55.1	90.9
仪器仪表及文化办公机械制造业	B	20.4	23.2	44.7	13.6	45.0	39.9	49.8
	C	79.7	76.8	55.3	86.5	55.0	60.1	50.2

注：A表示初级产品，B表示中间产品，C表示最终产品。其中，韩国为2011年数据。

资料来源：根据Uncomtrade计算所得。

表8-8　2012年不同工业行业进口产品结构的比较

行业	产品类	中国	美国	日本	韩国	马来西亚	印度尼西亚	印度
农副食品加工业	A	11.7	2.9	17.3	7.8	1.2	8.9	0.0
	B	67.3	32.9	23.2	46.9	82.0	83.1	99.3
	C	21.0	64.2	59.6	45.3	16.8	8.0	0.7
食品制造业	B	32.1	9.2	20.4	16.5	36.1	42.1	33.9
	C	68.0	90.9	79.6	83.5	63.9	57.9	66.1
纺织业	A	13.4	0.8	1.7	2.0	13.4	0.2	14.1
	B	84.9	41.9	50.0	90.5	76.9	97.9	80.3
	C	1.8	57.3	48.3	7.5	9.8	1.9	5.6

行业	产品类	中国	美国	日本	韩国	马来西亚	印度尼西亚	印度
服装及纤维制品制造业	B	0.3	0.1	0.1	0.1	0.2	0.9	0.9
	C	99.7	99.9	100.0	99.9	99.8	99.1	99.1
皮革毛皮羽（绒）及制品业	B	59.0	1.9	1.7	13.4	19.9	51.0	49.4
	C	41.1	98.1	98.4	86.6	80.1	49.1	50.6
木材加工及竹藤棕草制品业	A	0.1	0.1	0.1	0.0	0.0	0.1	0.6
	B	95.5	85.1	90.9	93.3	97.5	98.3	97.8
	C	4.4	14.7	9.1	6.7	2.5	1.6	1.7
家具制造业	B	60.0	25.3	18.2	20.8	42.7	37.8	18.2
	C	40.0	74.7	81.8	79.2	57.3	62.2	81.8
造纸及纸制品业	A	31.8	0.9	0.2	11.6	2.4	21.7	23.5
	B	66.5	85.6	90.1	83.4	90.1	70.8	73.5
	C	1.7	13.5	9.7	5.0	7.5	7.5	3.1
印刷和记录媒介的复制业	B	50.6	27.3	59.9	24.8	41.3	67.5	76.5
	C	49.4	72.7	40.1	75.3	58.7	32.5	23.5
文教体育用品制造业	B	19.3	2.2	1.8	9.3	17.1	23.6	20.1
	C	80.7	97.8	98.2	90.7	82.9	76.4	80.0
医药制造业	B	28.3	31.1	30.6	41.6	24.8	54.8	63.6
	C	71.8	68.9	69.4	58.4	75.2	45.2	36.5
橡胶制品业	B	75.8	63.2	50.0	59.9	62.8	73.4	50.4
	C	24.3	36.8	50.0	40.1	37.2	26.6	49.6
塑料制品业	B	82.0	55.4	58.8	88.6	61.9	74.4	59.6
	C	18.0	44.6	41.2	11.4	38.1	25.6	40.4
非金属矿物制品业	A	11.6	1.8	5.4	0.2	1.6	0.4	63.3
	B	86.9	91.4	85.9	96.3	92.2	95.3	36.2
	C	1.5	6.8	8.7	3.5	6.2	4.2	0.5
金属制品业	A	0.0	2.6	3.1	1.1	4.5	0.0	0.0
	B	92.8	80.9	81.5	89.1	88.4	85.8	99.3
	C	7.2	16.6	15.4	9.8	7.1	14.2	0.7
普通机械制造业	B	32.3	52.7	52.7	43.4	32.8	37.2	39.9
	C	67.7	47.3	47.3	56.6	67.2	62.8	60.1

行业	产品类	中国	美国	日本	韩国	马来西亚	印度尼西亚	印度
专用设备制造业	B	15.4	25.7	30.6	19.6	28.9	30.7	26.0
	C	84.6	74.3	69.4	80.4	71.1	69.4	74.1
交通运输设备制造业	B	88.1	74.9	78.3	64.4	56.9	46.5	54.6
	C	11.2	24.9	20.9	34.6	42.2	51.5	42.5
电气机械及器材制造业	B	72.3	62.4	60.3	70.4	81.4	72.0	71.3
	C	27.7	37.6	39.7	29.6	18.6	28.0	28.7
通信计算机及其他电子设备制造业	B	62.7	23.6	28.9	39.2	66.4	39.4	32.2
	C	37.3	76.4	71.1	60.9	33.6	60.6	67.8
仪器仪表及文化办公机械制造业	B	21.8	21.1	33.6	34.8	40.8	23.4	23.9
	C	78.2	78.9	66.4	65.3	59.2	76.6	76.2

注：A 表示初级产品，B 表示中间产品，C 表示最终产品。其中，韩国为 2011 年数据。

资料来源：根据 Uncomtrade 计算而得。

（三）我国参与国际价值链分工的低端锁定倾向明显

1. 分工优势锁定在加工组装环节

垂直专业化分工成为我国承接发达国家高新技术产业外包或转移，参与高新技术产业国际分工的主要方式。改革开放之初，由于我国人均受教育程度不高，平均素质较低，发展劳动密集型加工贸易成为我国静态比较优势的集中体现。虽然劳动密集型生产环节增值率比较低，但毕竟能吸纳一部分人员就业，增加一部分国民收入和国家税收。从 20 世纪 90 年代中期开始，资本技术密集型产业（如机械设备制造业、金属产品制造业等）的垂直专业化分工迅速发展，我国大规模地承接了发达国家这些产业的劳动密集型生产环节，从而获得了良好的发展机遇。比较典型的是，跨国公司从日本或欧洲购买电子元器件，运至我国东部地区加工组装成电子设备或电子消费品，然后再出口销售到欧美国家或其他地区。

运用 OECD 提供的非竞争型投入产出表，可以对我国单位出口产品中所包含的进口中间投入成分进行分析，即垂直专业化分析。如果一国单位出口产品中所包含的进口中间投入比重较高，则说明该国产业具有明显的加工组装特征。测度发现，我国垂直专业化程度最高的行业主要是办公用品及计算机制造业、无线电电视通信设备制造业、电气机械及设备制造业、医学光学精密仪器制造业，这些行业的垂直专业化加深程度也是最快的。1995 年这四个行业的垂直专业化程度分别只有 0.231、0.158、0.154 和 0.152，2005 年则增长至 0.478、0.424、0.302 和 0.309，增长幅度多在一倍左右。此外，较高的还有石油加工炼焦及核燃料加工业、一般机械制造业、造船及船舶修理业、钢铁业等。对比之下，劳动密集型产业参与全球垂直专业化分工的水平较低（见表 8-9）。

表 8-9　中国各制造业行业垂直专业化指数

行业	1995 年	2000 年	2005 年
食品饮料制造及烟草加工业	0.08	0.06	0.08
纺织品皮革鞋类制造业	0.15	0.14	0.15
木材木制品制造业	0.12	0.13	0.12
纸浆纸及纸制品印刷复制业	0.12	0.21	0.16
石油加工炼焦及核燃料加工业	0.16	0.21	0.19
化学工业（医药除外）	0.14	0.15	0.18
医药业	—	0.08	
橡胶及塑料制品业	0.16	0.19	0.14
其他非金属矿物制品业	0.09	0.10	0.11
钢铁业	0.11	0.14	0.26
有色金属加工业	—	0.17	—
金属制品业	0.13	0.13	0.20
一般机械制造业	0.17	0.15	0.22
办公用品及计算机制造业	0.23	0.42	0.48
电气机械及设备制造业	0.15	0.20	0.30
无线电电视通信设备制造业	0.16	0.34	0.42
医学光学精密仪器制造业	0.15	0.17	0.31
汽车及拖车制造业	0.13	0.17	0.21
造船及船舶修理业	0.14	0.17	0.21
铁路及其运输设备制造业	—	0.14	—
其他制造及回收工业	0.13	0.17	0.17

资料来源：根据 OECD 投入产出表计算而得。

垂直专业化程度的加深表明，由于技术水平难以在短时间内得到显著提高，我国产业结构升级事实上陷入了一种路径依赖的困境，这种困境可以表示为：低成本要素环境决定的低成本通道→低端产业结构→缺乏技术积累→依赖中间产品进口→难以转型升级。其中，低成本要素依赖和技术积累缺失是我国出口部门陷入路径依赖的关键变量。由于低成本增长路径具有自我强化的内在机制，当系统锁定在低成本路径上以后，即使有更好的发展路径可以采用，也无法取代被锁定的发展路径，这就是路径依赖的锁定效应。

2. 参与国际分工的价值增值能力不强

我国参与国际分工程度较深的产业多具有价值增值能力持续下降的特征，表明我国产业还处于国际产品内分工的低端地位，甚至呈现地位恶化的态势。关于价值增值能力的计算方法，可以采用产业增加值除以总中间品投入与进口中间品投入之差的方法。在产业增加值不变的情况下，价值增值能力提高，意味着国内中间投入的减少。而国内中间投入降低的原因可能是由于国内中间投入要素质量的改善，也可能是由于进口中间投入要素的质量提升或数量增加。分析发现，价值增值能力持续下降的行业以木材及木制品制造业、化学工业、钢铁业、一般机械制造业、办公用品及计算机制造业、电气机械及设备制造业、医学光学精密仪器制造业、汽车及拖车制造业等最明显。纺织品皮革及鞋类制造业、纸浆纸及纸制品印刷复制业、造船及船舶修理业等的价值增值能力在 2000 年有所上升，随后又小幅下降。从 2005 年产业间比较看，价值增值能力最低的是石油加工炼焦及核燃料加工业、办公用品及计算机制造业、电气机械及设备制造业等，分别为 0.2907、0.3024 和 0.3165（见表 8 – 10）。

表 8 – 10　中国分行业价值增值情况

行业	1995 年	2000 年	2005 年
食品饮料制造及烟草加工业	0.41	0.49	0.43
纺织品皮革鞋类制造业	0.38	0.40	0.34
木材木制品制造业	0.42	0.39	0.34
纸浆纸及纸制品印刷复制业	0.47	0.52	0.38
石油加工炼焦及核燃料加工业	0.43	0.43	0.29
化学工业（医药除外）	0.43	0.35	0.33
医药业	—	0.52	—
橡胶及塑料制品业	0.39	0.33	0.43
其他非金属矿物制品业	0.50	0.45	—
钢铁业	0.40	0.34	0.33
有色金属加工业	—	0.31	—
金属制品业	0.35	0.30	0.33
一般机械制造业	0.48	0.42	0.38
办公用品及计算机制造业	—	0.45	0.30
电气机械及设备制造业	0.41	0.34	0.32
无线电电视通信设备制造业	—	0.39	0.46
医学光学精密仪器制造业	0.54	0.52	0.38
汽车及拖车制造业	0.41	0.34	0.32
造船及船舶修理业	0.36	0.40	0.34
铁路及其运输设备制造业	—	0.35	—

资料来源：根据 OECD 提供的投入产出表计算而得。

从国际比较看，我国产业的国内增值能力明显偏低。相比于日本、韩国、印度尼西亚、印度等国家，我国在木材木制品制造业、石油加工炼焦及核燃料加工业、金属制品业、办公用品及计算机制造业、医学光学精密仪器制造业的增值能力都是最低的；其余较低的行业是食品饮料制造及烟草加工业、纺织品皮革及鞋类制造业、纸浆纸及纸制品印刷复制业、医药业、橡胶及塑料制品业、其他非金属矿物制品业、有色金属加工业、一般机械制造业、电气机械及设备制造业，这些行业的价值增值能力也明显低于日本、韩国以及印度尼西亚，仅高于印度。国内增值能力相对较高的行业仅有化学工业、钢铁业、汽车及拖车制造业、无线电电视及通信设备制造业等。但是我国一些国内价值增值能力较高的产业并不是来自于产业竞争力本身，而是受到长期政策保护和尚未形成充分竞争开放的市场的影响，如汽车产业（见表8-11）。

表 8-11　2005 年中国与部分国家分行业价值增加值比较

行业	日本	韩国	印度尼西亚	印度	中国
食品饮料制造及烟草加工业	0.70	0.48	0.65	0.16	0.43
纺织品皮革鞋类制造业	0.65	0.55	0.71	0.26	0.34
木材木制品制造业	0.75	0.53	0.88	0.48	0.34
纸浆纸及纸制品印刷复制业	0.84	0.63	0.74	0.28	0.38
石油加工炼焦及核燃料加工业	2.54	3.56	2.74	0.32	0.29
化学工业（医药除外）	0.31	0.29	0.69	0.27	0.33
医药业	0.57	0.72	0.70	0.34	0.52
橡胶及塑料制品业	0.60	0.53	0.53	0.21	0.43
其他非金属矿物制品业	0.76	0.55	1.01	0.34	0.45
钢铁业	0.31	0.30	0.55	0.27	0.33
有色金属加工业	0.80	0.49	0.89	0.34	0.33
金属制品业	0.59	0.42	0.93	0.27	0.38
一般机械制造业	0.42	0.66	—	0.33	0.30
办公用品及计算机制造业	0.53	0.47	0.81	0.18	0.32
电气机械及设备制造业	0.40	0.60	0.84	0.13	0.46
无线电电视通信设备制造业	0.76	0.52	0.84	0.44	0.38
医学光学精密仪器制造业	0.28	0.28	1.43	0.22	0.32
汽车及拖车制造业	0.28	0.61	1.08	0.38	0.34

注：印度为 2003 年数据，中国的医药业、其他非金属矿物制品业、有色金属加工业为 2000 年数据。

资料来源：根据 OECD 投入产出表计算而得。

　　价值增值能力不强表明，我国产业参与全球分工的水平较低，主要进行产品的粗加工，出口产品以低端产品为主、进口产品以高端产品为主的格局仍未改变。就机械和设备行业而言，办公室机器及数据处理机、电讯及声音收录设备等技术复杂程度不高的产品出口比例较大，工业用机械、动力发动机、金工机械等技术复杂程度高的产品则均为净进口。以机械设备零部件为例，虽然我国位列全球机械设备零部件出口大国，但是出口产品价格与其他出口大国存在较大差距。2008 年我国出口机床每千克价格为 10.92 美元，仅为瑞士出口单价（42.80 美元/千克）的 25.51%、奥地利出口单价（39.81 美元/千克）的 27.43%；轴承及零部件出口单价为 8.80 美元/千克，仅为比利时的 39.64%、德国的 48.17%，也远低于瑞典、法国、意大利、日本等国家（见图 8-6 和图 8-7）。

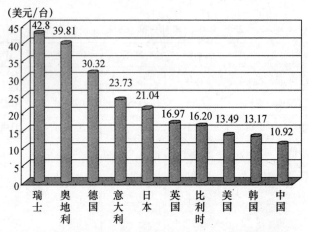

图 8-6　2008 年中国出口车床单位产品价格的国际比较

资料来源：根据《中国产业竞争力报告》（2010）整理而得。

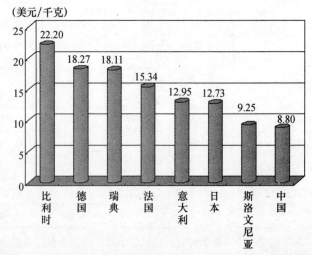

图 8-7　2008 年中国出口轴承及零件单位产品价格的国际比较

资料来源：根据《中国产业竞争力报告》（2010）整理而得。

（四）我国对外投资发展滞后，全球资源的整合治理能力不足

1. 外资企业在我国产业发展中处于主导地位

改革开放以来，众多跨国公司纷纷投资中国，建立子公司或分支机构，随之带来了大量的"伴随贸易"和"伴随投资"。这就导致外商投资企业成为我国进出口，特别是高科技产品进出口的主导力量，使得我国以总规模判断的国际分工地位的自主含量大大降低。从数据分析看，外商投资企业从1996年开始成为我国产品进口的主体，这种格局一直持续至2010年，其中的最高比重为2006年的59.70%；在出口方面，外商投资企业2001年成为我国出口的主体，这种格局一直持续至2011年，其中的最高比重为2005年的58.30%。在技术密集型产品领域，外资企业的主导地位更为突出。2006年中国对美高科技产品的贸易顺差达410亿美元，90%来自于三资企业，其中70%来自外商独资企业，20%来自外商合资企业（见图8-8）。

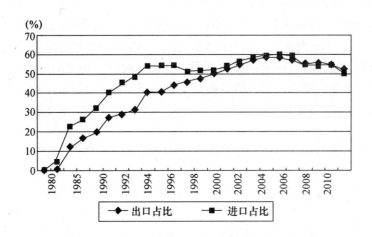

图8-8 外商投资企业在我国进出口中的占比情况

资料来源：根据《中国贸易外经统计年鉴》（2012）计算而得。

在加工贸易领域，外商投资企业已成为绝对的主导力量，形成对加工贸易的实际控制。这一方面导致产值增长和收益增长的不对称，形成"丰产不丰收"的现象。加工贸易的大规模开展使我国出口规模迅速增长，但利润分配却绝大部分归外商所得。这被日本经济学家关志雄形容为中国加工制造业"丰收的贫困"。另一方面，本土企业多为外商企业做代工生产，自主品牌缺失，在技术研发、供货渠道、市场销售等环节上严重依赖跨国公司，缺乏主动权和竞争优势。有研究指出，中国已开放的各个产业前5名企业都由外资公司控制；中国28个主要产业中，外资企业已在21个产业中拥有多数资产控制权。如玻璃行业最大的5家企业已经全部合资；占全国产量80%以上的5家电梯生产厂家已由外商控股；18家国家定点家电

企业中，11 家与外商合资；化妆品行业被 150 家外资企业所控制；20% 的医药企业掌握在外资手中；汽车行业销售额的 90% 来自国外品牌。

2. 我国企业对外投资能力略显滞后

著名英国经济学家约翰·邓宁通过对 67 个国家的数据资料进行分析，将对外直接投资的发展划分为四个阶段：第一阶段属于前工业化阶段，人均国内生产总值在 400 美元以下，由于国内市场狭小，基础设施不足，劳动力教育以及商业和法律框架发展不够，基本上没有资金的流入和流出；第二阶段人均国内生产总值在 400 ~ 2000 美元，外国直接投资开始增加，主要是针对国内消费产品和基础设施的市场寻求型投资，本土企业由于缺乏所有权优势，对外投资很少；第三阶段人均 GDP 在 2000 ~ 4750 美元，外国直接投资仍然高于对外投资，但是由于本土企业开始形成自己独有的区位优势，并寻求更多的途径来提高自己的所有权优势，对外投资开始增加，两者的差距趋于缩小；第四阶段属于发达经济阶段，外资流入减少，对外投资继续增加，净对外投资存量变为正值。这一结论被世界上绝大多数发达和发展中国家国际投资地位变化的实践所证实。日本早在 20 世纪 70 年代就已经进入对外投资超越吸引外资的阶段，这种趋势一致延续至今，并在 2008 年之后达到一个新的高峰。韩国对外投资在进入 21 世纪，尤其是 2003 年之后进入加速增长阶段，在 2008 年超过吸引外资规模，成为对外投资大国。其他国家和地区中，我国台湾地区自 80 年代就进入对外投资高于吸引外资阶段，并且在 1992 年之后进入蓬勃增长阶段；马来西亚对外投资规模在 2007 年超过吸引外资水平（见图 8 - 9 和图 8 - 10）。

我国对外直接投资滞后于经济整体发展水平，在利用国内、国际两个市场、两种资源方面仍显不足，在提高资源配置效率和能力方面仍然欠缺，距离对外投资大国、投资强国的地位还很遥远。按照 2000 年不变价计算，2008 年我国人均 GDP 就超过 2000 美元，进入邓宁所说的对外投资第三阶段，即对外投资开始增加，与引进外资的差距开始缩小。根据联合国贸易发展组织的统计，2012 年中国吸收外国直接投资 1210 亿美元，对外直接投资 842 亿美元，吸引外资比对外投资额高出 43.8%；1970 ~ 2012 年我国累计引进外国直接投资 13528 亿美元，累计对外直接投资 4456 亿美元，前者是后者的 3.04 倍，差距巨大。从存量上说，2012 年中国利用外资存量达到 8329 亿美元，是对外投资存量的 1.64 倍。虽然我国对外投资与引进外资之比不断提高，但是这一比值的快速提升也仅仅是 21 世纪第一个十年后半期的事情，我国对外投资在规模上仍小于吸引外资规模，两者之比在 2011 ~ 2012 年为 0.60（比值为存量）。对比发现，我国对外投资与引进外资之比不仅远低于日本和我国台湾地区，而且低于韩国和马来西亚，仅相当于韩国在 20 世纪 90 年代和马来西亚 21 世纪初期的水平。但是马来西亚在 21 世纪初期的人均 GDP 水平远落后于中国在 2011 ~ 2012 年的发展水平，印度尼西亚的经济发展水平也远低于中国，但其在 2001 ~ 2010 年的对外投资与引进外资之比并不比我国低，甚至高于我国（见表 8 - 12）。

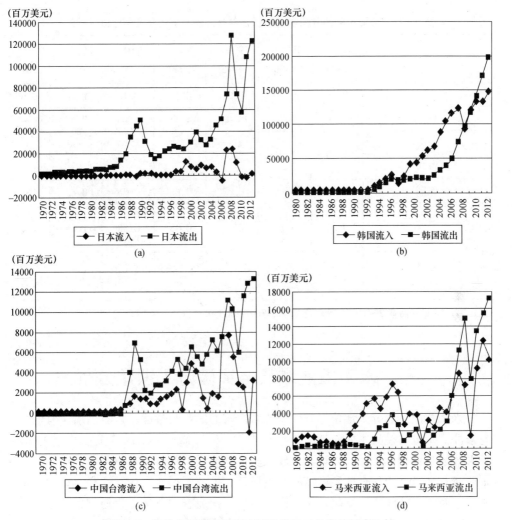

图 8 - 9　部分东亚国家外国直接投资与对外直接投资比较

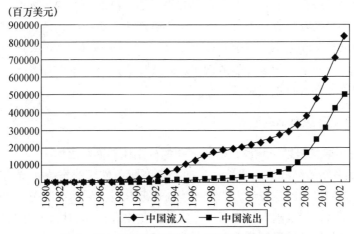

图 8 - 10　我国引进外资与对外直接投资情况

表 8-12　东亚地区部分国家（地区）对外投资与引进外资存比值（存量）

年份 国家（地区）	1980~ 1985	1986~ 1990	1991~ 1995	1996~ 2000	2001~ 2005	2006~ 2010	2011~ 2012
中国	0.08	0.20	0.21	0.15	0.18	0.46	0.60
日本	14.49	99.26	20.00	4.61	5.44	7.48	—
中国 台湾	5.00	2.91	2.84	2.80	2.32	3.02	3.80
韩国	0.20	0.35	0.67	0.66	0.36	0.83	1.31
马来 西亚	0.23	0.18	0.24	0.45	0.58	1.65	1.45
印度尼 西亚	—	—	—	—	0.69	0.46	0.34

注：印度尼西亚 2001~2005 年比值为 2003~2005 年数据。

三、未来工业增长与突破分工锁定分析

未来我国工业分工地位提升既面临着严峻的困难与挑战，也有前所未有的机遇与条件。困难与挑战主要包括：传统要素优势趋于减弱，低端产业面临增长困境；新兴要素培育积累不足，尚难支撑新一轮优势形成；跨国公司竞争优势明显，本土企业成长环境严峻；全球经济结构深度调整，外贸不振、发达国家再工业化等带来挑战；新兴经济体快速崛起，对我国产业发展构成有力竞争。机遇与条件包括：产业升级的内生动力增强，构建国内价值链的可能性加大；技术创新能力有所增强，在部分产业领域取得突破；新兴市场兴起带来重要机遇，有利于外贸格局调整和产业升级；对外投资获得有利契机，将加快突破产业升级瓶颈、占领海外市场；新一轮科技革命已在酝酿之中，我国产业有望实现"同步奔跑"。未来产业发展需要在向高附加值环节升级、国家价值链构建、制造环节核心竞争力提升、对外投资与整合全球资源等方面进行重点突破。

（一）分工升级面临的困难与挑战

1. 传统要素优势趋于减弱，低端产业的分工优势面临困境

经过 30 多年的经济快速增长，我国要素禀赋条件已经发生了显著而深刻的变化。其中，影响最大的是劳动力比较优势在逐渐减弱。虽然我国劳动力资源在总量上仍然比较丰富，但是随着经济发展尤其是工业化进程的加快，我国已经告别农村剩余劳动力无限供给情形而跨入"刘易斯转折点"，以农民工为代表的劳动力工资

和福利不断增加，导致我国在国际上的劳动力优势减弱。与一些发展中国家相比，我国平均工资明显居高，已经超过巴基斯坦、斯里兰卡、泰国、印度、越南等国家。预计随着老龄人口的迅速增加，我国低成本劳动力优势将进一步消退，"人口红利"也将随之消失。劳动力成本条件的变化给纺织服装、箱包鞋帽、电子组装等典型的劳动密集产业发展带来挑战，使我国在国际分工中的优势难以固守。此外，有助于低成本竞争的其他因素也在发生变化。如严格的建设用地规模控制和基本农田保护制度，以及土地招、拍、挂等供应方式的改革，使得土地资源不再无限制的低成本供给，土地交易价格迅速上升；原油、铁矿石等重要资源的进口需求持续增加，国内能源保障不足，资源价格持续上涨；人民币升值削弱出口部门的竞争力等。

2. 新兴要素培育积累不足，尚难支撑新一轮分工优势形成

产业升级和技术创新是以充足的资金供给、技术积淀等为条件的，但是产品内分工的加深导致发展中国家新兴要素积累不足。由资源依赖型经济增长向创新驱动型经济增长转型，是决定后发国家能否实现赶超的决定因素。韩国、新加坡、中国台湾等亚洲新兴经济体之所以成功实现经济赶超，就在于它们在引进技术的过程中培育了自主创新的能力、在接受国际产业转移的过程中锻炼了高素质的劳动者队伍、在利用外资的过程中孕育了具有国际竞争力的本土企业、在参与全球竞争的过程中造就了具有世界水平的企业家。自20世纪80年代以来，以跨国公司为主导的产品内分工迅速兴起，越来越多的发展中国家企业参与到生产组装过程中来，企业之间为争取订单而不得不压低产品价格，导致生产环节的价值增值不断降低，企业的资金积累能力受到制约。在本地企业缺失技术产权的条件下，跨国公司通过认证制度来收取高额的技术转让费用，使得加工组装企业的利润率较低，用于技术进步和产品创新的资金不足。在技术积淀方面，跨国公司采取一系列防止技术扩散的措施，或者是利用其技术垄断优势和内部化优势在技术设计、生产工艺等关键部分设置一些难以破解的障碍，或者是对核心技术严密封锁，仅向我国企业转移"夕阳技术"，或者是采取内部技术转让方式，严密控制尖端技术的扩散。这些防扩散措施事实上起到了抑制技术外溢的作用，本地企业通过干中学或技术转移所获取的知识溢出有限，企业难以从获得的局部技术推演出整体设备的技术路线，严重妨碍了本地企业的技术积累和在产品内分工中的地位提升。

3. 跨国公司竞争优势明显，本土企业成长环境严峻

比较看，由于在技术、资本、市场等领域的优势地位和对国际贸易规则的优先制定权，发达国家企业更有可能在经济全球化的过程中获得产业链的主导权和控制权，而发展中国家企业要想借全球化之力促进自身产业发展和升级则需要破除更多的外部桎梏和束缚，这往往又是比较艰难的。当前，跨国公司在全球范围内配置资源主要通过建立全球一体化生产体系来实现。大型跨国公司不仅凭借雄厚的资本实力和创新能力占据着价值链的关键环节，而且利用海外直接投资、离岸外包、战略联盟、研发合作等组织架构，在全球范围内不断扩张其战略资源的边界，牢牢掌控着价值链的全球治理权，保持着行业领导者的地位。相比于国外跨国公司，我国企业主要依靠规模、价格等低层次优势参与市场竞争，在品牌、自主知识产权、国际营销网络等方面明显不足，难以获得高附加值。跨国公司利用其优势地位，控制市场、限制竞争，不断压缩我国企业的生存空间和利润空间，迫使大量民族品牌退出市场，或者成为跨国公司兼并收购的对象，或者接受跨国公司的全球化分工安排，为跨国公司做贴牌加工，或者长期作为地域性的小品牌存在。另外，由于外资企业在我国加工贸易中占有很大比重，我国加工贸易转型升级的主动权实际上主要掌握在外资企业手中。虽然比较有实力的本地企业认识到产业升级的重要性，但要求这些企业抛开原有产品内分工体系而独立运作，往往是比较困难的。这主要是因为建立自我主导的产品分工体系，会面临非常大的管理能力障碍，技术开发、品牌建设、渠道建立与售后服务等都会成为难以跨越的门槛。近年来，随着我国企业竞争力的提升，在装备制造、电子信息等领域涌现了一批达到国际先进水平的自主创新成果，逐步向附加值更高的环节攀升，但在这些领域，发达国家跨国公司不会轻易放弃其优势，将在技术升级、产品创新等方面与中国企业展开更激烈的竞争。

4. 外贸不振、发达国家再工业化给我国分工升级带来高端挤压效应

出口导向型经济发展模式是东亚地区经济发展的典型特征，也是我国经济增长的重要驱动条件。但是这种发展模式的长期实施，会导致经济增长过多地依赖外需拉动和外资驱动，在外部环境恶化时对我国经济造成重创。历史经验表明，我国对外贸易两次大幅下滑，均发生在世界金融危机期间，第一次是亚洲金融危机时期，第二次是 2008 年以来的国际金融危机期间。尤其是这一轮金融危机的持续侵袭，给我国高度依赖外需和外资的经济发展模式带来巨大冲击，经济发展模式已到非改不可之时。欧美、日本等作为本次金融危机的重灾区，普遍出现经济停滞或衰退、投资和消费锐减的情况，在短期内难以走出困境。由于我国外贸加工业的主要市场是欧美、日本等发达国家和地区，相当部分外来投资也来源于此。这些国家经济前景走低意味着我国外需和外部投资在短期内难以恢复到以往水平。曾为中国制造业快速发展提供支撑的国际贸易大好局面有可能逆转，这对中国制造业的市场空间、出口模式、技术能力等提出了严峻挑战。

其中，最显著的影响表现在贸易摩擦激增和发达国家再工业化两个方面。由于发达经济体深陷问题泥沼，贸易保护主义的抬头迹象明显。欧美等国除采用传统贸易保护手段外，还通过"碳税"、劳工标准、社会责任等新规则来加强对国际产业主导权的控制。有关报告显示，虽然中国出口总量不到全球的 10%，但全球 47% 的新发起贸易救济调查和 82% 的已完成案件都针对中国。2010 年全球新启动的 15 项贸易保护政策中，针对中国商品的占 10 项，比例高达 67%。与此同时，新近一轮贸易摩擦从低附加值产品，如纺织品、轻工产品等，迅速扩大到机电、医疗保健品、化工产品、微电子产品等高附加值产品。2010 年，欧盟针对中国数据卡发起反补贴调查，涉及金额约 41 亿美元，这是此类高科技电子产品首次出现在针对中国的贸易摩擦中。在美国新近发起的贸易战中，包括7项以知识产权诉讼为核心的337调查，领域涉及太阳能灯、液晶显示器、印表机墨水匣等多个产品。另外，发达经济体为了重塑国家优势，纷纷实行再工业化战略，努力在信息、节能、新能源和先进制造等新兴领域抢占制高点，对中国发展高端产业形成外部高端挤压效应。美国总统奥巴马多次高调宣布重振美国制造业，重构全球制造业竞争格局，并提供税收优惠政策促进制造企业向美国回归，通用、福特、苹果等企业开始重新在美国布置生产工厂。欧盟也提出"新工业革命"理念，强调技术创新和结构改革，重振欧洲工业，大力推进机器人、数字技术、先进材料、可循环能源等新兴产业。欧美"再工业化"浪潮的掀起，无疑给中国产品出口带来"雪上加霜"之势，而且会增加我国企业向价值链高端提升的难度。我国产业从低端向中高端攀升，必将面临发达国家中高端制造企业回流的激烈竞争。

5. 新兴经济体快速崛起，给我国产业发展构成低端挤出效应

我国经济结构调整受到新兴发展中国家在劳动密集型产业的"低端挤出"效应。近年来，我国劳动力工资水平不断提高，越南、泰国等东南亚及南亚国家的劳动力成本仍然相对较低，导致大量外资企业转移到上述国家投资生产。据亚洲鞋业协会调查，我国制鞋业工资水平2007年仅略高于越南、印度尼西亚、印度、孟加拉、柬埔寨等周边国家，2011年已相当于这些国家的2~3倍。同时，由于土地、房租等各项生产要素成本进入集中上升期，同样加工一双耐克鞋，在中国的成本要高出2~3美元。为了应对成本压力，服装、箱包、玩具等轻工企业出现向外转移的势头，特别是一些低端加工制造环节向外转移的速度更快。这直接导致我国劳动密集型产品的国际市场份额进一步下降，流失部分主要被周边国家挤占。选取SITC两位码商品中的61——皮革及皮革制品，65——纺织纱、织物及制成品，84——服装及衣服配件，85——鞋履，对中国和越南的劳动密集型产品出口格局进行分析。自2007年以来，越南四种商品的出口增速一直高于中国，最高的2008年比中国高出10.38个百分点，即使在全球金融危机肆虐的2011年越南出口增速仍达到26.22%，比中国高6.59个百分点。从2001~2011年的平均增速看，越南出口平均增速达到18.78%，比中国高3.82个百分点，出口规模占中国的比重从2001年的5.97%增长至2011年的8.20%（见表8-13）。

在今后相当长的时期内，发展中经济体如东盟、印度等国家将会以更加低廉的成本优势，实现对中国制造的替代，越南等国家将成为类似于中国的加工组装生产国。原来"中国制造"的纺织、服装等劳动密集型产品，将越来越多地变成"越南制造"、"泰国制造"以及其他东南亚或南亚制造。这样，"中国制造"未来可能会处于被夹在中间的尴尬状态。一方面，发达国家保护主义加剧，对资金、技术和产业的流出必然会施加更多的限制；另一方面，新兴经济体之间的竞争将进一步加剧。我国将在技术资本密集型产品、劳动密集型产品出口方面同时面临发达国家和后起新兴经济体的双重夹击与挑战。如果产业升级空间被发达经济体封杀，而低成本竞争优势又受到欠发达经济体的阻击，那么未来十年内中国经济社会将面临着巨大的发展风险。

表 8-13　2001~2011 年中国和越南部分劳动密集型产品出口增长情况　单位:%

年份	中国	越南	越南出口规模占中国的比例
2001	3.17	7.54	5.97
2002	14.67	28.80	6.70
2003	25.87	25.44	6.68
2004	20.41	22.25	6.78
2005	21.27	11.48	6.24
2006	23.41	21.47	6.14
2007	18.02	24.80	6.49
2008	8.86	19.24	7.11
2009	-9.55	-3.44	7.59
2010	24.23	27.26	7.77
2011	19.64	26.22	8.20
2001~2011	14.96	18.78	5.97

资料来源: 根据 United Nations Commodity Trade Statistics Database 计算而得。

(二) 分工升级面临的机遇与条件

1. 产业升级的内生动力增强, 构建国内价值链的可能性加大

我国市场规模不断扩大, 综合竞争优势明显, 成为培育新比较优势的重要来源。从新贸易理论、新经济地理理论一直到最近兴起的以企业异质性为主要特征的新新贸易理论, 无不以规模经济作为研究的出发点。我国长期以高于世界经济平均水平的增长速度发展, 导致我国内需市场规模不断扩大。这既是对金融危机背景下外部市场需求萎缩的一个有效补充, 也成为中国产业升级的一个动力和源泉。尤其是对于规模经济效应明显的产业来说, 庞大的内需市场是提升对外竞争力的优势来源。另外, 由于规模经济的存在, 新技术的应用成本会迅速下降, 进而促进新技术的产业化、商业化、规模化。因此, 构建我国新型对外经贸关系的首要基础是规模比 30 年前大几十倍的国内市场, 中国将基于庞大的国内市场形成新的比较优势。

我国产业内部分工体系逐渐形成, 构建国家价值链 (National Value Chains) 的条件趋于成熟。中国作为一个经济大国, 最重要的特征是地区之间在资源禀赋和发展阶段上的巨大差异。换句话说, 中西部地区可以具备"雁阵"模型要求承接产业转移的条件, 从而为维持劳动密集型产业的低成本竞争优势提供充裕的缓冲空间, 也为东部地区向中高端价值环节升级提供必要的战略空间。一方面, 中西部地区劳动力供给潜力大、成本低, 引导劳动密集型产业向中西部地区转移, 对于重新配置要素资源、提高生产效率仍有巨大潜力。这将有助于缓解要素成本上升给传统产业发展带来的冲击。另一方面，东部地区的一些本土企业积累了相当数量的人力资本和技术资源，开始从原始装备制造（OEM）向自有品牌生产（OBM）转型。在低端产业转移的基础上，东部地区企业将重点发展研发设计、核心部件生产、营销、品牌经营等高端环节，从而占领价值链的制高点。在东部地区企业生成在高附加值环节的"专有能力"、形成独占性"专有资产"之后，就建立起构建国内价值链的核心基础，成为国内价值链的链主企业。在此基础上，通过产业内迁和产业链的延伸，东部地区和中西部地区之间就可以构建起以产品内分工为主要形式的国内价值链。

2. 技术创新能力有所增强，在部分产业领域取得突破

在建设创新型国家的战略目标指引下，我国产业技术创新体系已经初步形成，技术创新环境得到改善，技术创新意识和技术创新能力得到增强。近年来，我国政府实施了"973"计划、"863"计划、科技攻关计划、知识创新工程等一系列科技计划和政策措施，越来越多的国内企业也在开展自主研发活动，设立研究开发中心，企业研发水平加速提升。目前，我国在新一代移动通信、新能源、新材料、信息网络、基础芯片、无线宽带、高速铁路、高温气冷堆、电动汽车等许多技术和产业领域已经有了一定的技术积累，有些技术已经达到国际先进水平，接近产业化突破的"临界点"。按照联合国《人类发展报告》，我国技术发展已经处于世界中等水平，平均技术水平在发展中国家居于前列。以通信技术为例，2000年大唐集团代表中国提出的TD-SCDMA技术方案被采纳为国际第三代移动通信技术标准，一举打破了由欧美厂商主导移动通信技术标准的垄断格局。由此国内企业掌握了具有自主知识产权的3G标准TD-SCDMA，以及TD标准、系统设备、仪表、芯片、终端等核心技术，成为占中国3G市场1/3份额的技术标准。再如数控机床行业，在几大国有机床厂实现技术突破后，数控机床产品大部分实现了进口替代。目前，沈阳机床在数控系统领域已经取代了德国的西门子等企业，在强化关键零部件、销售及服务等环节的同时，将低附加值环节进行外包，成为价值链的治理者。随着技术研发能力的增强，我国在工程机械、重矿机械、铁路设备、新能源设备、高端数控机床、石油化工机械、机械基础件等领域的进口替代进程将进一步加快，产业链的自主性和完整性也将进一步提高。

3. 新兴市场兴起带来重要机遇，有利于外贸格局调整和产业升级

中国与新兴市场国家的经贸交流不断扩大，多层次、多领域的合作关系不断深化，成为我国实现市场多元化战略和提升开放型经济水平的重要举措。21世纪以来，世界经济格局发生明显变化，美欧日等发达国家对世界经济的推动力有所减弱，新兴市场国家则群体性崛起，成为国际生产、贸易和投资的重要力量。近十年来，以金砖国家和新钻10国（除韩国外的新钻10国）为代表的新兴市场国家年均经济增长率高出世界平均水平约2个百分点，2010年对世界经济增长的贡献达到60%左右，成为拉动全球经济增长的主要力量。这些国家在世界贸易中所占的份额也迅速提高，从2001年的27%左右增长到2011年的38%左右。与此对应，中国与新兴市场国家的经济合作也在日益加强，来自新兴市场的外贸订单成为支撑企业出口增长的重要因素。

2001~2011年，我国对14个主要新兴市场国家的出口额占我国出口总额的比重从1%提高到13%，提高12个百分点；进口额的比重从2%提高到13%，提高11个百分点。

我国外贸市场格局向新兴发展中国家调整，将带来比较优势格局的相应转换，给新兴产业和高附加值产业带来成长空间。传统外贸格局中，我国对外出口定位于欧美发达国家，优势领域局限在劳动密集型产品及加工组装环节，即使是一些优势逐渐提升的产业，相对欧美国家来说也是劣势部门，不具有参与分工的条件与可能。但是，对于新兴发展中国家来说则不同，由于我国在资本、技术、人力资源等方面具有相对优势，边际优势产业跃升为比较优势产业，从而获得有利的市场空间与机遇。而且，我国技术水平较高的产品（如资本货物）相对发达国家产品要便宜一些，更适合发展中国家的实际需求，也易于被获取、采用和仿效。2010~2011年，在最不发达国家从中国进口的所有产品中，用于扩大生产能力和扩建基础设施的重要工具设备和原材料（如公路车辆和设备、工业机械、专业设备和装置、化工产品和钢铁）占了将近一半。以中国机械进出口集团为例，近年来公司连续在拉美、东南亚等市场取得重大进展。其中，2009年和2012年先后与巴西里约热内卢州政府签订30列和60列城轨电动车组出口项目，是我国自主研发的大型轨道交通设备首次成功打入南美高端市场，成为我国具有自主知识产权的高科技机电产品走向世界的经典范例。因此，新兴发展中国家将成为我国机电产品、高新技术产品、自主知识产权产品获得市场成长空间、实现竞争力提升的重要平台（见表8-14）。

表8-14 最不发达国家与中国之间的贸易（以当前汇率百万美元计）

产品	从中国进口额		对中国出口额	
	2000~2001年	2010~2011年	2000~2001年	2010~2011年
农业原材料	16	105	243	1965
食品和饮料	164	1089	378	841
燃料、矿石和金属	42	323	3126	44244
化工产品	232	2178	1	93
纺织品和皮革	1323	8974	14	138
钢铁	61	1642	0	1
其他基于原材料的制成品	236	3132	44	540
工业机械	400	4415	1	1
电子产品	382	3806	3	7
公路车辆和设备	266	6691	0	1
服装和鞋类	266	2577	4	129
专业设备和装置	147	2291	1	34

资料来源：《2013年人类发展报告》。

4. 对外投资获得有利契机，将加快突破产业升级瓶颈、占领海外市场

对外直接投资是通过国际市场增进动态比较优势的重要载体和手段。通过要素的全球配置优化，在更大范围、更广领域和更高层次上参与国际分工，可以使我国企业充分利用国际国内两个市场，重新布局价值链的生产经营环节，增进动态比较优势。国际金融危机爆发以来，我国对外投资的国内外环境都发生了深刻变化，形成了有利于我国扩大境外投资的有利契机。从国外环境看，发达国家的一些企业出现资产负债表恶化、流动性不足、经营困难等情况，甚至面临破产倒闭的风险，迫切需要通过外来投资注入流动性以渡过难关。发展中国家企业则趁机崛起为重要的投资者，且变得越来越重要。根据《2011～2013年世界投资前景报告》，2010年发展中国家和转型经济体对外直接投资额高达3880亿美元，占全球对外直接投资的份额从2007年的16%上升到2010年的29%。从内部环境看，我国已经进入跨国直接投资的第三阶段，即对外投资大幅上升，增长速度可能超过外资流入的增长速度，资金要素从单向流入为主向双向流动并重的格局转变。我国作为投资母国的地位将快速上升，企业全球配置资源的能力将显著增强，从境外企业引入先进技术、研发、设计等高端资源要素，可使我国在较短时间内缩短与发达国家的差距，有助于加快产业升级和经济发展方式转变。目前，我国的一些优势企业正在通过收购如品牌、技术和营销网络等战略性资产提高其竞争力。如2005年联想公司以12.5亿美元完成对IBM笔记本业务的收购，2010年浙江吉利集团完成对瑞典轿车公司沃尔沃的收购，2011年三一重工收购德国最大的混凝土泵车制造商普茨迈斯特等。

此外，越来越多的发展中国家转向外向型发展战略，利用外资是其政策调整的主要方向之一。这些国家希望借助外资发挥比较优势、顺次承接产业转移，更好地融入经济全球化进程。与此对应，我国进入要素成本快速上升期，一些劳动密集型产业的比较优势开始削弱，在境外寻找低成本要素、进行成本型对外投资的意愿强烈。通过对发展中国家进行直接投资，我国企业可以将价值链延伸到不同的国家和地区，并且有望保持对价值链核心环节的主导权，从而增强对全球资源的整合和利用能力，提高我国在世界市场上的分工地位。

5. 新一轮科技革命已在酝酿之中，我国产业有望实现"同步奔跑"

经济危机往往催生重大科技创新，如1857年的世界经济危机推动并引发了以电气革命为标志的第二次技术革命，1929年的世界经济危机引发了以电子、航空航天和核能等为标志的第三次技术革命。当前，无论是后金融危机时期的强烈需求，还是科学技术内部所积蓄的能量，都正在催生着一场以新能源技术和生命科学技术等重大突破为标志的第四次技术革命。始于2008年的全球性金融危机促使世界各国开始谨慎地思考并探寻具有持续性的、新的经济增长点，明确未来推动全球经济增长的重要动力是什么，探求能够推动经济发展的技术突破。在技术创新力量的推动下，产业升级的步伐将在世界范围内加快，从而引发新一轮的产业变革和结构调整。全球新一轮技术革命以及我国建立自主创新型国家的努力，将为我国在新兴领域赶超发达国家、实现经济结构调整带来难得的机遇。回顾中国经济发展的历程，从 20 世纪 80 年代的轻纺工业，到 90 年代的基础产业、基础设施，再到近年来以汽车、石化、电子为代表的产业，我国的经济增长点始终滞后于发达国家，处在"跟进"状态。但是，在新一轮技术革命即将来临时，从其可能涉及的产业领域看，我国的产业选择有望与世界"同步接轨"。目前，全球制造业数字化、智能化、3D 打印等新一轮技术创新孕育着重大突破，而我国在 3D 打印技术、智能制造等方面也取得了较大进展，这为产业转型升级提供了重要的发展机遇。我国有望摆脱在全球价值链分工中的低端锁定位置，凭借在新技术领域的重大突破，在产业链高端环节实现跃升，构建起以自主技术、本土企业为主导的全球价值链。

（三）未来分工升级的发展重点

1. 向价值链中高端环节攀升，提高在全球价值链中的分工地位

随着我国产业结构调整，将进一步推动加工贸易转型升级，加工贸易占出口的比重将逐步下降，一般贸易比重将逐步上升。这也是国际上产业发展的一般规律。从日本和韩国的经验看，随着国内劳动力成本优势的丧失和日元升值，加工贸易在日本外贸中的地位日趋下降，日本企业转而在周边亚洲国家大力发展境外加工贸易。1980 年，加工贸易占日本全部进出口总额的比重为 0.7%，已经非常低。韩国加工贸易的规模大于日本，但是其比重也在逐渐下降，1980 年加工贸易占全部进出口的比重仅有 23%。对比看，虽然加工贸易占我国进出口总额的比重也出现下降趋势，但是 2012 年仍然高达 34.76%，在 90 年代则更高，1998 年高达 53.4%。如果换算为加工贸易占工业制成品的比重则更高。因此，可以判断未来一段时期我国加工贸易比重将进一步下降，一般贸易比重将大幅上升。未来我国加工贸易将由国内产业链高度残缺的外资型加工贸易向国内产业链较完整的内资型加工贸易演变。由于我国加工贸易中使用的核心零部件以及高附加值的技术密集型中间产品仍依赖国外进口，因此在高附加值零部件环节实现进口替代成为加工贸易升级的关键。与此对应，我国企业将沿着简单组装、辅助零部件制造、一般和重要零部件制造、高级组装和核心零部件制造的分工阶梯攀升，国内企业将在越来越多的价值链环节占据主导地位，实现生产环节和技术含量的提升，提高国内增值率。另外一个重要方面是向价值链两端提升，包括上游的研发设计和下游流通营销等环节，也包括品牌创新和维护活动等环节。只有企业逐步形成自主开发、生产和制造能力，打造自有品牌，才能彻底改变我国企业在产品内分工中的低端位置。

2. 构建以我国企业为主导的国家价值链，并由之向全球价值链推进

首先，借助全球价值链重构契机，加快构建国家价值链。一是要提升本土企业竞争力，培育以本土企业为主导的价值链"链主"。东部地区领先企业要加快在设计研发、技术创新、生产管理、品牌建设、产品营销等方面的积累和突破，着力提高功能升级和部门升级能力，培育价值链治理能力，为构建国内价值链打好基础。二是要理顺产业间的分工协作体系，实现价值链环节的本土化和自主化。技术水平先进的领先企业要进一步将加工制造环节和非核心业务进行剥离，通过外包、代工等手段转包给附属、配套企业，通过技术合作、市场引导、培训帮助、信息支持等方式对配套企业进行治理，带动配套企业技术和产品升级，实现价值链环节的有效对接与融合。其次，促进本土优势企业向具有国际竞争力的跨国公司转变，推动国家价值链在全球范围内延伸，构建全球价值链。拥有创新、标准、专利等优势的领先企业可以通过对外直接投资、海外并购等途径，有效整合全球资源，形成全球生产网络的治理能力。具体来说，在新兴发展中国家投资兴建组装厂、开辟加工基地，整合利用其低端要素丰富带来的成本优势；在具有一定技术积累的国家指定当地企业为供应商，整合利用其技术成熟、管理完善带来的效率优势；在发展水平更高的国家，建立研发、销售及售后服务基地，整合利用其市场高端、人力资源丰富带来的创新优势。由此，推动国家价值链向全球一体化经营的方向发展，构建以中国企业为核心的全球生产网络。一些实现技术突破的企业在构建全球价值链方面进行了一些颇有成效的探索。以海尔集团为例，由于在自主创新领域的巨大成功，海尔实现由制造型企业向营销服务型企业转型，拥有世界一流的家电创新、设计和市场服务能力，在2012年全球最具创新力企业中位列第8位。海尔集团还在中国、亚洲、澳洲、欧洲、美洲成立了五大研发中心，在全球拥有29个生产制造基地和19个海外销售公司，产品供应商达到721家，包括GE、爱默生、巴斯夫、DOW等。依托全球性生产网络，海尔能够准确把握全球消费需求的变化，并根据这些变化整合全球优质资源进行研发、设计和生产，从而能够比其他企业更快地满足市场需求。

3. 促进制造环节核心竞争力提升，打造集群增长、集聚增长模式

价值链的核心环节是多样化的，对于制造业基础比较深厚的中国来说，促进制造环节的核心竞争力提升有着尤为突出的意义。相关的借鉴来自日本，日本经济产业省对日本制造业上市公司调查发现，利润率最高的业务环节来自制造和组装的企业比率高达44.4%，然后依次是销售（30.8%）、售后服务（10.5%）、开发及设计（8.4%）。也就是说，对于日本制造企业（尤其是机电、汽车等组装类产业）来说，其价值链是一个"倒微笑曲线"，制造和组装等生产环节依然是其利润的主要来源（见图8-11）。分析日本企业在制造环节的核心竞争力，主要来源于其独特的产业组织结构——以全面质量管理（TQM）和准时生产制（JIT）等为代表的精益生产方式。精益生产方式使日本企业在具备高度整体型构造特征的组装类产业中具有极强的国际竞争能力。

未来我国产业发展中，如果急于向"微笑曲线"两端升级，而忽略中间制造环节的提升，中国制造业将失去核心竞争力，并形成工业空心化的"哑铃结构"。其实，促进制造业的进一步发展也是我国在关键零部件领域严重依赖于外部进口的必然要求。而要实现制造环节的竞争力提升，集群战略成为我国制造业发展的必然途径。产业集群有助于发挥各个企业的竞争优势，增强创新能力，实现企业间关系由"同质竞争"向"异质互补"的转变，实现产业集群整体竞争力的提升。尤其是在分工深化的过程中，要发展一批"专精特新"的中小企业，努力扶持"领域专一、

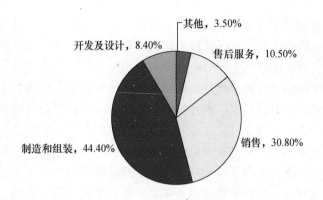

图 8-11　日本制造业企业利润率最高的业务环节

资料来源：经济产业省《2006 年版制造业白皮书》。

研发精深、产品特别、热衷创新"的中小企业成为产业链条的"当关"之夫。集群整体竞争力的提升还可以提高在国际分工中的战略地位，从而能够与国外厂商建立更加平衡的关系，获得更多的附加价值。当前，集群增长模式已经成为我国工业发展提升的有效方式，其中一些集群在内部治理关系、整体竞争力培育等方面取得了显著成效。以顺德家电产业集群为例，其强大的核心竞争力就来自高效的集群治理方式。一是轮轴型产业集群特征，即以大企业为核心，众多中小企业为其配套和服务，仅"美的"一家企业就有近 300 家配件企业与其长期合作。二是具有完整的家电上游产业链和原辅材料配套市场，本地家电企业采购半径一般不超出 50 千米。此外是区域品牌竞争力不断增强。强大的集群竞争力同样体现在其对行业国际标准的影响力上，2011 年，顺德电压力锅标准联盟提出的弹性结构电压力锅等多项标准获得国际电工委员会通过，这标志着我国企业在弹性结构电压力锅的先进性、安全性等方面完全颠覆了国外垄断，在传统优势产业争夺国际标准话语权取得历史性新突破。

4. 积极开展对外投资，整合全球资源促进劣势产业转移和优势产业提升

我国国际分工战略需要从以吸引外资为导向的国际分工战略向以参与全球要素优化配置为目标的国际分工战略调整，积极推进海外投资和跨国并购，创造出新阶段参与国际分工的新优势。一是获取我国短缺的高端要素，突破产业升级瓶颈，即"逆梯度"对外直接投资。通过直接投资于发达国家的科研机构或技术开发公司、并购目标企业或与之合资建厂等多种方式，解决我国产业结构升级急需的高端要素问题。"逆梯度"对外直接投资的重点在先进制造业、信息技术、生物工程、新材料技术、航天技术等领域。这种投资与国际金融危机形势密切相关，机会可能稍纵即逝，尤其是欧盟地区深陷金融危机和欧债危机"双重"泥沼，是我国需要优先关注的重点区域。二是获取我国日益消退的廉价要素，推动传统产业向外转移，即"顺梯度"对外直接投资。重点推动以降低成本为主要目的、以民营企业为主体、以绿地投资为主要形式、面向发展中经济体的境外投资。这类投资充分利用我国在国际产业梯度中的相对级差优势,转移国内已失去或即将失去优势的产业,利用新兴发展中国家的劳动力、土地等廉价要素,将成为我国中长期境外投资的主要方式。"顺梯度"对外直接投资一方面有利于延长这类产业的生命周期,充分实现其转移价值;另一方面可以为国内高新技术产业发展腾出足够的空间,促使生产要素向新兴产业转移和聚集。当前,"顺梯度"对外直接投资的重点是机械、电子、轻纺、家电等产业,这些产业大都面临生产能力过剩、产品国内需求不足以及出口贸易条件恶化的局面。

目前,"顺梯度"和"逆梯度"两种对外投资方式在我国都已经快速兴起,对我国产业结构升级、外贸结构优化起到助推作用。前者如中国纺织企业在缅甸和柬埔寨投资棉纺厂,制糖企业在马里投资糖厂,摩托车制造企业在越南投资装配厂等。后者如中国自主品牌的代表企业吉利集团,通过并购国际著名豪华汽车制造商沃尔沃、世界第二大独立自动变速器企业澳大利亚 DSI 公司,获得一系列核心技术、专利、产品品牌及营销渠道,企业的研发能力、市场地位、服务水平显著增强。目前,吉利集团 6 速手自一体自动变速器生产线已经达产,不仅填补了我国自主品牌汽车在高档自动变速器领域的空白,而且使吉利集团在大扭矩变速器和动力总成领域的研发与生产能力得到增强。此外,吉利不仅收购了沃尔沃的核心技术、专利等知识产权和制造设施,还获得了沃尔沃在全球的经销渠道,沃尔沃的汽车安全技术、动力总成技术、新能源技术、整车平台技术等均会陆续运用到吉利汽车产品上(见图 8 - 12)。

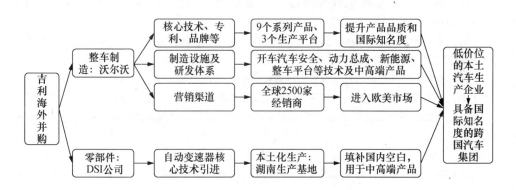

图 8 - 12 吉利集团的海外并购与发展提升

(执笔人:徐建伟)

参考文献

[1] 本多光雄. 新国际分工和日本和中国的作用——对新国际分工的摸索 [R]. 复旦国际研讨会,2006.

[2] 陈长缨. 我国产业比较优势出现"跳跃式"变化 [N]. 上海证券报,2012 - 12 - 19.

[3] 陈清泰. 培育新兴产业是提高国家竞争力的重大战略——产业结构升级和发展新兴产业

的思路和政策之一 [N]．科技日报，2010-09-30．

[4] 陈甫军，杨振．制造业外资进入与市场势力波动：竞争还是垄断 [J]．中国工业经济，2012 (10)．

[5] 崔凡，张汉林．中国比较优势的变化与建立新型对外经贸关系 [J]．国际经贸探索，2010，26 (7)．

[6] 傅钧文．加工贸易发展战略及中国的选择 [J]．世界经济研究，2008 (7)．

[7] 高越，高峰．垂直专业化分工及我国的分工地位 [J]．国际贸易问题，2005 (3)．

[8] 顾海兵，沈继楼，周智高，唐帅．中国经济安全分析：内涵与特征 [J]．中国人民大学学报，2007 (2)．

[9] 国家发改委经济研究所课题组．面向 2020 年的中国经济发展战略研究 [J]．经济研究参考，2012 (43)．

[10] 郭志仪，郑钢．突破"追赶式"发展的局限——对外直接投资促进我国产业结构升级的路径分析 [J]．中国投资，2007 (11)．

[11] 江小涓．中国对外开放进入新阶段：更均衡合理地融入全球经济 [J]．中国工商管理研究，2006 (8)．

[12] 金芳．中国国际分工地位的变化、内在矛盾及其走向 [J]．世界经济研究，2008 (5)．

[13] 金碚，李钢．中国企业盈利能力提升与企业竞争力 [J]．中国工业经济，2007 (11)．

[14] 胡迟．"十二五"以来制造业转型升级：成效、问题与对策 [J]．经济研究参考，2012 (57)．

[15] 胡小娟，龙国旗．我国中间产品进口与经济增长的相关性分析 [J]．对外经济贸易大学学报，2008 (5)．

[16] 黄先海，杨高举．中国高技术产业的国际分工地位研究：基于非竞争型投入占用产出模型的跨国分析 [J]．世界经济，2010 (5)．

[17] 李辉．经济增长与对外投资大国地位的形成 [J]．经济研究，2007 (2)．

[18] 李少华．产品内分工视角下我国加工贸易升级探论 [J]．经济前沿，2008 (1)．

[19] 刘瑶．中国制造业贸易的要素含量：中间产品贸易对测算的影响 [J]．经济评论，2011 (2)．

[20] 刘银锁．基于路径依赖理论的加工贸易产业困境分析 [J]．北方经济，2010 (6)．

[21] 刘志彪．战略理念与实现机制：中国的第二波经济全球化 [J]．学术月刊，2013，45 (1)．

[22] 刘志彪，刘晓昶．垂直专业化：经济全球化中的贸易和生产模式 [J]．经济理论与经济管理，2001 (10)．

[23] 钱方明．基于 NVC 的长三角传统制造业升级机理研究 [J]．科研管理，2013，34 (4)．

[24] 人力资源和社会保障部专题组．中国就业应对国际金融危机方略系列研究报告之一 [R]．2009．

[25] 施炳展．中国出口产品的国际分工地位研究——基于产品内分工的视角 [J]．世界经济研究，2010 (1)．

[26] 沈静，魏成．全球价值链下的顺德家电产业集群升级 [J]．热带地理，2009，29

（2）．

　　［27］宋大勇．跨国公司投资对我国产业结构优化的负面影响及对策分析［J］．现代管理科学，2009（10）．

　　［28］孙宝强．产业结构调整与产业价值链升级问题探析［J］．山东经济，2011（5）．

　　［29］王茜．中国制造业是否应向"微笑曲线"两端攀爬——基于与制造业传统强国的比较分析［J］．财贸经济，2013（8）．

　　［30］王昆．垂直专业化、价值增值与产业竞争力［J］．上海经济研究，2010（4）．

　　［31］姚志毅，张亚斌，李德阳．参与国际分工对中国技术进步和技术效率的长期均衡效应［J］．数量经济技术经济研究，2010（6）．

　　［32］张建华等．基于新型工业化道路的工业结构优化升级研究［M］．北京：中国社会科学出版社，2012．

　　［33］张小蒂，贾钰哲．中国对外直接投资发展与动态比较优势增进研究——基于企业家才能拓展的视角［J］．浙江社会科学，2011（5）．

　　［34］中国机械进出口（集团）有限公司．打造"走出去"战略的亮丽名片——中机公司五年来贯彻实施国家"走出去"战略纪实［J］．中国经贸，2012，10（上）．

　　［35］庄鸿霖，姜阵剑．制造业产业升级：勿把微笑曲线做成哑铃结构［J］．北方经济，2010（6）．

第九章　中国工业发展的要素条件及变化

内容提要： 新中国成立60余年，尤其是改革开放以来，我国工业保持了强劲增长，实现了巨大变化，在我国国民经济体系中更是占据着重要地位。当前和未来相当长的一段时期内，国内外政治、经济环境都在发生着重大变化。从外部形势看，世界经济正处于半全球化时代、全球制造业迎来新变局等新形势使得不确定性和不可控性不断增强，这都将给我国的工业发展带来深远影响和深刻变革。从内部形势看，我国经济社会发展步入新阶段、资源禀赋条件发生显著变化等新情况使得我们可能无法延续过往的发展模式，这也将对我国工业发展提出新的要求。在这个承前启后的历史性关口，过去支撑经济高速增长的内在因素和外部条件正在发生变化，有的正在接近拐点，从各方面因素和条件判断，传统经济增长方式已经难以为继，中国的工业发展可能正面临着"增长的极限"。2003年，世界银行在《创新的亚洲：增长的前景》报告中也明确提出，过去东亚经济的主要增长方式是资源投入，东亚成功的发展模式在未来效果可能会降低，会出现收益递减。面对世情、国情的深刻变化，预判未来10年中国工业发展的潜力如何，需要考虑供给方面的重要因素可能发生变化的方向与程度。因此，本章将对我国工业发展的要素条件及变化分析，以图认清趋势、把握趋势、抓住机遇，迎接挑战，推动工业实现可持续性发展。

一、中国工业发展的要素条件及变化

从我国工业发展的供给端看，决定工业发展的供给能力主要体现在三个方面：一是劳动力；二是资本存量；三是全要素生产率。其中，劳动力数量主要取决于人口总量和年龄结构的变化，资本存量主要取决于过去投资累计并扣除折旧的实物资本（如机器设备、基础设施等）和货币资本，全要素生产率主要取决于技术进步、管理效率、政府政策对资源配置的影响等因素。根据"长期看供给、短期看需求"的逻辑，通过对劳动力、资本存量、全要素生产率等要素变化的分析，有助于我们加深对工业长期发展变化的认识。

（一）我国工业发展的劳动力条件变化分析

准确把握劳动力供求的长期变动趋势，正确认识其对我国工业发展的含义，有利于我们合理判断我国工业发展变化的趋势。过去30余年中，我国人口年龄结构的特点是劳动年龄人口数量大、比重高，这保证了劳动力供给的充足性，为 20 世纪 80 年代以来我国工业的快速发展做出了巨大贡献。目前的人口红利属于第一次人口红利，即"量"的红利，主要来自人口数量；但受老龄化和计划生育政策的影响，中国在过去几十年间所享受到的"第一人口红利"将在未来 10 年内逐渐消失（见表 9 - 1）。

表 9 - 1　1980 ~ 2012 年人口变动情况

年份	总人口数（万人）	经济活动人口		劳动年龄（15 ~ 64 岁）人口		工业年末从业人员			10 万人中具有大学文化程度（人）
		总量（万人）	劳动参与率*（%）	总量（万人）	占总人口的比重（%）	总量（万人）**	占经济活动人口的比重（%）	增速（%）	
1980	98705	42903	n/a	n/a	n/a	6714.00	15.65	n/a	n/a
1981	100072	44165	n/a	n/a	n/a	6975.00	15.79	3.89	n/a
1982	101654	45674	73.06	62517.21	61.50	7204.00	15.77	3.28	599
1983	103008	46707	n/a	n/a	n/a	7397.00	15.84	2.68	n/a
1984	104357	48433	n/a	n/a	n/a	7930.00	16.37	7.21	n/a
1985	105851	50112	n/a	n/a	n/a	8349.00	16.66	5.28	n/a
1986	107507	51546	n/a	n/a	n/a	8980.00	17.42	7.56	n/a
1987	109300	53060	73.71	71984.98	65.86	9342.00	17.61	4.03	n/a
1988	111026	54630	n/a	n/a	n/a	9661.00	17.68	3.41	n/a
1989	112704	55707	n/a	n/a	n/a	9569.00	17.18	-0.95	n/a
1990	114333	65323	85.61	76305.84	66.74	9698.00	14.85	1.35	n/a
1991	115823	66091	n/a	n/a	n/a	9947.00	15.05	2.57	n/a
1992	117171	66782	n/a	n/a	n/a	10219.00	15.30	2.73	n/a
1993	118517	67468	n/a	n/a	n/a	10467.00	15.51	2.43	n/a
1994	119850	68135	n/a	n/a	n/a	10774.00	15.81	2.93	n/a
1995	121121	68855	84.60	81393.31	67.20	10993.00	15.97	2.03	n/a
1996	122389	69765	84.83	82245.41	67.20	10938.00	15.68	-0.50	n/a
1997	123626	70800	84.84	83447.55	67.50	10763.00	15.20	-1.60	n/a
1998	124810	72087	85.47	84338.00	67.57	9323.00	12.93	-13.38	n/a
1999	125909	72791	85.48	85157.12	67.63	9061.00	12.45	-2.81	n/a
2000	126583	73992	83.22	88910.00	70.24	8923.75	12.06	-1.51	3611

续表

年份	总人口数（万人）	经济活动人口		劳动年龄（15~64岁）人口		工业年末从业人员			10万人中具有大学文化程度（人）
		总量（万人）	劳动参与率*（%）	总量（万人）	占总人口的比重（%）	总量（万人）**	占经济活动人口的比重（%）	增速（%）	
2001	127627	73884	82.23	89849.41	70.40	8527.00	11.54	-4.45	n/a
2002	128453	74492	82.49	90302.00	70.30	8535.00	11.46	0.09	n/a
2003	129227	74911	82.34	90976.00	70.40	8818.11	11.77	3.32	n/a
2004	129988	75290	81.67	92184.00	70.92	9643.80	12.81	9.36	n/a
2005	130756	76120	80.81	94197.00	72.04	10215.82	13.42	5.93	n/a
2006	131448	76315	80.27	95068.00	72.32	10883.90	14.26	6.54	n/a
2007	132129	76531	79.86	95833.00	72.53	11638.69	15.21	6.93	n/a
2008	132802	77046	79.69	96680.00	72.80	11738.30	15.24	0.86	n/a
2009	133450	77510	79.51	97484.00	73.05	12039.14	15.53	2.56	n/a
2010	134091	78388	78.44	99938.00	74.53	12474.31	15.91	3.61	8930
2011	134735	78579	78.36	100283.00	74.43	12875.15	16.38	3.21	n/a
2012	135404	n/a	n/a	100403.00	74.15	n/a	n/a	n/a	n/a

注：* 劳动力参与率是指劳动年龄（15~64岁）人口中从事经济活动的人口比率；** 根据统计年鉴，《中国统计年鉴》只有工业年末从业人员数1980~2002年数据，之后《中国工业统计年鉴》的数据为规模以上企业从业人员数，本表根据1999~2002年规模以上企业从业人员数占全部工业从业人员数的比重和1998~2002年工业年末从业人员数占第二产业年末从业人员数分别测算了2003~2011年的工业年末从业人员数，并结合2004年和2008年的普查数进行数据调整，估算而得2003~2011年的工业年末从业人员数。

资料来源：历年《中国统计年鉴》、《中国工业统计年鉴》、《中国劳动统计年鉴》。

一方面，从人口年龄构成看，根据2010年第六次全国人口普查数据显示，中国0~14岁人口占16.60%，比2000年人口普查下降6.29个百分点；60岁及以上人口占13.26%，较2000年人口普查时上升2.93个百分点，其中65岁及以上人口占8.87%，较2000年上升1.91个百分点。我国人口年龄结构的变化，说明随着我国经济社会快速发展，生育率持续保持较低水平，老龄化进程逐步加快。从适龄劳动人口占总人口的比重（人口红利）看，"第一人口红利"在2010年已经显现出拐点的迹象。过去20年老龄人口占比只是缓慢上升，而未来20年这一速度将大幅加快，将明显超过我们过去对这个问题的感受。从经济活动人口占劳动年龄（15~

64 岁）人口的比重（劳动参与率）① 看，自 2000 年开始，我国劳动参与率就已呈下降态势。尽管近年来不断下降，但与亚洲四小龙和美、日等国家的劳动参与率比较而言，我国的劳动参与率尚处于高位。我国过高的劳动参与率既反映了我国劳动力参与工业活动的程度较高，同时某种程度上也表明劳动力并不需要过多的知识教育能力即可进入市场，而且社会保障的相对缺失和相对低廉的劳动力成本也使得劳动参与率相对较高。再从趋势看，未来中国劳动参与率的持续下降也是符合经济社会发展规律的。因此，未来寄希望于通过劳动参与率和人口红利的提升以维持数量型的第一次人口红利可能具有一定的现实难度。应该说，作为人类社会结构性因素的劳动参与率和人口红利，已经成为工业发展的不可抗拒的减速因素（见图 9－1～图 9－5）。

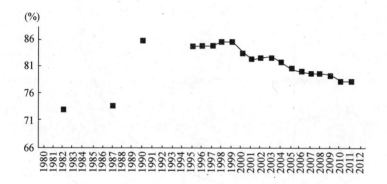

图 9－1 1980～2011 年劳动参与率的变化情况

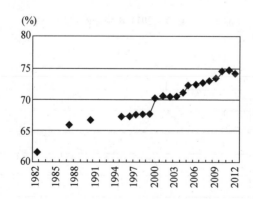

图 9－2 1982～2012 年人口红利（劳动年龄人口占总人口比重）的变化情况

① 根据经济学理论和各国的经验，劳动参与率反映了潜在劳动者个人对于工作收入与闲暇的选择偏好，它一方面受个人保留工资、家庭收入规模以及性别、年龄等个人人口学特征的影响；另一方面受到社会保障的覆盖率和水平、劳动力市场状况等社会宏观经济环境的影响。

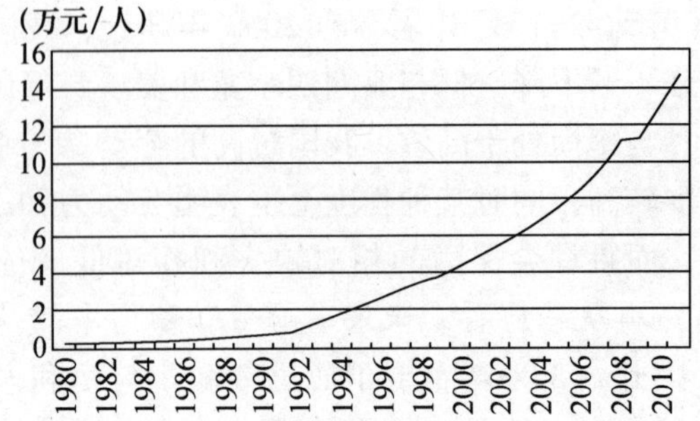

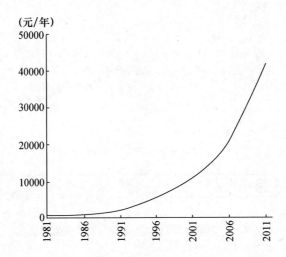

（万元/人）

图 9 - 3   1980 ~ 2011 年工业劳动生产率的变化趋势

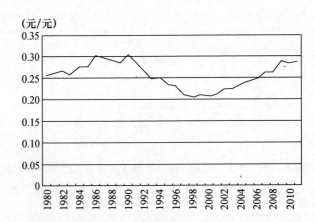

（元/年）

图 9 - 4   1981 ~ 2011 年中国的平均工资

资料来源：CEIC，HTI。

（元/元）

图 9 - 5   1980 ~ 2011 年工业单位劳动成本变化趋势

另一方面，人口红利阶段，尤其是农村存在大量富余劳动力的情况下，劳动力供应充足，劳动市场的竞争使得工资的上升幅度较慢。人口红利见顶回落，农村富余劳动力大幅减少后，劳动力供应趋紧，工资增长速度相对于其他价格加快。而从我国实际情况看，劳动力成本的发展态势也大致符合这一规律。改革开放以来，中国的劳动力成本长期处于一个较低的水平，较之发达国家，我国的制造业雇员工资水平大约是英国的 1/27、日本的 1/22、美国的 1/21。较之新兴国家，大约是韩国的 1/13、新加坡的 1/12。较之发展中国家，大约是马来西亚的 1/4、墨西哥的 1/3。步入 21 世纪以来，中国的平均工资不断上升。过去几年工资涨幅明显，年薪从 2006 年的 20856 元升至 2011 年的 41799 元。但即使与大多数发展中国家相比，具有低成本就业优势的中国传统劳动力红利优势并未枯竭。虽然过去五六年平均工资水平迅速攀升，但仍远低于全球平均水平。2011 年中国的平均工资仅为 41799 元人民币或 6568 美元；而美国平均工资为 52607 美元，是中国的 8 倍多。同时，研究产业竞争力，除劳动力成本之外，还要考虑劳动生产率。因为，劳动生产率的提高虽是提高一国工资水平的重要原因之一，但是因劳动生产率提高所引发的工资水平提高并不会降低一国的国际竞争比较优势。从劳动生产率[①]看，改革开放以来，我国工业劳动生产率不断提升，从 1980 年的 0.30 万元/人提升至 2011 年的 14.64 万元/人。20 世纪 90 年代以前，中国制造业劳动生产率处于平缓发展时期，相当于美国当年劳动生产率的 6% 左右，1990 年后，中国制造业劳动生产率表现大幅度增长趋势，并且与欧美发达国家的差距在不断缩小。

此外，通过计算单位劳动成本（ULC）[②] 可以反映一个产业或国家的成本优势，我们有必要将工业的人年均劳动报酬和劳动生产率结合起来，从单位劳动成本（人年均劳动报酬/劳动生产率）角度来反映我国工业的成本比较优势。改革开放以来，我国单位劳动成本大致在 0.2～0.3 的范围区间内波动，1980 年为 0.26，曾向上到 1986 年、1987 年的相对高点 0.30，又逐步回落到 1998 年的相对低点 0.20，再不断攀升至 2009 年、2010 年、2011 年的相对高位，分别为 0.29、0.28 和 0.29。应该说，2009 年相对于 2008 年有明显跃升，之后又维持相对高位。但总体而言，基于我国劳动生产率的不断提升，工资水平的提高并不会成为当前和未来一段时期内妨碍我国工业竞争比较优势的重要原因。在剔除劳动生产率提高对劳动力工资水平的影响后，我国劳动力工资水平相对于发达贸易伙伴国而言处于一个更低的水平。因此，一方面，受到第一次人口红利不断枯竭和劳动生产率不断提升的双重影响；另一方面，我国的工资水平与发达贸易伙伴国相比，还处于相当低的水平。所以，未

① 劳动生产率是提升成本竞争优势的重要环节，是说明劳动效率的综合指标，计算公式为：全员劳动生产率＝工业增加值/全部从业人员平均人数。

② 单位劳动成本指单位产量的总劳动成本，或者说每获得一单位产出所要支付的劳动成本，也叫单位产出劳动成本（Labor Cost Per Unit of Output），简称单位劳动成本（Unit Labor Cost，ULC），其通常被认为从生产（或成本）角度衡量一个国家制造业贸易品的生产价格或生产成本，单位劳动成本越低，表示该国产品价格竞争力越强。亦可表示劳动产出能力与效率的高低，单位劳动成本越低，则表明劳动力的产出效率越高。

来相当长的一段时间内，我国工业客观上还存在着逐步提高工人劳动报酬的可能空间。从已经达到的人口转变阶段看，年龄结构的变化正在使我国逐步丧失劳动力充足且廉价的比较优势，随着劳动力短缺和劳动力成本上升，第一次人口红利终究是会枯竭的。其实，人口红利期结束并不一定是坏事。一个国家发展到一定阶段，人口结构发生变化，最终走向老龄化，这是不可逆转的，是经济规律决定的（见表9-2）。

表9-2　1978～2011年工业增加值、工业劳动生产率、人均劳动报酬和单位劳动成本

年份	工业增加值		工业劳动生产率		人年均劳动报酬		单位劳动成本	
	总量（亿元）	增速（%）	总量（万元/人）	增速（%）	总量（元）	增速（%）	总量（元/元）	增速（%）
1978	1607.00	n/a	n/a	n/a	615	n/a	n/a	n/a
1979	1769.70	10.12	n/a	n/a	668	8.62	n/a	n/a
1980	1996.50	12.82	0.30	n/a	762	14.07	0.26	n/a
1981	2048.40	2.60	0.29	-1.24	772	1.31	0.26	2.58
1982	2162.30	5.56	0.30	2.20	798	3.37	0.27	1.14
1983	2375.60	9.86	0.32	7.00	826	3.51	0.26	-3.26
1984	2789.00	17.40	0.35	9.51	974	17.92	0.28	7.68
1985	3448.70	23.65	0.41	17.45	1148	17.86	0.28	0.35
1986	3967.00	15.03	0.44	6.95	1329	15.77	0.30	8.25
1987	4585.80	15.60	0.49	11.12	1459	9.78	0.30	-1.20
1988	5777.20	25.98	0.60	21.82	1747	19.74	0.29	-1.71
1989	6484.00	12.23	0.68	13.31	1935	10.76	0.29	-2.25
1990	6858.00	5.77	0.71	4.36	2140	10.59	0.30	5.97
1991	8087.10	17.92	0.81	14.97	2340	9.35	0.29	-4.89
1992	10284.50	27.17	1.01	23.79	2711	15.85	0.27	-6.41
1993	14187.97	37.95	1.36	34.69	3371	24.35	0.25	-7.68
1994	19480.71	37.30	1.81	33.39	4538	34.62	0.25	0.92
1995	24950.61	28.08	2.27	25.53	5348	17.85	0.24	-6.12
1996	29447.61	18.02	2.69	18.62	6210	16.12	0.23	-2.11
1997	32921.39	11.80	3.06	13.61	6444	3.77	0.21	-8.67
1998	34018.43	3.33	3.65	19.29	7446	15.55	0.20	-3.14
1999	35861.48	5.42	3.96	8.47	8319	11.72	0.21	3.00

年份	工业增加值		工业劳动生产率		人年均劳动报酬		单位劳动成本	
	总量（亿元）	增速（%）	总量（万元/人）	增速（%）	总量（元）	增速（%）	总量（元/元）	增速（%）
2000	40033.59	11.63	4.49	13.35	9333	12.19	0.21	−1.03
2001	43580.62	8.86	5.11	13.93	10834	16.08	0.21	1.89
2002	47431.31	8.84	5.56	8.73	12373	14.21	0.22	5.03
2003	54945.53	15.84	6.23	12.12	13969	12.90	0.22	0.69
2004	65210.03	18.68	6.76	8.52	15920	13.97	0.24	5.02
2005	77230.78	18.43	7.56	11.80	18200	14.32	0.24	2.25
2006	91310.94	18.23	8.39	10.97	20856	14.59	0.25	3.26
2007	110534.90	21.05	9.50	13.20	24721	18.53	0.26	4.71
2008	130260.20	17.85	11.10	16.85	28898	16.90	0.26	0.04
2009	135240.00	3.82	11.23	1.23	32244	11.58	0.29	10.22
2010	160722.20	18.84	12.88	14.70	36539	13.32	0.28	−1.20
2011	188470.20	17.26	14.64	13.61	41799	14.40	0.29	0.69

注：工业劳动生产率＝工业增加值/工业从业人员；单位劳动成本（ULC）＝平均劳动报酬/劳动生产率。

资料来源：历年《中国统计年鉴》、《中国劳动统计年鉴》。

133

因人口年轻构成的"第一次人口红利"正在快速枯竭的同时，未来我们可能需要大力挖掘第二次人口红利的潜能，即"质"的红利，主要是指教育和健康等赋予劳动力的价值。某种程度上，第二次人口红利的潜力可以说是无限的。从受教育程度看，人口的受教育程度明显上升，大专及以上学历人口占总人口的比重从1996年的2上升到2010年的近9。而根据2010年第六次全国人口普查数据显示，与2000年人口普查相比，每10万人中具有大学文化程度的由3611人上升为8930人，具有高中文化程度的由11146人上升为14032人；具有初中文化程度的由33961人上升为38788人；具有小学文化程度的由35701人下降为26779人。文盲率（15岁及以上不识字的人口占总人口的比重）为4.08，比2000年人口普查的6.72下降2.64个百分点。理论和经验都表明，教育水平的整体改善是劳动生产率提高的主要源泉。一项计量分析表明，在制造业，职工受教育年限每提高1年，劳动生产率就会上升17%。因此，第二次人口红利也只有从劳动力供给和人力资本积累的角度来观察，才具有显著的意义。

（二）我国工业发展的资本条件变化分析①

对于中国这类追赶型经济体而言，在中长期内推动经济增长的主要因素是资本的快速形成和积累。资本的要素数量效应一直是我国工业发展的来源和动力。同时，根据投资乘数理论、加速数理论、Harrod - Doma 模型、Solow 新古典增长模型以及内生增长理论等相关理论模型，资本的要素数量效应也都是增长的核心要素。因此，准确把握资本条件的变化特征和趋势，是正确认识、合理判断我国工业发展变化趋势的基础。

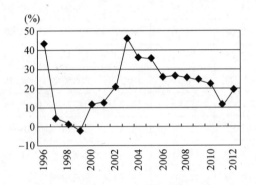

图 9 - 6　1996 ~ 2012 年工业投资规模增速趋势变化

一方面，鉴于工业行业开展的固定资产投资，即工业投资②，直接影响和决定着工业产业结构的形成及其发展变化，进而影响和决定着工业发展的质量和效益，因此，我们将首先对工业投资的总量规模、占城镇固定资产投资比重、工业投资率、工业投资资金来源中外资比重等指标进行简要分析。从总体看，我国工业投资始终保持增长态势，在一定程度上支撑了工业经济的高速发展。以当年价格计算，我国工业投资从 1995 年的 6232.5 亿元大幅提升至 2011 年的 129119.6 亿元，增长20.72 倍。与此同时，投资增速却呈现大幅波动的态势。从 1996 年的高达 43.79%增速下滑到 1999 年的 - 2.66%，又迅速攀升至 2003 年的 46.27%，然后逐步下滑到 2011 年的 11.99%（见图 9 - 6）。而且，1995 ~ 2011 年，我国工业投资占城镇固定资产投资的比重基本维持在 40% ~ 50% 的区间范围内（见图 9 - 7）。同时，反映一段时期工业净产出转化为投资需求比率的工业投资率（工业投资与工业增加值之

① 工业部门统计口径发生过几次大的变化。如 1998 年以前统计口径为独立核算企业；1998 ~ 2005 年，口径变为全部国有及年主营业务收入在 500 万元以上非国有工业企业；2007 ~ 2010 年口径为主营业务收入 500万元以上的工业企业；2011 年开始，口径扩大为主营业务收入在 2000 万元以上的工业企业。样本数据前后不一的问题可能会导致估计结果与真实情况的偏离。但是，如果我们关注的是数据中长期趋势而非短期波动的话，那么口径的变化也许就是可以忽略的问题。

② 工业投资是以货币形式表现的、在一定时期内工业领域以建造和购置固定资产为主的工作量以及与此有关的费用的总称，其形成主体是用于工业生产经营的、具有一定生产能力的固定资产，表现为土地、厂房、设备工具器具等。

比)，由 1995 年的 24.98% 一路攀升至 2008 年的 57.89%。特别是次贷危机后的 2009 年、2010 年、2011 年，我国工业投资率又出现了一次跃升，连续三年都保持在高位，分别为 69.70%、71.74%、68.51%（见图 9-8）。应该说，我国工业投资率不仅是当前主要发达国家与新兴市场国家中最高的，即使与日本、韩国等东亚经济体的历史可比时期相比，前者也是最高的。

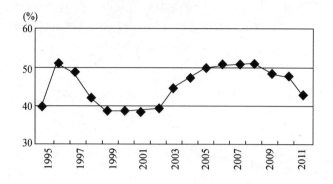

图 9-7 1995~2011 年工业投资占城镇固定资产投资的比重

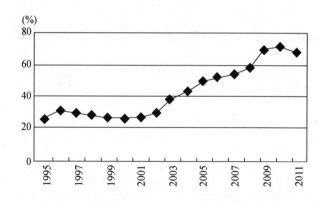

图 9-8 1995~2011 年工业投资率的趋势变化

此外，从工业投资的资金来源看，外资在中国工业发展和经济高速增长过程中发挥了重要作用，从规模总量看，基本保持了稳定上升的态势，从 1995 年的 2114.05 亿元上升到 2011 年的 5061.99 亿元，增长 2.39 倍；但其占我国工业投资的比重逐年下降，从 1995 年的 33.92% 一路下滑到 2011 年的 3.92%。应该说，未来相当长的一段时期内，工业投资依旧还是推动我国工业发展的主要驱动力。但是，我国当前的工业高投资率会形成巨大产能，导致我国工业领域的产能过剩，从而降低投资对经济的驱动作用；而持续的高投资率也是难以持续的，同时，我国吸引外资还面临着众多发展中国家的激烈竞争，更加剧了高投资率的风险。因此，未来我们必须在继续发挥投资对工业增长带动作用的前提下，通过维持必要的投资规模、调整投资结构等方式，推动工业的持续发展、转型升级和竞争力的提升。

135

另一方面，我们分析了反映资本效率的部分指标，如单位资本存量工业增加值、工业增量资本产出率、工业资本积累率、工业资本产出比等指标。鉴于单位资本存量工业增加值是单位资本存量工业产能外在的实际反映，因此，单位资本存量工业增加值的演化态势在一定程度上反映了单位资本存量工业产能的内在演化规律。从1981~2011年的单位资本存量工业增加值发展趋势看，从1981年的0.30提升到2011年的1.19，整体呈上升趋势，其中，2007年和2008年分别为1.31和1.33，属于这一期限的高位，之后又回落到2009~2011年的1.17~1.19，但这种下行究竟是阶段性的变化态势还是拐点性的变化态势目前还难判断（见图9-9）。

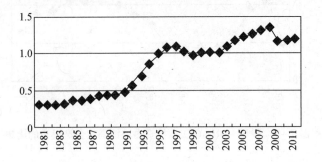

图9-9 1981~2011年单位资本存量工业增加值变化趋势

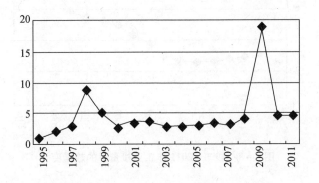

图9-10 1995~2011年工业增量资本产出率变化趋势

增量资本产出率（ICOR）反映的是年度投资与当年增量产出之比，即要让产出增加一个单位，需要多少投资。一般而言，ICOR提高，表明增加单位总产出所需要资本增量增大，意味着投资效率的下降。因此，增量资本产出比率越低，经济就明显更有效率。从1995~2011年的数据看，我国工业领域的ICOR持续提升，从1995年的1.14提升到2011年的4.65，即每增加单位工业产出所需的投资额有了明显提高，意味着要用相对较多的资本获得相对少的产出，也就是说，我国工业行业的投资效率呈明显下降的态势（见图9-10）。同时表明，依据现有趋势，要实现工业的高增长必须依赖更高的投资比率，需要大量资本。而根据 Paul S. Anderson 和 John E. La Tourette 对资本产出比的研究，在短期，资本产出比会保持稳定，但是在长期，资本产出比有下降趋势。因此，我们认为，未来继续依靠加大资本投入的粗放型增长道路可能已经走到尽头，更应着重考虑的是如何提高投资效率。

工业资本积累率表明行业的当年资本积累能力，是行业扩大再生产的源泉，是评价行业发展潜力的重要指标。该指标越高，表明行业的资本积累越多，行业资本保全性越强，应付风险、持续发展的能力越大。从 1998~2010 年的工业资本积累率指标看，先是从 1998 年的 13.12% 下降到 2001 年的 8.69%，又迅速攀升到 2003 年的 30.61%，随后到 2007 年基本稳定在 20% 附近，之后 2008 年、2010 年则继续下降到 13.35%、12.28%，属于这一期限的相对低位（见图 9-11）。应该说，近年来资本积累能力的下降，对于行业应付风险、改善内外部条件、进一步扩大再生产、增强持续发展活力、存储发展后劲等方面将产生不利影响。

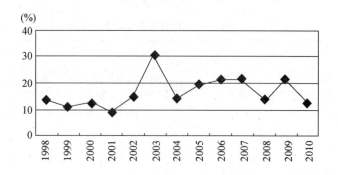

图 9-11　1998~2010 年的工业资本积累率变化趋势

再从 1981~2011 年的工业资本—劳动比变化趋势看，资本—劳动比持续、大幅提升，从 1981 年的 0.97 万元/人大幅提升到 2011 年的 12.3 万元/人，增长 12.7 倍（见图 9-12）。由此可以认为，中国工业发展在过去的 30 多年中确实表现出资本深化态势。特别是 2008 年以后，我国已进入资本深化加速阶段，表现为资本—劳动比的增速大幅提升，即从 2005 年、2006 年、2007 年的 6.14%、6.64%、7.23% 大幅提升到 2010 年、2011 年的 10.97% 和 12.3%，从人均资本量看，近年来资本对劳动替代的特征日趋明显。应该说，资本替代劳动是现代经济发展以及工业发展进程中必然经历的过程，在所有已经实现工业化的国家在其实现工业化过程中，都曾经历过资本—劳动比不断上升随后逐步企稳的历史阶段。同时，资本深化也直接导致了重化工业化。但是，资本深化虽然能在短期提高资本回报率，但长期却降低了资本回报率。因此，有学者提出中国工业出现的资本深化现象是过度投资和金融资源配置失效的结果，"过早的资本深化"会由于资本的边际报酬递减使要素驱动型的中国经济增长趋缓（见表 9-3）。

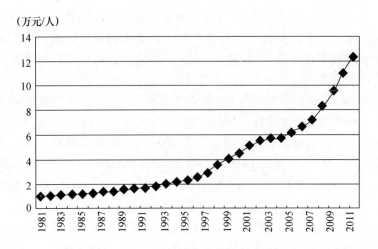

（万元/人）

图9-12　1981~2011年工业资本—劳动比变化

表9-3　1981~2011年有关资本要素的相关指标

年份	工业投资规模（亿元）	工业投资占城镇固定资产投资比重（%）	工业投资率（%）	单位资本存量工业增加值	工业资本—劳动比（万元/人）	工业增量资本产出率	工业资本积累率（%）	工业外商直接投资规模（亿元）	工业外商直接投资比率（%）
1981	n/a	n/a	n/a	0.30	0.97	n/a	n/a	n/a	n/a
1982	n/a	n/a	n/a	0.30	1.01	n/a	n/a	n/a	n/a
1983	n/a	n/a	n/a	0.30	1.06	n/a	n/a	n/a	n/a
1984	n/a	n/a	n/a	0.32	1.09	n/a	n/a	n/a	n/a
1985	n/a	n/a	n/a	0.36	1.16	n/a	n/a	n/a	n/a
1986	n/a	n/a	n/a	0.36	1.21	n/a	n/a	n/a	n/a
1987	n/a	n/a	n/a	0.38	1.31	n/a	n/a	n/a	n/a
1988	n/a	n/a	n/a	0.42	1.41	n/a	n/a	n/a	n/a
1989	n/a	n/a	n/a	0.44	1.53	n/a	n/a	n/a	n/a
1990	n/a	n/a	n/a	0.44	1.61	n/a	n/a	n/a	n/a
1991	n/a	n/a	n/a	0.48	1.70	n/a	n/a	n/a	n/a
1992	n/a	n/a	n/a	0.55	1.82	n/a	n/a	n/a	n/a
1993	n/a	n/a	n/a	0.69	1.97	n/a	n/a	n/a	n/a
1994	n/a	n/a	n/a	0.85	2.12	n/a	n/a	n/a	n/a
1995	6232.50	39.84	24.98	0.99	2.29	1.14	n/a	2114.05	33.92
1996	8961.74	50.84	30.43	1.07	2.53	1.99	n/a	3018.40	33.68

年份	工业投资规模（亿元）	工业投资占城镇固定资产投资比重（%）	工业投资率（%）	单位资本存量工业增加值	工业资本—劳动比（万元/人）	工业增量资本产出率	工业资本积累率（%）	工业外商直接投资规模（亿元）	工业外商直接投资比率（%）
1997	9356.15	48.74	28.42	1.09	2.80	2.69	n/a	2424.49	25.91
1998	9446.60	42.00	27.77	1.02	3.57	8.61	13.12	2377.89	25.17
1999	9195.71	38.75	25.64	0.98	4.03	4.99	10.73	1832.21	19.92
2000	10256.00	39.11	25.62	1.01	4.44	2.46	12.18	1526.15	14.88
2001	11544.78	38.48	26.49	1.01	5.04	3.25	8.69	1570.50	13.60
2002	13965.60	39.35	29.44	1.02	5.45	3.63	14.75	1825.83	13.07
2003	20427.10	44.59	37.18	1.10	5.68	2.72	30.61	2211.70	10.83
2004	27776.50	47.06	42.60	1.18	5.73	2.71	13.95	2706.60	9.74
2005	37717.80	50.23	48.84	1.23	6.14	3.14	19.95	3386.40	8.98
2006	47353.60	50.72	51.86	1.26	6.64	3.36	21.45	3811.00	8.05
2007	59851.49	50.95	54.15	1.31	7.23	3.11	21.67	4549.00	7.60
2008	75405.36	50.70	57.89	1.33	8.33	3.82	13.35	4695.79	6.23
2009	94258.30	48.61	69.70	1.17	9.61	18.93	21.52	3983.55	4.23
2010	115299.87	47.76	71.74	1.17	10.97	4.52	12.28	4339.64	3.76
2011	129119.60	42.70	68.51	1.19	12.30	4.65	n/a	5061.99	3.92

注：工业投资率 = 工业投资/工业增加值；存量资本回报率 = 工业增加值/工业资本存量[①]；资本劳动比 = 工业资本存量/工业劳动总量；增量资本产出率（ICOR）= 当期工业投资/Δ工业增加值；工业资本积累率 = 当年所有者权益增长额/年初所有者权益；工业外商直接投资比率 = 工业外商和港澳台商直接投资企业的固定资产年均余额/工业投资；资产周转率 = 本期销售收入净额/本期资产总额平均余额，其中：本期资产总额平均余额 =（资产总额期初余额 + 资产总额期末余额）/2。

资料来源：历年《中国统计年鉴》、《中国劳动统计年鉴》。

　　总体而言，尽管"经济发展的核心事实是快速的资本积累"，但是综合考虑我国过去20多年中资本条件的变化，我们认为，一方面，高资本投入是我国过去20

---

　　① 工业资本存量：由于现有统计资料没有固定资本存量数据，因此本书在工业历年固定资本形成总额的基础上，运用永续盘存法进行处理；参照相关研究，折旧率设为5%，固定投资序列的平减指数参考《中国固定资产投资统计数典》中对应年份的固定资本投资平减指数。

多年工业发展最主要的驱动力量，但是，高投资也造成了工业的资本产出比持续走高、单位资本产出能力的削弱，使得产出效率有所降低，资本的低效状态表明工业增长对资本的依赖性趋于强化，可能会影响到工业增长的可持续性；另一方面，未来相当长的一段时期内，我们必须要改变以牺牲投资效率和增长质量为代价的扩张，通过优化投资导向、改善资本利用效率，减弱工业发展对资本投入的过度依赖，力争实现以较少的资本投入实现较高的产出增长，实现工业发展的转型。

（三）我国工业发展的技术变化和全要素生产率的变化分析

1. 我国工业发展的技术变化分析

改革开放以来，我国工业领域的技术进步投入不断增加，技术进步产出效果也初步显现。从技术进步的途径看，技术引进、技术开发和技术改造是我国产业技术进步的三条基本途径。自1991年以来的20多年间，无论是技术引进经费支出、消化吸收经费支出、购买国内技术经费支出，还是从技术改造经费支出、R&D 经费支出等指标都大幅提升，分别从1991年的90.2亿元、4.1亿元、3.7亿元、322.8亿元和58.6亿元大幅提升到2010年的386.1亿元、165.2亿元、221.4亿元、3638.5亿元和4015.4亿元，分别增长4.28倍、40.29倍、59.84倍、11.27倍和68.52倍。从反映自主创新投入指标的大中型工业企业的研发投入强度、R&D 项目数两项指标看，也分别从1991年的0.28%和2000年的46844项提升到2011年的0.60%和145589项[①]，分别增长了2.10倍和3.11倍；再从反映科技人员投入指标的 R&D 人员全时当量数看，也从1995年的28.2人年大幅提升到2010年的137人年，增长了4.86倍（见表9-4、表9-5和图9-13）。

表9-4　1991～2010年我国大中型工业企业的技术能力情况

年份	引进技术经费支出（亿元）	消化吸收经费支出（亿元）	消化吸收比	购买国内技术经费支出（亿元）	技术改造经费支出（亿元）	技术改造比	对外技术依存度	R&D 经费内部支出（亿元）
1991	90.2	4.1	0.05	3.7	322.8	3.44	0.61	58.6
1992	n/a	n/a	n/a	n/a	n/a	n/a	n/a	76.1
1993	159.2	6.2	0.04	4.7	622.2	3.80	0.63	95.2
1994	n/a	n/a	n/a	n/a	n/a	n/a	n/a	122.0
1995	360.9	13.1	0.04	25.5	1137.8	2.94	0.72	141.7

---

① 2010年数据。

年份	引进技术经费支出（亿元）	消化吸收经费支出（亿元）	消化吸收比	购买国内技术经费支出（亿元）	技术改造经费支出（亿元）	技术改造比	对外技术依存度	R&D经费内部支出（亿元）
1996	322.1	13.6	0.04	25.8	1249.9	3.59	0.67	160.5
1997	236.5	13.6	0.06	14.6	1102.4	4.39	0.56	188.3
1998	214.8	14.6	0.07	18.2	919.6	3.95	0.52	197.1
1999	207.5	18.1	0.09	13.8	845.6	3.82	0.45	249.9
2000	245.4	18.2	0.07	26.4	1132.6	4.17	0.41	353.4
2001	285.9	19.6	0.07	36.3	1264.8	3.93	0.39	442.3
2002	372.5	25.7	0.07	42.9	1492.1	3.59	0.40	560.2
2003	405.4	27.1	0.07	54.3	1896.4	4.13	0.36	720.8
2004	367.9	54.0	0.15	69.9	2588.5	5.91	0.28	954.5
2005	296.8	69.4	0.23	83.4	2792.9	7.35	0.19	1250.3
2006	320.4	81.9	0.26	87.4	3019.6	7.40	0.16	1630.2
2007	452.5	106.6	0.24	129.6	3650.0	6.27	0.18	2112.5
2008	440.4	106.4	0.24	166.2	4167.2	6.87	0.14	2681.3
2009	394.6	163.8	0.42	174.7	3671.4	6.45	0.11	3210.2
2010	386.1	165.2	0.43	221.4	3638.5	5.99	0.09	4015.4

注：消化吸收比＝消化吸收经费支出/引进技术经费支出；技术改造比＝技术改造经费/（购买国内经费支出＋引进技术经费支出）；对外技术依存度＝引进技术经费支出/（引进技术经费支出＋R&D经费内部支出）。

资料来源：历年《中国科技统计年鉴》。

表9-5 大中型工业企业的研发基本情况

年份	R&D经费支出		研发投入强度（%）	R&D项目数		R&D人员全时当量数	
	总量（亿元）	增速（%）		总量（项）	增速（%）	总量（人年）	增速（%）
1991	58.6	n/a	0.28	n/a	n/a	n/a	n/a
1992	76.1	29.86	0.29	n/a	n/a	n/a	n/a
1993	95.2	25.10	0.25	n/a	n/a	n/a	n/a

续表

年份	R&D 经费支出		研发投入强度（%）	R&D 项目数		R&D 人员全时当量数	
	总量（亿元）	增速（%）		总量（项）	增速（%）	总量（人年）	增速（%）
1994	122.0	28.15	0.29	n/a	n/a	n/a	n/a
1995	141.7	16.15	0.27	n/a	n/a	28.2	n/a
1996	160.5	13.27	0.28	n/a	n/a	33.8	19.86
1997	188.3	17.32	0.30	n/a	n/a	32.2	-4.73
1998	197.1	4.67	0.31	n/a	n/a	27.0	-16.15
1999	249.9	26.79	0.36	n/a	n/a	30.3	12.22
2000	353.4	41.42	0.42	46844	n/a	32.9	8.58
2001	442.3	25.16	0.47	51678	10.32	37.9	15.20
2002	560.2	26.66	0.51	57744	11.74	42.4	11.87
2003	720.8	28.67	0.50	64095	11.00	48.0	12.74
2004	954.5	32.42	0.48	67259	4.94	43.8	-8.37
2005	1250.3	30.99	0.50	70580	4.94	60.6	38.36
2006	1630.2	30.38	0.52	87207	23.56	69.6	14.85
2007	2112.5	29.59	0.53	92913	6.54	85.8	23.28
2008	2681.3	26.93	0.54	103234	11.11	101.4	18.18
2009	3210.2	19.73	0.59	133852	29.66	115.9	14.30
2010	4015.4	25.08	0.58	145589	8.77	137.0	18.21
2011	5030.7	25.29	0.60	n/a	n/a	n/a	n/a

注：投入强度 = R&D 经费内部支出/主营业务收入。

资料来源：历年《中国科技统计年鉴》。

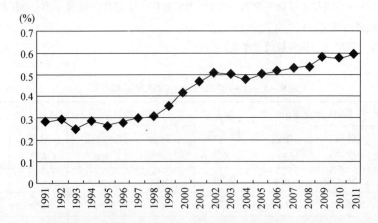

图 9-13 1991~2011 年大中型工业企业的研发投入强度

从技术进步的产出效果看，以自主创新最主要的成果形式——专利为例，2000～2010 年的 11 年间，我国无论是专利申请数、发明专利申请数，还是专利质量、有效发明专利数都有了明显提升，分别从 2000 年的 11819 件、2792 件、0.24 和 6394 件大幅提高到 2010 年的 198890 件、72523 件、0.36 和 113074 件，分别增长 16.83 倍、25.98 倍、1.54 倍和 17.68 倍（见表 9-6）。此外，从反映技术创新成果产业化以及国际经济和科技竞争制高点的高技术产业看，我国高技术产业规模不断提升，在工业中的份额也越来越大，高技术产业占工业的比重从 1995 年的 5.55%[①]提升到 2011 年的 10.75%[②]。

表 9-6 2000～2010 年我国大中型工业企业的专利情况

年份	专利申请数（件）			发明专利申请数（件）			专利质量			有效发明专利数（件）		
	总量	国有	外资	总量	国有	外资	总量	国有	外资	总量	国有	外资
2000	11819	n/a	n/a	2792	n/a	n/a	0.24	n/a	n/a	6394	n/a	n/a
2001	15338	2201	1142	3625	527	243	0.24	0.24	0.21	8088	1526	513
2002	21297	2681	2726	5770	661	1478	0.27	0.25	0.54	9388	1840	1118
2003	31382	3307	5332	9395	730	2759	0.30	0.22	0.52	15409	1715	2031
2004	42318	n/a	n/a	13908	n/a	n/a	0.33	n/a	n/a	17988	n/a	n/a
2005	55271	2900	8487	18292	961	3750	0.33	0.33	0.44	22971	2030	3591
2006	69009	4388	9183	25685	1488	3260	0.37	0.34	0.36	29176	2257	4984
2007	95905	5745	13460	36074	1921	5034	0.38	0.33	0.37	43652	3077	7899
2008	122076	9427	17705	43773	2951	5934	0.36	0.31	0.34	55723	3757	9679
2009	166762	12108	27339	63011	4263	11362	0.38	0.35	0.42	81592	5732	13523
2010	198890	14731	34193	72523	5280	15369	0.36	0.36	0.45	113074	7067	18443

注：专利质量＝发明专利申请数/专利申请数。

资料来源：历年《中国科技统计年鉴》。

应该说，改革开放后，我们通过加大技术引进、自主创新的方式，工业领域的技术进步取得了不小成绩，自主创新能力也不断提升，带动了工业的快速发展。

2. 我国工业发展的全要素生产率分析

全要素生产率（Total Factor Productivity，TFP）是分析产业增长源泉、衡量技术进步的重要指标，是指产出增长率超过要素投入增长率的部分，是除去劳动力、资本等要素投入后的"余值"，对科学评价工业的发展具有重要意义。全要素生产

---

① 此处用的是高技术产业增加值占工业增加值比重。
② 此处用的是高技术产业产值占规模以上工业产值比重。

率可以分解为两个相互独立又完全互补的部分：技术因素和非技术因素。其中，技术进步主要反映科学发现、创造发明和技术扩散等纯技术因素带来的生产效率的提升。非技术因素的改变通常来自生产组织形式的改变、先进管理方法的引进、结构优化等方面的改善。

目前，测算全要素生产率的方法主要包括四类：一是指数分析法，在严格假设下利用有限数据测算全要素生产率的变化量；二是索洛余值法，用扣除经济增长各主要投入要素贡献后的余值估算全要素生产率；三是数据包络分析（Data Envelopment Analysis，DEA），运用线性规划方法构建观测数据的非参数前沿，并根据这一前沿计算全要素生产率；四是随机前沿分析（Stochastic Frontier Analysis，SFA），根据生产函数计量方程中误差项的分布假设来估计前沿生产函数，进而计算全要素生产率。其中，第一种方法相对简单，只能为研究者提供对全要素生产率的初步认识。第二种方法应用非常广泛，同时也取得了许多丰富的研究成果，然而缺陷也十分明显，主要问题在于，一是假设技术变动是希克斯中性的，技术进步是外生的；二是假设规模报酬不变；三是无法剔除测算误差的影响，从而将所有残差均归因于TFP 的增长。针对指数分析法、索洛余值法两种方法的缺陷，即均假定厂商或产业是完全有效的，其生产位于生产可能性边界上，但一般而言，现实中的生产往往位于边界之下；研究者放松了生产有效假设，转而分解全要素生产率的组成部分，研究导致全要素生产率增长的因素。这样处理的前提是要估计生产前沿，解决这一问题有两类主要方法，非参数的数据包络分析方法和参数化的随机前沿分析。这两类方法的共同点是，都通过构造生产前沿的基础度量技术效率，不假设厂商有效，不要求价格信息，不需设定行为目标，度量出的技术效率是相对效率，其效率值在样本内部具有很强的可比性，但在不同样本间计算出的效率值可比性不强。但它们在构造生产前沿的方法、计算结果的稳定性等方面有明显差异。其中，DEA 方法是把样本观测值与生产前沿的偏差都视为无效率的结果，完全忽略测度误差，这样处理的最大好处是不需要任何生产行为假设，即不需要具体函数形式或误差分布的假设，适用性强；但问题在于 DEA 分析实际上是确定性前沿分析，没有把测量误差和其他扰动来源考虑进去，从而导致测算偏误；同时，在规划求解过程中，可能会出现多个最优解的问题，给分析带来麻烦。随机前沿分析则引入了表示统计扰动的随机误差项来解决这个问题，同时还能够进行一些额外的模拟计算。总体而言，随机生产前沿分析在测度与分解全要素生产率时相对更加有效，当然为保证随机前沿生产函数参数估计的有效性，样本数量应尽可能多。当随机生产前沿应用于面板数据时，研究者还能够放松误差项分布的强假设，获得技术效率的一致性预测，并且能够研究技术效率如何随时间变动。

（1）全要素生产率对经济增长贡献率的测算。采用索洛余值法对我国全要素生产率对经济增长贡献率进行测算。基本思路是估算出总量生产函数后，采用产出增长率扣除各投入要素增长率后的残差来测算全要素生产率增长，故也称生产函数法。在规模收益不变和希克斯中性技术假设下，全要素生产率增长就等于技术进步率。常采用两要素（资本和劳动力）的 C - D 生产函数：

$$Y_t = AK_t^a L_t^b \qquad (9-1)$$

式中，Y_t 为现实产出；L_t 为劳动投入；K_t 为资本存量；a、b 分别为平均资本产出份额和平均劳动力产出份额。两边同时取自然对数有：

$$\ln(Y_t) = \ln(A) + a\ln(K_t) + b\ln(L_t) + \varepsilon_t \qquad (9-2)$$

ε_t 为误差项，通常假设 $a + b = 1$，即规模收益不变，则有回归方程：

$$\ln(Y_t/L_t) = \ln(A) + a\ln(K_t/L_t) + \varepsilon_t \qquad (9-3)$$

从计量设定角度，误差项 ε_t 可能包含明显的线性时间趋势项，难以满足经典 OLS 假设，因此令 $\varepsilon_t = \delta t + \tau$，并假设 ε_t 服从经典假设，对上面的计量方程可以使用 OLS，则有二元一次回归方程：

$$\ln(Y_t/L_t) = \ln(A) + a\ln(K_t/L_t) + \delta t + \tau \qquad (9-4)$$

本书选择中国工业增加值作为全要素产出指标。全部工业增加值数据来自《中国统计年鉴》(2012)，并按照工业产品出厂价格指数统一处理换算成 1990 年的可比价工业增加值。工业资本存量以固定资产净值来代替，并按固定资产价格指数进行换算。考虑到统计资料的易得性和可靠性，从中国目前的现实情况出发，本书采用全部从业人员年平均人数来衡量劳动投入。本书采用 SPSS16.0 对数据进行了处理，模型估计结果较好。

通过测算发现，从 1991~2011 年的 20 余年，我国工业全要素生产率的增长率均值达 5.4%，贡献率为 43.2%。分阶段看，1991~1995 年，全要素生产率的增长率均值为 10.3%，贡献率为 55.6%；1996~2000 年，全要素生产率的增长率均值为 6.4%，贡献率为 63.0%；2001~2005 年，全要素生产率的增长率均值为 3.9%，贡献率为 36.1%；2006~2011 年，全要素生产率的增长率均值为 2.4%，贡献率为 20.8%。应该说，分阶段看，20 世纪 90 年代全要素生产率的贡献对工业增长贡献相对较大，但 21 世纪以来，全要素生产率的贡献对工业增长贡献日益变小。特别是 2006 年以来，我国工业全要素生产率的增长率下降到 3% 以下，贡献率也降到 20% 强，反映出技术进步和效率的提升对我国工业增长贡献日益变小的态势。与此同时，资本贡献率明显高于其他要素的贡献，20 多年来我国工业的资本贡献率均值为 52.0%；分阶段看，1991~1995 年、1996~2000 年、2001~2005 年、2006~2011 年，资本贡献率的均值分别为 38.9%、53.0%、53.8% 和 63.6%，呈明显上升的态势（见表 9-7 和图 9-11）。

（2）全要素生产率增长中技术变化和效率变化的贡献份额。为进一步考察工业全要素增长的源泉，拟利用面板数据，选择随机生产前沿分析方法估计我国工业部门全要素生产率的变化，并将其测算结果分解为技术效率变化和技术变化，然后根据技术变化率来测算技术进步对经济增长的贡献率。具体而言，首先需设定并估计随机前沿生产函数。随机前沿生产模型不仅要考虑前沿技术进步，还必须考虑前沿技术进步与投入要素对生产率的交互效应，以及投入要素之间的替代效应。因此，我们选用对数形式的时变（Time - varying）技术效率随机前沿生产模型：

表9-7 1991~2011年全要素生产率的增速及对工业的贡献率　　单位:%

年份区间		工业增长率	资本增长率	劳动力增长率	全要素生产率增长率	资本贡献率	劳动力贡献率	全要素生产率贡献率
以5年为一阶段	1991~1995	18.5	12.0	2.5	10.3	38.9	5.5	55.6
	1996~2000	10.2	9.0	-4.1	6.4	53.0	-16.0	63.0
	2001~2005	10.9	9.8	2.7	3.9	53.8	10.1	36.1
	2006~2011	11.5	12.2	4.5	2.4	63.6	15.6	20.8
以10年为一阶段	1991~2000	13.8	10.3	-1.2	8.1	44.8	-3.5	58.6
	2001~2011	11.2	11.1	3.7	3.1	59.2	13.2	27.6
1991~2011		12.4	10.7	1.5	5.4	52.0	4.7	43.2

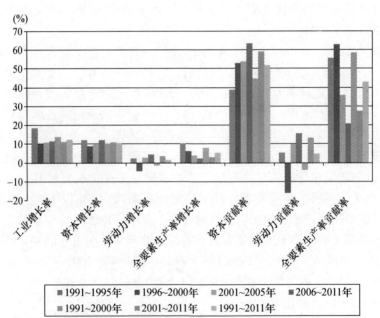

图9-14 1991~2011年工业的资本、劳动力、TFP和增加值增速变化

$$\ln Y_{it} = \beta_0 + \beta_K \ln K_{it} + \beta_L \ln L_{it} + \beta_T t + \frac{1}{2}\beta_{KK}(\ln K_{it})^2 + \beta_{KL} \times \ln K_{it} \times \ln L_{it} +$$

$$\beta_{KT} \ln K_{it} \times t + \frac{1}{2}\beta_{LL}(\ln L_{it})^2 + \beta_{LT} \ln L_{it} \times t + \frac{1}{2}\beta_{TT}t^2 + v_{it} - u_{it}$$

$$t = 1,2,\cdots,T$$

(9-5)

式中，Y_{it} 为实际产出；β 为回归系数；时间趋势变量 $t=1$，2，$\cdots$，T，反映技术变化；K 为资本存量和 L 为从业人员；v_{it} 为随机误差，$v_{it} \sim (0, \sigma_v^2)$；$u_{it}$ 为生产无效率项，按照 Battese 和 Coelli（1992）设定的随机前沿模型，假定 $u_{it}=u_i\exp[-\eta(t-T)]$，这里，假定 u_{it} 的分布服从非负断尾正态分布，即 $u_{it} \sim N + (u_{it}, \sigma_t^2)$，$\eta$ 为技术效率指数的变化率。其中技术进步是控制了要素投入之后技术前沿随时间的推移而变化的速率，即：

$$TP_{it} = \frac{\partial \ln Y_{it}}{\partial_t} = \beta_t + \beta_u t + \beta_{lt}\ln L_{it} + \beta_{kt}\ln K_{it} \tag{9-6}$$

技术效率水平的测算公式为：

$$TE_{it} = \exp(-u_{it}) \tag{9-7}$$

根据 Malmquist 全要素生产率指数的定义，它等于技术效率变化指数和技术变化指数的乘积，即：

$$TFP_{it} = \frac{TE_t}{TE_{t-1}}\exp\left[1/2(TP_{it} + TP_{it-1})\right] \tag{9-8}$$

该模型加入时间趋势 t 与投入要素之间的交叉项，表明该设定体现了非中性的技术变化。全部数据来自《中国工业经济统计年鉴》（2003～2012）。分行业工业增加值按照分行业工业品出厂价格指数统一换算成 2002 年可比价工业增加值。其中，2004 年分行业工业增加值数据根据 2002 年和 2003 年两年平均工业增加值率计算获得。2008～2011 年分行业工业增加值数据根据 2005 年、2006 年、2007 年三年平均工业增加值率计算获得。分行业资本存量数据以各行业可比价固定资产净值代替。分行业劳动投入采用全部从业人员年平均人数度量。

确定全要素生产率增长中技术变化和效率变化[①] 的贡献份额有助于政府选择政策重点，因为前者主要来自创新，需要制定鼓励 R&D 投入的政策并创造良好的创新环境；而后者则可以来自学习和模仿，需要加强技术扩散机制的建设。通过测算发现，2003～2011 年，工业发展的全要素生产率呈现明显的下降态势。其中，效率变化幅度不大，而技术变化总体上呈下降趋势。从构成看，工业发展的全要素生产率增长主要依赖技术变化的增长，同时，效率变化则基本稳定。即全要素生产率的增长主要依靠技术进步，而不是来自效率的改善；只有技术进步增长较快时，全要素生产率才相应快速增长。因此，我国工业发展中表示技术因素的技术进步贡献相对较大，而表示非技术因素的技术效率的贡献相对较小（见表9-8、图9-15和图9-16）。从政策含义上说，工业部门对新技术的利用程度较低，远未达到最优的生产可能性边界；今后我国工业发展在大力推动生产技术创新的同时，更要重视全要

---

① 效率变化最初由 Farrell 提出，是指在给定一组投入要素不变的情况下一个企业的实际产出同一个假设同样投入情况下的最大产出之比，而这个差距就是技术非效率。效率变化可以分解为技术效率（Tech）和规模效率（Sech），其中，技术效率反映生产领域中技术更新速度的快慢和技术推广的有效程度，规模效率的变化反映投入增长对总要素生产率变化的影响。

素生产率中非技术因素的作用，即必须加强企业对新技术的吸收和利用程度，加速技术转移速度以更有效地提高生产率。

表 9 - 8　2003 ~ 2011 年的工业全要素增长率变化

年份	技术效率	技术进步	TFP	技术进步对 TFP 贡献（%）	技术效率对 TFP 贡献（%）	技术进步对工业增长贡献（%）	技术效率对工业增长贡献（%）
2003	1.0010	1.07093	0.0720	90.5	9.5	24.9	2.6
2004	1.0001	1.06366	0.0638	91.4	8.6	16.7	1.6
2005	0.9999	1.05633	0.0562	91.3	8.7	36.2	3.5
2006	0.9999	1.04855	0.0484	89.8	10.2	19.4	2.2
2007	1.0001	1.04075	0.0409	89.0	11.0	14.5	1.8
2008	0.9999	1.03354	0.0334	88.6	11.4	17.0	2.2
2009	1.0000	1.02588	0.0259	83.0	17.0	16.8	3.4
2010	1.0001	1.01806	0.0182	78.8	21.2	6.6	1.8
2011	1.0001	1.01158	0.0117	74.5	25.5	6.1	2.1

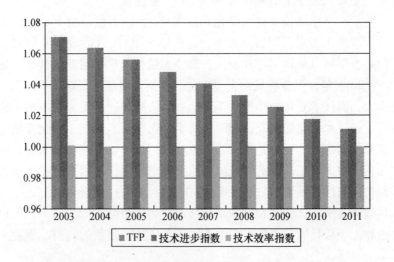

图 9 - 15　2003 ~ 2011 年工业发展的技术效率变化和技术进步变化

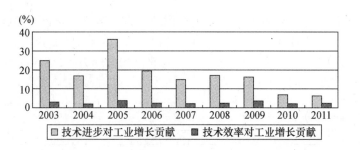

图9-16　2003~2011年技术进步、技术效率对工业增长的贡献

总体而言，从增长因素的分解看，过去20余年，我国工业增长呈现出明显的资本驱动型增长模式，而非全要素驱动型增长模式。特别是近十年来，全要素生产率（TFP）增速明显下降，而资本对工业增长的贡献达到最高水平。这说明，政府为中心的资源配置方式在动员要素投入方面富有成效，然而却抑制了创新活动，从而造成经济效率的下降。因此，未来实现工业发展转型必须要突破依靠加大资本、劳动力等要素投入的传统规模扩张型的发展模式，要转型为强调依靠技术进步、管理优化、效率提升等非物质要素以提高全要素生产率的发展模式。

二、要素条件与工业发展的匹配关系分析

从改革开放后工业发展的经验看，抓产出、保增长的经济目标一直延续到21世纪，增长长期被放在政策取向的优先位置。应该说，这一目标虽有其历史合理性，但是，在我国工业总量规模不断提升的背景下，我国工业发展中的一些长期问题、供给问题逐步凸显。当前我国工业发展面临的很多困难、困扰或困境，其背后反映的主要是劳动力供给拐点、高资本投入难以持续、技术进步贡献率低等要素问题。

（一）劳动力市场面临"招工难"与"就业难"的双难局面

一方面，通过我国劳动年龄人口（15~64岁）的变化趋势（见图9-17），我们认为，未来几年，我国的劳动供求关系将发生根本性变化。尽管目前劳动年龄人口总量仍在增长，但每年的增加量正在减少，劳动年龄人口的增速正在逐步下降。预计到2015年，我国劳动年龄人口将停止增长并随后转为负增长，传统意义上的人口红利就此消失。这个人口转变是伴随经济增长和社会发展必然发生的，是不可以逆转的，甚至不能指望以生育政策的调整来改变它。可以说，2004年以来，沿海经济发达地区时常出现的"招工难"、"用工荒"的现象正是这一变化趋势的初步体现。许多严肃的证据都表明，在大规模进行部门转移和区域流动之后，农业中剩余劳动力的数量和比例，已经迥然不同于20世纪80年代和90年代。随着2004年以来"民工荒"现象反复在全国范围出现，普通劳动者工资的持续上涨，"刘易斯转折点"到来的证据愈益充分。而"刘易斯转折点"只是意味着工资不变而劳动力无限供给的

时代结束了，但不意味着资源重新配置过程的结束。毕竟，与相同发展阶段国家相比，我国农业劳动力比重至少还高出 10 个百分点。并且，随着户籍制度改革深入、产业向中西部转移，在农业和非农产业之间重新配置劳动力的效率仍有潜力。

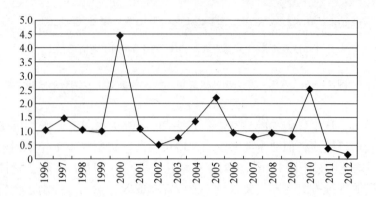

图 9-17　1996~2012 年的劳动年龄（15~64 岁）人口增速变化趋势

另一方面，在"刘易斯转折点"到来之际，本应意味着劳动力市场供求的总量趋于平衡，但高校毕业生的就业却越来越困难。智联招聘发布的"2013 高校应届毕业生就业形势报告"称，上海平均每 101 人竞争 1 个岗位，而 2012 年为 69 人。这一数字在北京为 96 人，广州为 115 人，深圳为 109 人，苏州为 102 人。这种趋势会在未来几年内持续甚至有所加剧，从而导致中国城镇失业率的上升。同时，2013年，据调查显示，1/3 的企业称很难找到高技能员工，61% 的企业将此归因于应届毕业生缺乏基本的职场技能。而根据麦肯锡的最新研究结果，2020 年，中国将需要2400 万受过高等教育和先进技术教育的高技能劳动力。

应该说，"招工难"与"就业难"的"双难"局面，表明我国劳动力人口的需求和供给出现了严重错位的局面。具体体现为产业结构与人才结构出现整体性错位，大学生就业市场，供需双方出现意愿性错位，互联网环境下成长的 90 后梦想与现实之间的错位，经济疲软带来更多急功近利、企业更愿意使用有经验人士等层面。我们认为，造成这一"双难"局面的核心关键可能在于，"第一次人口红利"的逐步消逝以及"第二次人口红利"的有待发掘。我们最应该避免的，是不顾所有人的警告，仍然生活在"中国人口太多"的心态里，错过了为"人口负利"时代到来做好准备的最后机会。

（二）投资拉动增长模式面临产能过剩、效率下滑、资本约束等问题

中国经济发展模式在很大程度上是对日本和韩国等的模仿与放大，它们在经济转型期投资结构升级的经验教训对中国有很强的借鉴意义。从中国台湾和韩国的发展经验看，在经济发展过程中，制造业投资占总投资比例并未显著下降，仍维持在1/3（中国台湾）甚至 1/2（韩国）。同时，根据国研网宏观经济研究部的分析，通过对我国 1999～2010 年 36 个工业行业截面数据的估计，中国工业行业属于风险偏好者，即在需求不确定性加大的情况下，工业行业会采用更高的资本—劳动力比率进行运营。因此，我们有理由认为，未来相当长的一段时间内，我国工业行业处于资本深化的进程中，工业投资仍将是拉动我国工业增长的重要力量之一。

虽然工业投资对我国工业的健康发展、竞争力提升具有重要意义，但是，投资之所以有利于增长，是因为投资能够合理地将人、机器设备、市场环境等结合在一起，提升整体的合理性与技术水平，从而推升生产可能性边界。当前，由于投融资体系改革滞后，过多的信贷资源流向低效率的地方政府与国营企业，导致中国存在着庞大的无效投资与过剩产能。如中国钢铁产能超过全球其他国家总和，过剩产能率超过 30%；中国造船行业目前有 1/3 的造船厂处于停工半停工状态，另外的 1/3 也缺乏充足订单。其他如电解铝、平板玻璃、太阳能、风电、家用电器、化工、LED 照明、水泥等行业都处于严重的产能过剩状态。整体而言，中国经济过剩产能率从 20 世纪 80 年代个位数水平直线飙升，目前超过 31%，达到 1997 年韩国金融危机或 1989 年日本金融危机前的水平。

同时，从反映投资效率的比较投资产出率[①]、投资效果系数[②]看，一方面，工业领域的比较投资产出率自 2003 年以来一直小于 1（见图 9－18）；另一方面，工业领域的投资效果系数从 1996 年的 0.50 下降到 2011 年的 0.21，特别是 2003 年后几乎成单边下降态势。鉴于过去 10 年中，工业投资增速持续超过 20%，部分年份（2003 年）的投资增速甚至达到 40% 以上，在工业投资规模日益增加的背景下，投资效率的逐步下降不仅将会加大提升工业发展质量的难度，更会增加工业可持续发展的难度（见图 9－19 和表 9－9）。根据日本、中国台湾和韩国的经验，未来制造业投资将集中于推动质量提升，数量规模扩张将放缓。

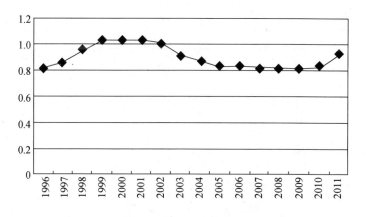

图 9－18　1996～2011 年投资产出率变化趋势

---

① 比较投资产出率反映工业相对于国民经济其他产业的投资产出效率。

② 投资效果系数指工业增加值增量占当年工业固定资产投资额之比。

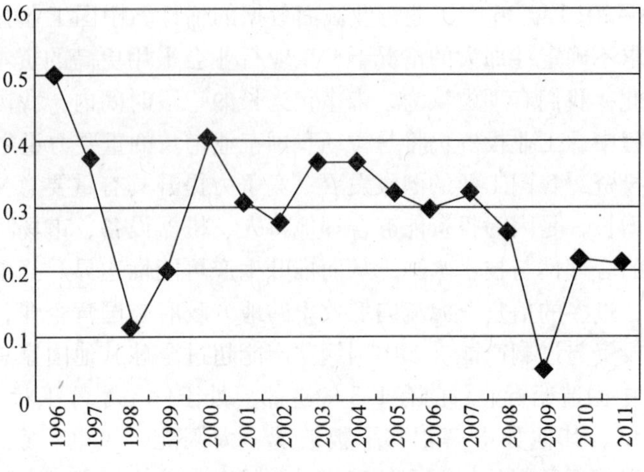

图 9 - 19 1996 ~ 2011 年工业领域投资效果系数变化趋势

表 9 - 9 1996 ~ 2011 年工业投资效率变化

年份	工业投资占城镇固定资产投资比重（%）	工业增加值占 GDP 比重（%）	比较投资产出率	工业投资增速（%）	工业增加值增速（%）	投资边际效率	投资效果系数
1996	50. 84	41. 37	0. 81	43. 79	18. 02	0. 41	0. 50
1997	48. 74	41. 69	0. 86	4. 40	11. 80	2. 68	0. 37
1998	42. 00	40. 31	0. 96	0. 97	3. 33	3. 45	0. 12
1999	38. 75	39. 99	1. 03	- 2. 66	5. 42	- 2. 04	0. 20
2000	39. 11	40. 35	1. 03	11. 53	11. 63	1. 01	0. 41
2001	38. 48	39. 74	1. 03	12. 57	8. 86	0. 71	0. 31
2002	39. 35	39. 42	1. 00	20. 97	8. 84	0. 42	0. 28
2003	44. 59	40. 45	0. 91	46. 27	15. 84	0. 34	0. 37
2004	47. 06	40. 79	0. 87	35. 98	18. 68	0. 52	0. 37
2005	50. 23	41. 76	0. 83	35. 79	18. 43	0. 52	0. 32
2006	50. 72	42. 21	0. 83	25. 55	18. 23	0. 71	0. 30
2007	50. 95	41. 58	0. 82	26. 39	21. 05	0. 80	0. 32
2008	50. 70	41. 48	0. 82	25. 99	17. 85	0. 69	0. 26
2009	48. 61	39. 67	0. 82	25. 00	3. 82	0. 15	0. 05
2010	47. 76	40. 03	0. 84	22. 32	18. 84	0. 84	0. 22
2011	42. 70	39. 84	0. 93	11. 99	17. 26	1. 44	0. 21

注：比较投资产出率 =（工业增加值/GDP）/（工业投资占城镇固定资产投资的比重）；投资边际效率 = 工业增加值增长率/工业投资增长率；投资效果系数 = Δ 工业增加值/当期工业投资。

　　此外，尽管我国正处于投资密集型的高速增长时期，这意味着工业企业的杠杆率相对会更高一些，而且我国工业领域的资产负债率从 1994 年的 66.66% 下降到 2011 年的 58.10%（见表 9 - 10、图 9 - 20 和图 9 - 21）。但是，一方面资产负债率仍处于适宜水平（40%～60%）的上限，且负债占工业增加值比重一直处在 200% 附近，2009～2011 年更是达到近十年的高点；另一方面，2006 年以来，资产负债率已经初步显现出缓步向上的拐点迹象，且全部规模以上工业企业负债总额的增速一直保持在 15%～25%。总体而言，对于债务某种程度上的依赖是维持我国工业快速增长的重要因素之一。随着外界对我国工业领域债务问题的日益担忧，以及近期和未来可预期的较长一段时间内，全球资金从新兴市场陆续撤出而重新回流美国，我国工业企业可能会遇到利率和资本流动急剧逆转的压力考验，继续依靠银行贷款、

表 9 - 10　1994～2011 年全部规模以上工业企业资产、负债相关指标

年份	负债		资产		负债占工业增加值比重（%）	资产负债率（%）
	总额（亿元）	增速（%）	总额（亿元）	增速（%）		
1994	41718.53	n/a	62583.08	n/a	214.15	66.66
1995	51390.01	23.18	79234.00	26.61	205.97	64.86
1996	58265.06	13.38	90016.00	13.61	197.86	64.73
1997	66140.20	13.52	103400.00	14.87	200.90	63.97
1998	69363.79	4.87	108821.90	5.24	203.90	63.74
1999	72322.98	4.27	116968.90	7.49	201.67	61.83
2000	76743.84	6.11	126211.20	7.90	191.70	60.81
2001	79843.42	4.04	135402.50	7.28	183.21	58.97
2002	85857.42	7.53	146217.80	7.99	181.01	58.72
2003	99527.97	15.92	168807.70	15.45	181.14	58.96
2004	124847.41	25.44	215358.00	27.58	191.45	59.17
2005	141509.84	13.35	244784.30	13.66	183.23	57.81
2006	167322.23	18.24	291214.50	18.97	183.24	57.46
2007	202913.68	21.27	353037.40	21.23	183.57	57.48
2008	248899.38	22.66	431306.00	22.17	191.08	57.71
2009	285732.81	14.80	493692.90	14.46	211.28	57.88
2010	340396.39	19.13	592881.90	20.09	211.79	57.41
2011	392644.64	15.35	675796.90	13.99	208.33	58.10

债券发行等手段拉动投资并维持工业快速增长的可能性会下降。而且过去的 100 年里，任何一个长期依靠投资维持经济增长奇迹的国家最终都陷入了债务危机，或者陷入经济缓慢增长的失落的十年，或者两者兼而有之。

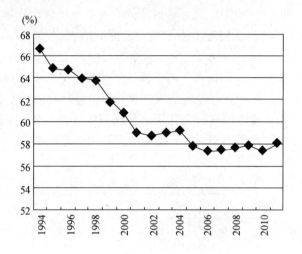

图 9 – 20　1994～2011 年资产负债率变化趋势

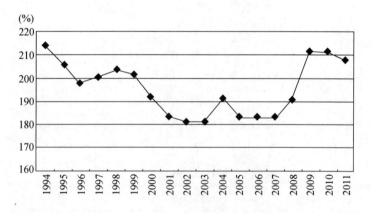

图 9 – 21　1994～2011 年全部规模以上工业企业负债占工业增加值比重

毫无疑问，严重威胁投资收益率的资本形成体制以及金融制度将是中国经济未来高速增长的严重制约因素。它们的存在及其作用也使得中国维持一贯高速增长的代价变得越来越大，因为在目前体制下，大量无效率的资本一旦形成，就会进一步强化金融资源的无效分配，而在短期，对投资的鼓励甚至有可能进一步加强长期制约因素的形成，这些问题都将对增长的持续性产生负面的影响。

（三）以技术引进为主的技术进步模式拖累工业转型升级

改革开放后，我国与发达国家之间存在着巨大的技术差距，通过国际技术贸易并采用许可证交易（Licensing）、产品贸易和包建工程以及合作生产或灵活贸易

（如来料加工及装配业务、补偿贸易、合资经营等）等技术引进方式，不仅加速了我国的技术进步，而且也带动经济社会快速发展；但也必须清醒地看到，当前我国产业结构升级缓慢、产品国际竞争力不强、部分行业固化在产业链低端等困境都与我国当前以技术引进为主的技术进步模式有关。

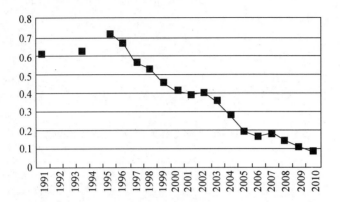

图 9 - 22　1991 ~ 2010 年大中型工业企业的对外技术依存度

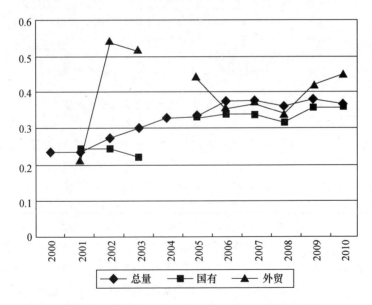

图 9 - 23　2000 ~ 2010 年大中型工业企业专利质量

　　尽管改革开放以来，我国大中型工业企业的对外技术依存度和专利质量均有所提升，而且大中型工业企业日益重视技术引进后的消化、吸收、改进，消化吸收比、技术改造比均明显提升（见图 9 - 22 至图 9 - 25），但与日本的高技术引进研究费率①相比则差距不小。据估计，日本的钢铁工业在 1957 ~ 1961 年，技术引进研

――――――――――

①　即引进技术投入一单位费用，在研究再开发所消耗的费用。

究费率约为1:3，60年代中期，机电行业研究费的16.9%用于引进，68.1%用于引进技术的改进，电子工业研究费的24.4%用于引进，48.1%用于引进技术的改进。

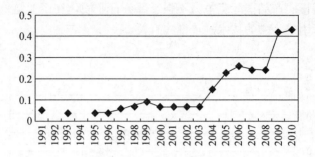

图9-24　1991~2010年大中型工业企业的消化吸收比

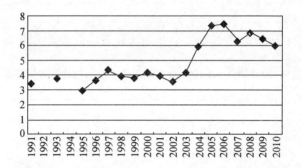

图9-25　1991~2010年大中型工业企业的技术改造比

　　我国以技术引进为主的技术进步模式特点以及当前要素全球配置、模块化生产分工格局、内外资企业竞争日益激烈等国际国内环境，共同决定了我国工业转型升级面临着诸多挑战。一是难以获得有价值的核心技术，容易受制于人。技术先发国家一方面出于获取独占利润的经济利益考量，另一方面出于国家安全、外交政策等政治利益考量，一般倾向对本国的高技术产品采取技术垄断和技术封锁等措施予以限制出口。如美国现行的出口管制体系，主要基于1979年的《出口管理法》（EAA），有两份不同的管制清单，分别由国防部依据《国际武器交易规则》（ITAR）和商务部依据《出口管理条例》（EAR）实施管理。美国政府于2010年12月9日公布了四个出口管制新规的草案，涉及管制清单和许可证政策相关内容，主要包括美国商务部拟定的《出口管制现代化：战略贸易许可例外授权》、《商业控制清单：物项描述及外国可获得性修改》和美国国务院拟定的《对〈美国军品清单〉的修订》、《对〈国际武器贸易管理条例〉的修改》。2011年6月16日，美国商务部在前面草案的基础上继续公布了《战略贸易许可例外规定》。欧盟则基于国家安全、国际条约义务、国家政策需要以及促进贸易四个方面的考虑实施出口管制，2000年6月，欧盟理事会通过1334号法令，1334号法令共8章22条，规定了出口控制的范围，主管部门，控制物项的变更、海关程序，行政合作和控制措施等。此外，1996 年成立的《瓦森纳协定》(The Wassenaar Arrangement)（全称是《关于常规武器和两用物品及技术出口控制的瓦森纳安排》，The Wassenaar Arrangement on Export Controls for Conventional Arms and Dual – Use Good and Technologies)，作为世界主要的工业设备和武器制造国旨在控制常规武器和高新技术贸易的国际性组织包含两份控制清单：一份是武器控制清单，涵盖各类武器弹药、作战平台及其相关部件、设备、材料和技术，共 22 类；另一份是涵盖多数高科技成果的所谓"军民两用"技术清单，涵盖先进材料、材料处理、电子、计算机、电信、信息安全、传感与激光、导航与航空电子仪器、船舶与海事设备、推进系统等类。二是部分产业陷入"技术引进陷阱"，对发达国家、跨国公司产生技术依赖。由于我国"重引进、轻吸收"，出现了我国不断从发达国家、跨国公司引进先进技术，而部分行业的技术水平与发达国家、跨国公司的技术差距不仅没有缩小，有的甚至还出现了扩大的局面，陷入了"引进—落后—再引进—再落后"以及"技术能力弱—依赖—越依赖技术能力越弱"的"技术引进陷阱"。此外，由于技术发展具有路径依赖性[①]，这就导致我国对引进技术产生依赖性，被动跟随发达国家、跨国公司的技术变化，从而抑制了我国自主技术研究和开发能力的提升。三是本土企业技术开发动力受挫。长期以来，我国以税收优惠为主的超国民待遇政策让外商投资企业相对本土企业在市场竞争中具有先天优势，使得大部分本土企业，特别是中小企业仅限于维持生存的初级阶段，因此，本土企业往往将关注重点放在提高生产能力方面，以此快速获取市场回报；而缺乏对支撑企业长期发展的新技术开发的长久规划。此外，我国部分行业的市场结构并不完善，表现为产业组织或企业规模结构不合理导致的市场集中度过低，规模经济效益较差，同一产业的企业产品差别化程度较低，企业进退壁垒较高等，这种市场结构更有助于企业的寻租行为，而非企业需长期投入的技术开发活动。

应该说，"我们只有掌握产业发展中的核心技术，才能在国际经济竞争中居于主导地位，控制产业链中的分工和利润分配，有更大的自主权决定产品推出和淘汰的时间表，获得高于行业平均水平的超额利润。如果中国也能出现若干个像通用汽车、IBM、摩托罗拉、英特尔、微软那样的企业，进而形成以中国企业为主的产业链，就能极大地提高中国企业的经济增加值，为国民经济的持续健康发展提供新的拉动力量"。

（四）一个值得探讨的问题：国有及国有控股工业企业与工业的长期可持续性发展的匹配关系

从所有制工业经济效益指标的变动看，资金利税率、劳动生产率、产值利税率等指标，各所有制工业的效益水平自 21 世纪以来，都呈现上升态势，特别是国有及国有控股工业的经济效益指标要优于其他类型工业（见表 9 – 11）。

---

① 所谓路径依赖，是指技术发展或制度变迁受到其初始选择的影响和制约，人们一旦确定了某种选择，就会对这种选择产生依赖性，这种选择本身也具有发展的惯性，具有自我加强的放大效应，从而不断强化这种初始选择。

表 9-11 2001~2011 年规模以上工业经济效益水平（按所有制类型分）

年份	2001	2002	2003	2004	2005	2006	2007	2008	2009	2010	2011
资金利税率（%）											
全部规模以上工业	9.01	9.67	10.99	9.28	12.91	14.02	15.59	15.41	15.16	17.68	18.03
国有工业及国有控股	9.27	9.91	12.03	11.59	17.16	20.09	22.97	21.10	20.70	25.28	23.98
其他类型工业	8.66	9.40	10.01	7.71	10.48	11.04	12.46	13.36	13.17	15.13	15.93
劳动生产率（万元/人）											
全部规模以上工业	5.21	5.98	7.30	8.28	10.47	12.38	14.86	14.74	15.31	16.84	20.56
国有工业及国有控股	5.48	6.57	8.71	11.76	14.50	18.06	22.93	n/a	n/a	n/a	n/a
其他类型工业	4.94	5.51	6.46	6.80	8.96	10.53	12.57	n/a	n/a	n/a	n/a
产值利税率（%）											
全部规模以上工业	10.80	10.85	11.16	8.25	10.46	10.73	11.25	10.75	11.13	12.41	11.89
国有工业及国有控股	14.26	14.64	15.82	12.02	15.21	16.20	16.70	13.70	15.00	16.74	15.80
其他类型工业	8.03	8.24	8.35	6.24	8.09	8.24	8.96	9.58	9.72	10.84	10.50

对这一结果的合理解释应该包括两方面：一是经过多年改革，国有及国有控股工业的绩效通过微观激励和企业内部治理机制的完善而效率有所提升，且国有及国有控股工业企业在"抓大放小"策略下正日益集中于特定领域并获得规模优势；二是我国国有企业在资源类等基础性行业占据绝对主导地位，并且能凭借其强大的政治优势和资源优势，通过垄断定价、垄断地位获得更高的产品毛利率，并快速地进行资本积累和自我扩张。如中央企业82.8%的资产集中在石油石化、电力、国防、通信、运输、矿业、冶金、机械行业，承担着我国几乎全部的原油、天然气和乙烯生产，发电量约占全国的55%，汽车产量占全国的48%，生产队高附加值钢材约占全国的60%，生产的水电设备占全国的70%，火电设备占75%。在国民经济重要行业和关键领域的中央企业户数占全部中央企业的25%，资产总额占75%，实现利润占到80%。同时，天则经济研究所的报告显示，国有企业表现出来的绩效并非其真实绩效，是国有企业在享受着种种政策优惠，和民营企业在不平等的经营环境下所体现出的绩效。这种不平等主要体现在资源租金、融资成本以及政府财政补贴等方面。因此，对于国有及国有控股工业经济效益指标较佳的结果需要给出一个全面和正确的评价。不能因为国有及国有控股工业经济效益指标较佳，就盲目地认为应该通过更趋向于国有及国有控股工业的资本配置以推进工业的集约化增长。

我们认为，一方面，追求政绩而不是利润的国营企业难以选择并运营具有经济合理性的投资项目，无论是资产规模还是营业总额的规模往往偏大，但经济效率却往往劣于民营企业。如入围2012年中国制造业企业500强的216家国有企业的营业总额为14.7万亿元，占总数的67.67%；资产总额为14.7万亿元，占总数的

74.69%。而284家民营企业的营业收入总额为7.0万亿元，仅占总数的32.33%；资产总额为5.0万亿元，占总数的25.31%。从盈利水平看，2012年中国制造业企业500强中216家国有企业的平均收入利润率为2.65%，低于284家民营企业的3.43%；平均资产利润率为2.65%，低于民营企业的4.84%。从资产管理效率看，2012年中国制造业企业500强中的国有企业的平均资产周转率为1.00次/年，低于民营企业的1.41次/年。从劳动生产率指标看，国有企业的人均营业收入为168.8万元，低于民营企业的179.9万元；国有企业的人均利润为4.0万元，低于民营企业的6.0万元。

另一方面，依靠垄断地位获利的本质是对民企、消费者征税，将降低民间经济活力、消费与投资，最终有害于经济增长。根据天则经济研究所课题组的研究结果发现，对国有企业的名义收入加以还原，即扣除应交未交的土地租金、其他资源租金、利息优惠和补贴等，2001～2009年，国有及国有控股工业企业累计亏损5112亿元，平均的真实净资产收益率为－1.47%。同时，姚洋利用第三次工业普查的资料，按企业规模分层随机抽样的方法抽取了14670个样本，就非国有经济成分对中国工业企业技术效率的内部和外部效应进行了实证研究，结果发现，非国有经济成分对提高我国工业企业技术水平的内部效应，非国有企业的效率高于国有企业。我们的研究也发现，国有资本比例"国退民进"的变动趋势表现出了促进技术进步的作用。估计结果表明，国有资本比例每下降1个百分点，技术进步率就提高0.0042个百分点。

因此有理由认为，从工业整体发展的角度看，国有及国有控股工业企业的"挤出效应"可能会替代工业中民营企业等其他类型企业的发展，甚至有可能阻碍或者破坏了工业的长期可持续性发展。

（五）基于五个维度的工业发展要素资源总配置效应

表9-12　2003～2011年各类别工业全要素生产率的总配置效应

年份	按注册登记类型分（1）的部门总配置效应	按所有制结构分的部门总配置效应	按轻重分的部门总配置效应	按地区分的部门总配置效应	按企业规模分的部门总配置效应
2003	－0.023	0.000	－0.011	－0.012	－0.055
2004	－0.014	0.172	－0.012	0.020	0.016
2005	－0.033	－0.055	－0.003	0.106	－0.010
2006	－0.028	0.006	－0.005	－0.036	0.000
2007	－0.043	－0.002	－0.003	－0.148	0.000

续表

年份	按注册登记类型分（1）的部门总配置效应	按所有制结构分的部门总配置效应	按轻重分的部门总配置效应	按地区分的部门总配置效应	按企业规模分的部门总配置效应
2008	-0.086	0.024	-0.002	0.121	0.015
2009	-0.005	-0.006	-0.003	-0.132	-0.003
2010	-0.043	-0.044	-0.002	0.013	-0.002
2011	-0.066	-0.055	0.000	-0.017	-0.012
2003~2007	0.018	0.023	-0.006	-0.035	0.000
2008~2011	0.005	-0.021	-0.001	-0.004	0.000

注：按注册登记类型分（1）（内资企业、港澳台商投资企业、外商投资企业）的部门总配置效应＝规模以上工业年均增长率－按注册登记类型分（1）的部门增长率的加权平均数；按注册登记类型分（2）（国有工业及国有控股、其他类型工业）的部门总配置效应＝规模以上工业年均增长率－按注册登记类型分（2）的部门增长率的加权平均数；按轻重分的部门总配置效应＝规模以上工业年均增长率－按轻重分的部门增长率的加权平均数；按地区分的部门总配置效应＝规模以上工业年均增长率－按地区分的部门增长率的加权平均数；按企业规模分的部门总配置效应＝规模以上工业年均增长率－按企业规模分的部门增长率的加权平均数。

资源总配置效应分析方法是对增长因素分析法的深化，它反映了产业间资源流动和结构变化对于生产率增长和经济增长的作用。所谓资源总配置效应，是指一个经济整体的综合要素生产率增长率不等于各部门相应增长率的加权平均数，而是多出一个余额，这个余额就是资源总配置的效应（见表9－12）。它的两个数理基础是：①经济总产出增长率等于各部门产出增长率的加权平均数；②计算各部门综合要素生产率增长率的平均数以各部门在总产出中的比重为权重。从理论上说，如果资源（资本或劳动）向生产力高或生产率增长快的部门流动，或者资源流动减少了整个经济的不均衡（结构趋于协调），资源总配置一般会有较高的效应；如果资源向生产率低或生产率增长慢的部门流动，或资源流动增加了整个经济的不均衡（结构失衡加深），资源总配置的效应一般会降低甚至是负数。资源总配置效应包括综合要素生产率的总配置效应，以及劳动生产率和资本生产率的总配置效应。下面将从工业结构、区域结构、所有制结构、内外资结构和规模结构等五个方面，分别计算2001~2011年全要素生产率的总配置效应、劳动生产率的总配置效应和资本生产率的总配置效应，根据分析结果，对我国工业发展的总配置效应及其变动做些初步考察（见表9－13、表9－14和图9－26至图9－28）。

表 9 – 13 2001～2011 年各类别工业劳动生产率的总配置效应

年份	按内外资分的部门总配置效应	按所有制结构分的部门总配置效应	按轻重分的部门总配置效应	按地区分的部门总配置效应	按企业规模分的部门总配置效应
2001	1.978	1.252	– 0.194	n/a	– 0.747
2002	1.533	1.021	– 0.290	n/a	– 0.828
2003	2.276	0.530	– 0.031	n/a	– 7.561
2004	3.184	– 1.493	– 0.817	– 5.136	– 2.565
2005	0.382	– 0.851	– 0.094	n/a	2.190
2006	0.391	– 1.032	– 0.013	n/a	0.359
2007	0.418	– 1.115	0.297	– 4.583	– 0.214
2008	– 0.105	– 0.949	0.547	– 0.140	– 0.844
2009	– 0.011	– 0.103	0.198	– 0.120	0.242
2010	– 0.032	– 0.649	0.314	– 0.117	0.666
2011	– 0.218	0.239	0.587	– 0.152	3.968
2000～2002	1.723	1.049	– 0.231	n/a	– 0.634
2003～2007	1.078	– 0.897	– 0.121	0.515	0.020
2008～2011	– 0.019	– 0.115	0.384	– 0.064	1.736

注：按注册登记类型分（1）（内资企业、港澳台商投资企业、外商投资企业）的部门总配置效应＝规模以上工业年均增长率－按注册登记类型分（1）的部门增长率的加权平均数；按注册登记类型分（2）（国有工业及国有控股、其他类型工业）的部门总配置效应＝规模以上工业年均增长率－按注册登记类型分（2）的部门增长率的加权平均数；按轻重分的部门总配置效应＝规模以上工业年均增长率－按轻重分的部门增长率的加权平均数；按地区分的部门总配置效应＝规模以上工业年均增长率－按地区分的部门增长率的加权平均数；按企业规模分的部门总配置效应＝规模以上工业年均增长率－按企业规模分的部门增长率的加权平均数。

表 9 – 14 2001～2011 年各类别工业资本生产率的总配置效应

年份	按内外资分的部门总配置效应	按注册登记类型分（2）的部门总配置效应	按轻重分的部门总配置效应	按地区分的部门总配置效应	按企业规模分的部门总配置效应
2001	0.984	0.147	– 1.066	n/a	– 3.836
2002	0.665	2.843	– 0.842	n/a	– 2.445
2003	1.074	4.507	– 0.167	n/a	– 2.866
2004	1.670	6.660	– 10.574	n/a	– 15.648
2005	0.046	2.168	8.899	n/a	10.185

年份	按内外资分的部门总配置效应	按注册登记类型分（2）的部门总配置效应	按轻重分的部门总配置效应	按地区分的部门总配置效应	按企业规模分的部门总配置效应
2006	0.252	1.404	− 0.142	n/a	− 0.475
2007	0.286	− 0.378	− 0.750	n/a	− 1.189
2008	− 0.062	− 0.952	− 0.746	n/a	− 0.806
2009	− 0.563	0.133	− 0.546	n/a	− 0.578
2010	− 0.197	3.068	− 0.333	n/a	− 0.257
2011	− 0.461	1.127	0.165	n/a	− 2.793
2000 ~ 2002	0.878	1.491	− 0.976	n/a	− 3.199
2003 ~ 2007	0.608	2.821	− 0.100	n/a	− 0.665
2008 ~ 2011	− 0.207	1.449	− 0.086	n/a	− 0.851

注：按注册登记类型分（1）（内资企业、港澳台商投资企业、外商投资企业）的部门总配置效应＝规模以上工业年均增长率－按注册登记类型分（1）的部门增长率的加权平均数；按注册登记类型分（2）（国有工业及国有控股、其他类型工业）的部门总配置效应＝规模以上工业年均增长率－按注册登记类型分（2）的部门增长率的加权平均数；按轻重分的部门总配置效应＝规模以上工业年均增长率－按轻重分的部门增长率的加权平均数；按地区分的部门总配置效应＝规模以上工业年均增长率－按地区分的部门增长率的加权平均数；按企业规模分的部门总配置效应＝规模以上工业年均增长率－按企业规模分的部门增长率的加权平均数。

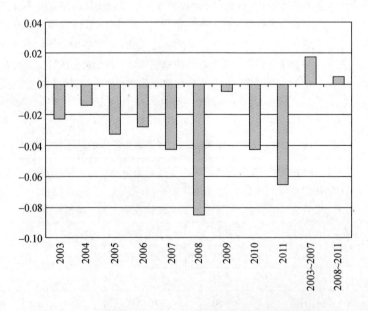

图 9－26　按内外资分的工业全要素生产率的总配置效应

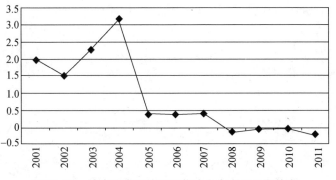

图 9 – 27　按内外资分的工业劳动生产率总配置效应

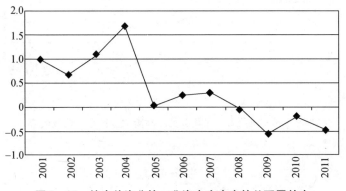

图 9 – 28　按内外资分的工业资本生产率的总配置效应

通过测算，我们发现，21 世纪以来，从内外资结构的角度看，工业全要素生产率的总配置效应、劳动生产率总配置效应和资本生产率的总配置效应都出现了阶梯形下降的态势，且 2008 年以来总配置效应多为负数，这说明我国目前的内外资结构变动情况使得工业配置效率出现了恶化（见图 9 – 29 至图 9 – 31）。尽管，无论

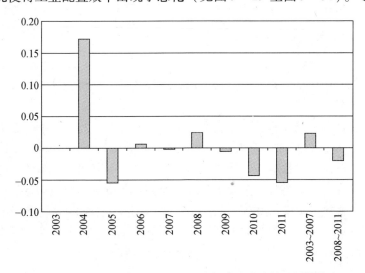

图 9 – 29　按所有制结构分的工业全要素生产率的总配置效应

从劳动生产率和资本生产率看，21世纪以来，外资都有了明显提升，但与同期的内资企业相比而言，提升速度略显缓慢。因此，我们有必要继续推动内资企业在平等竞争基础上的发展，同时，进一步重视外资对我国工业发展所起到的促进作用，特别是要加速推动引资"质"的提升。

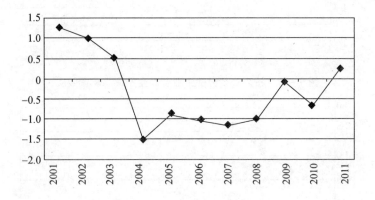

图9-30　按所有制结构分的工业劳动生产率总配置效应

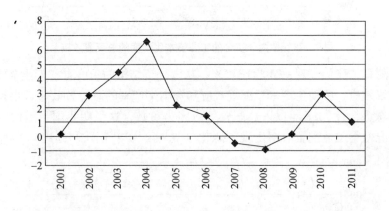

图9-31　按所有制结构分的工业资本生产率的总配置效应

从所有制结构的角度看，工业全要素生产率的总配置效应呈下降态势，特别是2009年以来，不仅总配置效应为负数且负值越来越大；同时，2004年以来，尽管工业劳动生产率总配置效应在缓慢提升但多为负数，而资本生产率的总配置效应虽多为正数但整体呈下降态势，这说明我国目前的所有制结构变动正在使工业配置效率不断恶化（见图9-32至图9-34）。因此，推进国有企业的制度变革并推动非国有企业的发展，特别是要为非国有企业的迅速发展创造适当条件，从而有利于提高工业资源的总体配置效应并促进工业增长和效率的提升。

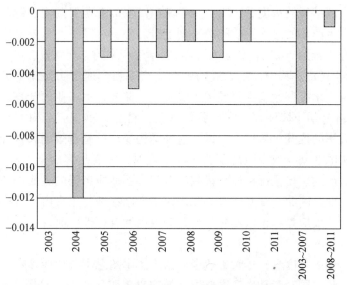

图9-32　按轻重分的工业全要素生产率的总配置效应

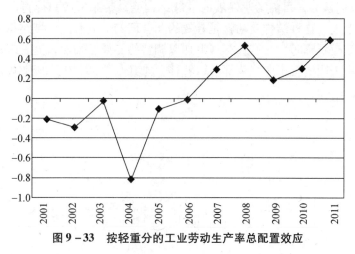

图9-33　按轻重分的工业劳动生产率总配置效应

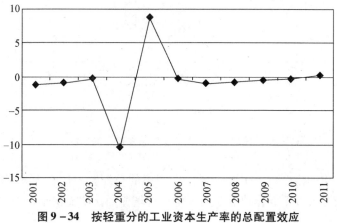

图9-34　按轻重分的工业资本生产率的总配置效应

从工业内部结构的角度看，工业全要素生产率的总配置效应、劳动生产率总配置效应和资本生产率的总配置效应都呈现上升态势，尽管工业全要素生产率的总配置效应持续为负直到 2011 年才为 0，同时资本生产率的总配置效应也多年持续为负直到 2011 年才转正。其中，重工业的劳动生产率提升速度明显优于轻工业，而轻工业的资本生产率提升速度则明显优于重工业。此外，重工业的全要素生产率增长率增速自 2008 年后下降明显。因此我们认为，目前轻重工业结构的变动带来资源总体再配置效率的提升，从理论上说，这种结构变动就是有效的和合理的，只有当轻重工业结构的变动导致资源总配置效应下降时，才有从客观上加以调整的必要。当然，鉴于目前我国要素价格形成机制还有很多不适应市场的方面，特别是在资金的使用价格方面，因此，未来还有必要进一步考虑在恢复正常市场价格后的工业内部结构的总配置效应是否也依然显示出其有效性和合理性，而且也应注重提升重工业的全要素生产率。

从区域结构的角度看，尽管工业全要素生产率的总配置效应多数年份为负，但总体呈上升态势，同时劳动生产率总配置效应出现明显改善（见图 9 - 35 和图 9 - 36）。因此我们认为，目前工业发展的区域结构变动带来资源总体再配置效率的提升，从理论上说，这种结构变动就是有效的和合理的，只有当区域结构的变动导致资源总配置效应下降时，才有从客观上加以调整的必要。当然，这种表面上的合理有效，也并不表明所有工业行业都可以转移。尤其是西部，生态资源脆弱，很多地方需要保护。

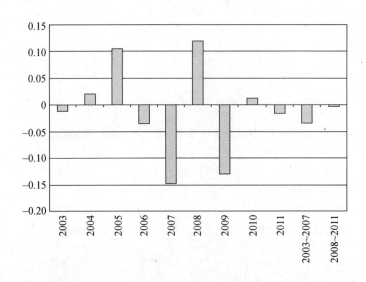

图 9 - 35　按地区分的工业全要素生产率的总配置效应

从规模结构的角度看，工业全要素生产率的总配置效应在 2008 年以后有恶化的趋势，特别是大型工业企业的全要素生产率增速回落明显快于中小型工业企业的

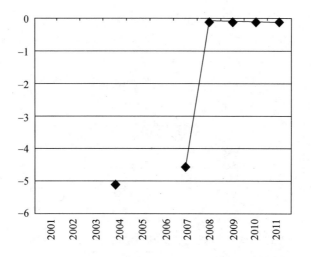

图 9-36　按地区分的工业劳动生产率总配置效应

全要素生产率增速。同时，劳动生产率的总配置效应则持续大幅改善，其中，大型企业和小型企业的劳动生产率改善幅度相对较大。此外，资本生产率的总配置效应21 世纪以来总体上呈改善的趋势，但 2008 年以后也呈现小幅恶化的态势，其中，中小型工业企业的资本生产率总体呈提升趋势，而大型工业企业的资本生产率 2007 年以来一直处于停滞徘徊的状态（见图 9-37 至图 9-39）。因此我们认为，在持续为中小工业企业迅速发展创造适当条件的同时，有效提升大型工业企业的效率，有利于提高工业资源的总体配置效应并促进工业增长和效率的提升。

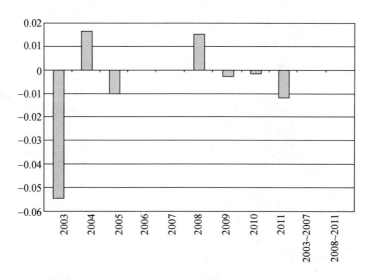

图 9-37　按规模分的工业全要素生产率的总配置效应

从工业整体发展的角度看，要提高产业发展质量、走可持续发展的道路，必须从工业内部结构、区域发展结构、所有制结构、内外资结构和规模结构等方面不断

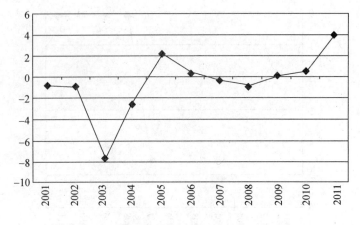

图 9 –38　按规模分的工业劳动生产率总配置效应

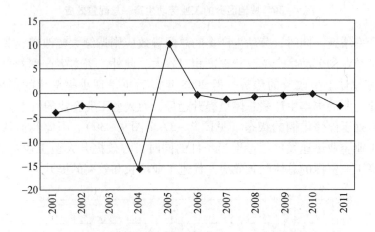

图 9 –39　按规模分的工业资本生产率的总配置效应

完善，以改善要素资源的配置效率。即：一方面，要做到要素资源真正流向要素生产率较高的部门；另一方面，要实现要素资源的部门流动可以有效降低要素部门分配的不均衡度，同时，部门间要素资源分配格局的改变更加有利于部门内部要素组合比例的优化和协调。

（六）小结及对未来趋势的判断

通过上述各方面的分析，我们认为，未来要素供给端的增长动力减弱将使得我国工业的发展将面临以下几方面的挑战：

一是劳动力数量的下降和年龄结构的变化。截至 2012 年末，中国 15 ~59 岁劳动年龄人口 9.3727 亿人，比上年减少 345 万人，占总人口的比重为 69.2，比上年末下降 0.6 个百分点。这是中国劳动年龄人口在相当长时期内，第一次出现了绝对下降。马建堂认为，中国劳动年龄人口在比较长的一段时间，至少在 2030 年以前，会稳步、逐步有所减少。人口红利结束/消退的影响不仅是劳动力供应趋紧对增长潜力的影响，更重要的可能是对资产泡沫及信用周期的冲击，而且其表现形式是由量变到质变的过程。

二是高投资受到杠杆率过高的约束难以持续。过去长期依靠投资拉动工业增长的方式，不仅造成产能过剩、过高的能源消耗等负面影响，而且伴随着工业固定资产投资不断增长，由大量污染物直接排放和过度开发自然资源所造成的工业污染和生态环境恶化也在不断趋于严重。根据海通证券的测算，2008年以来，总负债占GDP的比重从200%上升到270%，其中企业部门负债与GDP之比接近120%，金融部门负债与GDP之比接近90%。其中，企业部门的杠杆率过高表现为资产负债率上升和制造业产能过剩，而金融部门杠杆率过高表现为表外业务的爆发式增长，而且缺乏足够的监控，导致金融风险的上升。因此，从可持续发展角度看，这是一个难以持续的局面。

三是以技术引进为主的技术进步模式将面临诸多挑战。增长理论和发展政策分析表明，一个后发国家离技术前沿越远，其可资借鉴的技术知识越多，学习的空间就越大，而在一个国家开始进入中等收入阶段后，随着离技术前沿曲线越来越近，学习所带来的红利越来越小，必须通过迅速建立技术能力、逐步实现创新来支持进一步的增长。

应该说，供给方面，各种生产要素的瓶颈日益严重，生态环境、能源、资源、人力资本、技术创新等各大要素的制约已经成为现实存在的严峻挑战。从长期看，增长要素方面诸种瓶颈的制约，既是挑战，也是机遇，是未来的发展空间所在。解决挑战就意味着打开新的增长空间。但是总体而言，继续依赖人口红利、投资驱动的工业快速发展是难以维系的。一方面，年龄结构的变化正在使中国逐步丧失劳动力充足且廉价的比较优势，劳动力市场的这种变化正在改变过往我国工业快速发展的损益格局，那些依赖低薪工人的工业企业则将难以为继。劳动力供给方面，按照现在的人口预测，劳动年龄人口（15～64岁）的增长在未来10年平均不到0.2%，尤其需要关注的是劳动年龄人口的绝对数从2016年开始下降，其中15～59岁的劳动年龄人口在2012年已经第一次出现下降。因此，未来较长一段时间内，工业从业人口的增速有可能趋于零，甚或负增长；而劳动人口增速下降的趋势将在2020年前导致工业增长潜力的下降。

另一方面，鉴于中国的人均资本存量以及资本劳动力依然处于低位，同时，通过对我国1999～2010年36个工业行业截面数据的估计，中国工业行业属于风险偏好者，即在需求不确定性加大的情况下，工业行业会采用更高的资本—劳动比率进行运营，因此，投资自我驱动的增长也许在短期内还是有效且是可行的。但是，从中长期看，判断投资的可持续性，必须要关注资本是否能获取合理的资本回报率以及资金来源的可获得性。目前，我国工业企业的杠杆率已经相对较高，以及对资源错误配置所导致的巨量过剩产能导致了投资项目的低盈利能力，而且也使得投资对工业增长的拉动效率不断走低，这些因素共同决定了我国工业投资增速的重心很可能会不断下移，寄希望于以高投资继续维持我国工业的快速增长将会更加困难。未来较长一段时间内，工业投资增速可能会维持在两位数以上，但会低于20%，同时工业投资率大概会维持在40%~50%；而长期看，投资增速的相对下滑将抑制工业增长的潜力。

此外，随着进一步推进市场化改革的难度和风险大幅提升，通过改变资源配置方式和激发微观主体积极性的制度红利极有可能不断衰减，而且我国工业技术水平从一个低起点开始追赶并大幅缩小了与发达国家的技术差距，以技术引进为主的技术进步模式也会变得更加困难。因此，未来很长一段时间内，全要素生产率的增速也难以实现大幅的跃升，过去30年平均5.4%的增速在未来也可能会难以持续；而全要素生产率增速的下降会在2020年前导致工业增速的进一步下滑。综上所述，如果不推进工业领域要素资源的变革，要素资源将会对未来我国工业发展的制约越来越严重。

三、政策建议

通过对我国要素条件的变化以及要素条件与工业发展匹配关系的分析，我们认为，中国工业发展的长期因素（供应面）正在发生变化，即国内劳动力、资金、技术等要素的稀缺性问题会变得越来越严重，而当所有要素供给都已开始偏紧的背景下，依赖成本优势继续保持增长的格局也越来越难维持，所以，如果生产函数不发生变化的话，潜在的工业增长一定是减速的。当然，这种变化并非突变，因此，如果我们还陶醉于既往年份已经取得的成就而缺乏紧迫感的话，那么从未来的长期发展看也许将会付出巨大代价。因此，鉴于我国工业发展已走到了十字路口，面对人口、投资等要素红利逐渐稀释乃至消失的新特征，化解要素瓶颈、取得工业的稳定可持续增长是未来很长一段时间内所需解决的主要问题。我们可能正面临着一个艰难的选择，必须在两者之间选择其一，即防止工业的高速增长在短期内进一步放缓与重视和促进工业增长模式在中期内实现健康转型。我们必须针对当前要素条件的变化，采取一系列措施促进工业发展模式的转变，在传统增长动力逐渐衰减的过程中及时为工业发展提供新的动力。

（一）大力发掘"第二次人口红利"，提升劳动生产率

面对"第一次人口红利"逐步消退的趋势，只要具备必要的制度条件，同样可以具有人口的优势，即提供第二次人口红利。我们可以利用新的人口结构特征，在老龄化条件下，创造新的制度环境，挖掘经济增长长期可持续源泉。包括建立有利于资金积累的养老保障制度，以弥补储蓄率的降低；加强培训和教育，提高人力资本以适应产业结构升级的需要；发育和完善劳动力市场，消除劳动力供给制度障碍。

鉴于劳动人口占比的下降及劳动力成本的上升，生产要素如果不能持续升级和专业化，它对竞争优势的价值就会越来越低这一原理，我们认为，对我国工业部门

而言，通过提高劳动力的教育水平和加强职业培训等措施以提高单位劳动力的生产率更为紧迫。就我国工业领域的劳动生产率而言，当前以"农民工"为主的工人队伍由于缺乏必要的职业技术教育，劳动生产率不高。据国际劳工组织（International Labour Organisation）的数字，中国高素质的劳动力仅有 4%。只有 36% 的工人具备初中学历，其余 60% 缺乏或不掌握任何技能。

中国制造业劳动生产率目前在世界上仍处于落后地位，增长空间较大，劳动生产率对于抵偿劳动力成本增长的负面效应起到了关键作用。根据有关资料，1970～1985 年，韩国制造业的劳动生产率年均增长速度高达 8.5%，1986～1988 年，韩国制造业的劳动生产率增长分别达到 12.7%、11% 和 7.1%。工人劳动报酬的提高，在劳动生产率大幅度提高的背景下，不仅不会削弱我国制造业现有的国际竞争力优势，甚至会强化这种既有优势，即通过降低单位劳动力成本来提高我国工业制成品的国际竞争优势。因此，提升工业部门的劳动生产率，也意味着劳动力对工业产出的影响从成本、数量优势向素质优势的转变。我们所要做的就是，预测未来所需技能，努力使对技能的供给与需求匹配，帮助劳动者适应变化。

（二）继续改善资本配置效率，加大有效投资

工业投资不仅决定了我国工业的增长速度，而且影响和决定着我国工业发展的质量。改革开放以来，如果没有强劲的工业投资增长，我国工业是很难实现如此的高增速。目前，我国工业过高的投资率、不断攀升的增量资本产出率、逐步下降的工业资本积累率、放缓的长期资本流入以及表现不佳的资本总配置效应，使得过去 30 多年高度依赖于资本高投入以换取工业高增长的发展模式将面临挑战。应该说，工业投资向下调整是必然的，且如影随形的将是工业增速的下降；但是长期而言，我国工业发展的确还需要更多投资。我们认为，盘活存量和发展增量是推动我国工业发展转型的最有效方法，因此，纠正资源配置扭曲，改善工业资本配置效率，加大有效投资是维持工业稳定、快速、可持续发展的首要任务。

鉴于目前我国工业的资本配置效率整体较低，不仅存在着行业内部的差异，而且也存在很大的区域差异。如果我们不能将资源配置于能够带来生产力提升的机会，而是浪费在过剩产能与无效投资，其增速潜力必然较低。同时，据白重恩的研究，调整价格之后的税后投资回报率，从 1993 年的 15.67% 的高水平持续下降，在 2000～2008 年还曾稳定在 8%～10%，金融危机后投资回报率水平大幅下降，到 2012 年，已经降低到 2.7% 的新低。毫无疑问，投资回报的下降将是我国工业未来稳定增长的严重制约因素。

因此，通过政策转变实现主动的、有序的、可控的调整，提高资本配置效率，既使资本从低回报率的行业（地区、企业）流向高回报率行业（地区、企业），又能提高整体的工业发展水平。也就意味着在高资本回报率的行业（地区、企业）继续追加投资，在低资本回报率的行业（地区、企业）及时削减资金流入；使金融资源配置到效益好、效率高并且具有较高成长性的行业（地区、企业）中去，提高要

素生产率和投资效益，改善行业（地区、企业）结构，提高储蓄资金的使用效率和安全性，进而推动工业的集约化增长。

具体而言，就是要实现三个转变：一是投资领域要从"法无明文授权不可为"转为"法无明文禁止即可为"。即政府简政放权和减少审批事项，不仅有利于减少行政过程中可能存在的权力滥用现象，提升行政管理效率，而且有利于将调控权归还市场，以及社会资源配置的更为合理。二是投资主体要从国有及国有控股工业企业转为民营企业等其他类型企业。近年出现的"国进民退"的争议，某种意义上显示出国有企业和民营企业身份的不平等。国有企业凭借国有身份，就可以兼并收购比它效率高的民营企业，出现了"劣币驱逐良币"的现象。因此，要想保持较高速度而又不失平衡的经济增长，就必须对国有企业进行改革。国企应主要集中于涉及国家安全和提供公共产品的领域，以及其他极少数特殊行业，才不至于对市场化的资源配置和公平竞争的环境和法治体系构成实质性妨碍。三是实现工业投资结构的优化。鉴于现有投资结构是未来工业结构的前瞻反映，优化投资结构是应对当前工业结构失衡、实现结构调整战略目标的重要举措。因此，必须把限制低水平加工工业投资、加强高附加值精深加工工业和高新技术产业投资放在突出的战略位置。尤其是要利用增加投资带动和优化存量资产，不断改善传统产业，发展高新技术产业，通过加大设备更新和技术创新的投资力度，推动工业经济增长方式由外延式向内涵式转变，由规模化向集约化发展。

此外，从理论上讲，资本的合理配置又必须以市场定价为基础。不过从目前的实际情况看，相对于经济发展和实际资本要素供需而言，我国的资本要素价格并不是完全市场化的。应该说，非市场化的资本要素价格对于过去30多年我国工业的发展起到了积极的推动作用，不仅降低了项目的融资成本，使得工业项目可以以较低成本实施，而且加快了工业发展的资本积累速度，为工业的快速发展创造了必要的条件。但是随着我国工业的进一步发展，非市场化的资本要素价格的负面作用越来越明显。一是人为压低的资本定价使得工业发展不可避免地偏向于资本密集型行业，陷入投资主导的工业发展模式而不能自拔，从而造成严重的投资过剩局面。二是市场配置资源的功能被行政手段配置资源取代所导致的资本要素定价过低，势必会引发资本的供不应求，并派生出大量的寻租和腐败，而且也必然会有利于融资成本低的国有企业的不公平竞争。因此，加快资本要素价格的市场化推进，也是推动我国工业发展转型升级的关键。

（三）加强技术引进后的消化吸收再创新，摆脱对外依赖

尽管我国工业技术进步取得了不小的成就，但目前美、日、欧等发达国家和地区主导全球技术方向的格局并未发生根本改变，我国总体上仍扮演着"跟随者"的角色。根据 Batelle 2011 年的一项调查，美国、日本、德国等发达国家在汽车、航空航天、新材料、新能源、信息和通信技术等领域仍保持着全球技术领先的"领导者"角色（见表 9-15）。根据"蛙跳效应"理论，经济欠发达国家可以通过技术

的模仿、引进或创新，最终实现技术和经济水平的赶超。技术模仿带来的生产效率的提高将取决于国与国之间的技术差距，而技术创新的有效程度则取决于一国干中学的能力和经验的积累。从自主创新的投入看，我国的水平已经不算太低，但我国企业对购买的技术特别是引进技术的消化吸收力度还不够。而且，我国工业部门的全要素生产率增长主要是由技术进步引起的，而技术效率的改善速度远低于技术进步。如果不能对引进的技术进行充分的消化吸收，就会永远摆脱不了对外国技术的依赖，还造成资金的浪费。因此我们认为，尽管随着我国与发达国家之间技术差距的不断缩小，技术引进的成本、难度和负效应逐渐增加，但是，我国工业企业还必须在广泛吸引国外先进科学技术成果的基础上，不断通过消化、吸收以培育自己的技术能力，逐步实现我国自主创新能力的飞跃。

表 9 – 15　重点行业/领域技术领先的国家

汽车和其他机动车	商用航空航天、火车和其他非汽车交通工具	军用航空航天，国防，安全	复合材料、纳米技术和其他新材料	再生能源和高效利用	环境和可持续发展	卫生健康、医药、生命科学和生物技术	信息和通信技术（包括集成电路）	仪器设备和其他非集成电路元器件
日本	美国	美国	美国	美国	德国	美国	美国	美国
德国	中国	中国	日本	德国	美国	英国	日本	日本
美国	法国	俄罗斯	德国	中国	日本	德国	中国	德国
中国	德国	英国	中国	日本	英国	日本	印度	中国
韩国	日本	法国	英国	英国	中国	中国	德国	英国

要真正提升我国工业的技术水平和创新能力，就必须着力营造有助于我国工业企业消化、吸收技术并进行再创新的制度安排和政策体系。具体而言，一是必须强化资源的顶层设计和统筹安排，加强对技术引进、技术扩散、消化吸收再创新的组织管理；针对工业发展的前沿关键领域、共性技术、核心设备、重点环节，确立明确的技术引进重点，防止盲目引进、重复引进和低水平引进，并集中力量、整合资源、联合攻关。二是通过构建有利于官产学研合作的社会信用环境，建立促进产学研结合的服务机构和研究机构，加大研究人员在大学、科研院所和企业间互相流动的力度等措施，降低企业消化吸收再创新过程中可能面对的高昂的交易费用以及遇到的技术不确定性，促进国内外知名院校、研究机构、核心企业的紧密配合以实现官产学研的联合创新。三是在积极推动技术引进后消化吸收再创新的过程中，政府不应该试图替代市场的作用，而只是在市场激励不足的时候，为其提供补充。同时，要加强研究全球动态和我国工业发展的监测分析，并为相关的行为创造激励，

而不应直接向企业提供研究经费，因为给企业划拨的研究经费未必有助于政府希望达到的研究或技术目标。即将扶持重点逐步从注重规模扩张向注重技术能力提升转变，从注重生产者的补贴向注重给新技术消费者的补贴转变，从注重对特定企业的政策支持向注重广泛适用面转变。此外，政策的支持要适时适度，要明确择机退出的节点，要及时取消对失败项目的支持，以便把资源从效率不高的经济活动中解放出来。

（执笔人：张于喆　杨威）

参考文献

［1］王一鸣．转变经济增长方式与体制创新［J］．经济与管理研究，2007（8）．

［2］彭文生．渐行渐远的红利：寻找中国新平衡［M］．北京：社会科学文献出版社，2013.

［3］汪涛．中国经济未来十年（二）：人口结构变化的挑战和应对［R/OL］．http：//wenku.baidu.com/view/42ef4fc22cc58bd63186bd8b.html.

［4］马建堂．第六次全国人口普查主要数据发布［R/OL］．http：//www.stats.gov.cn/tjfx/jdfx/t20110428_402722238.htm.

［5］劳动参与率［N/OL］．2013－08－12，http：//baike.baidu.com/view/2074109.htm.

［6］秦丽娟．从工资成本角度，论中国制造业的产业竞争力［J］．商业文化（学术版），2008（8）．

［7］海通国际．积极演进还是神话破灭：中国人口红利路向何方？［R/OL］．http：//wenku.baidu.com/view/e27005e9f8c75fbfc77db271.html.

［8］辛永容．基于单位劳动成本的中国制造业成本竞争优势实证研究［D］．南京航空航天大学博士论文，2010.

［9］王燕武，李文溥，李晓静．基于单位劳动力成本的中国制造业国际竞争力研究［J］．统计研究，2011，28（10）．

［10］刘厚俊，王丹利．劳动力成本上升对中国国际竞争比较优势的影响［J］．世界经济研究，2011（3）．

［11］蔡昉．超越人口红利［M］．北京：社会科学文献出版社，2011.

［12］蔡昉．创造条件挖掘"第二次人口红利"［N/OL］．http：//www.npopss－cn.gov.cn/n/2012/0709/c219470－18471425－1－1.html.

［13］高善文．经济运行的逻辑［M］．北京：中国人民大学出版社，2013.

［14］中国社会科学院工业经济研究所．中国工业发展报告2008：中国工业改革开放30年［M］．北京：经济管理出版社，2008.

［15］张明．中国经济增长的质量堪忧［J/OL］．http：//blog.sina.com.cn/s/blog_5f90ec530102e3qm.html.

［16］袁捷敏．我国工业产能利用率测算方法研究——基于单位资本存量工业增加值指标［J］．唐山学院学报，2012，25（4）．

［17］徐大丰．资本产出比的省际差异和资本回报［J］．经济论坛，2007（2）．

［18］黄先海，杨君，肖明月．资本深化、技术进步与资本回报率：基于美国的经验分析［J］．世界经济，2012（9）．

［19］黄健柏，刘维臻．金融发展、资本深化与新型工业化道路［J］．金融研究，2008（2）．

［20］邵立国，贺石昊，成卓．从全要素生产率变化看我国工业转型升级的成效［R/OL］．http：//www. ccidthinktank. com/plus/view. php？aid = 2907.

［21］T. J. Coelli，D. S. P. Rao，C. J. O'Donnell，G. E. Battese. An Introduction To Efficiency and Productivity Analysis［M］. Boston：Kluwer Academic Publishers，1998.

［22］李双杰，范超．随机前沿分析与数据包络分析方法的评析与比较［J］．统计与决策，2009（7）．

［23］傅晓霞，吴利学．随机生产前沿方法的发展及其在中国的应用［J］．南开经济研究，2006（2）．

［24］诸建芳. 2013 年下半年中国经济展望：放权解局［R/OL］. http：//www. hibor. com. cn/.

［25］Li - Kai Chen，Mona Mourshed，Andrew Grant. 关乎 2500 亿美元：把握中国高速增长的高技能人才需求［R/OL］. http：//www. mckinseychina. com/zh/2013/06/28/the - 250 - billion - question - can - china - close - the - skills - gap - zh/.

［26］胡一帆．大学生就业难：过剩还是结构性错配？［N/OL］. http：//cn. wsj. com/gb/20130711/HYF071626. asp.

［27］2013 高校应届毕业生就业形势报告——错位的大学生就业市场，就业/招聘两难局面如何破解?!［R/OL］. http：//article. zhaopin. com/pub/view/212418 - 26074. html.

［28］郭凯．王二的经济学故事［M］. 杭州：浙江人民出版社，2012.

［29］范贵龙．经济结构转型研究系列（一）——中长期固定资产投资趋势研究［R/OL］. http：//pg. jrj. com. cn/acc/Res/CN _ RES/MAC/2012/8/22/ddedd79d - d7d1 - 42b3 - 853e - c7131903c0fd. pdf.

［30］国研网宏观经济研究部．需求不确定性与资本—劳动力比率——基于中国工业部门的实证分析［J/OL］. http：//www. drcnet. com. cn/eDRCnet. common. web/DocSummary. aspx？leafid = 208&docid = 3088226.

［31］刘海影．投资能否继续拉动中国经济？［N/OL］. http：//www. ftchinese. com/story/001052201？full = y.

［32］刘海影．中国经济的未来十年［N/OL］. http：//www. ftchinese. com/story/001048156.

［33］Tom Orlik. 北大教授佩蒂斯：中国经济为何会减速？［N/OL］. http：//cn. wsj. com/gb/20130319/rec075548. asp.

［34］张军．张军自选集［M］. 太原：山西经济出版社，2013.

［35］王岳平等．"十二五"时期中国产业结构调整研究［M］. 北京：中国计划出版社，2011.

［36］许平，潘坚，张莉敏．美国出口管制体系改革进展［J］．中国航天，2011（2）．

［37］赵召．美国出口管制法律改革的启示［J］．经济，2012（3）．

［38］杨莹．出口管制系列之二——欧盟出口管制的最新进展与启示［J］．经济，2012（5）．

［39］翟玉成．欧盟对华军售禁令的历史现状与前景评析［N/OL］. http：//news. sina. com. cn/w/2005 - 03 - 28/14566218665. shtml.

［40］魏后凯．现代区域经济学［M］．北京：经济管理出版社，2006.

［41］张嵋喆．国家自主创新能力的评价指标体系及国际比较研究［R］．国家发改委产业所，2005.

［42］魏新．走出中国制造的阴影［J］．商务周刊，2004（6）.

［43］韦森．大转型：中国改革下一步［M］．北京：中信出版社，2012.

［44］国有企业的性质、表现与改革［R/OL］．http：//www.unirule.org.cn/xiazai/2011/20110412.pdf.

［45］刘海影．数据透视下的重庆模式［N/OL］．http：//www.ftchinese.com/story/001044036#utm_ campaign＝2G051005&utm_ source＝marketing&utm_ medium＝campaign.

［46］2012 中国制造业企业 500 强发布［N/OL］．http：//news.xinhuanet.com/fortune/2012 － 09/01/c_ 123658961.htm.

［47］姚洋．非国有经济成分对我国工业企业技术效率的影响［J］．经济研究，1998（12）.

［48］冯永晟，张嵋喆．中国的市场化改革与技术进步［J］．制度经济学研究，2011（4）.

［49］郭克莎．我国资源总配置效应分析［J］．经济研究，1992（9）.

［50］郭克莎．工业增长质量研究［M］．北京：经济管理出版社，1998.

［51］陈法善．中国劳动年龄人口多年来首次下降［N/OL］．http：//economy.caixin.com/2013 － 01 － 18/100484205.html.

［52］姜超．货币过剩，调节供给［R/OL］．http：//pg.jrj.com.cn/acc/Res/CN_ RES/MAC/2013/6/27/a432c881 － 1614 － 455b － aeaa － a29631ae090f.pdf.

［53］刘世锦等．陷阱还是高墙？中国经济面临的真实挑战和战略选择［M］．北京：中信出版社，2011.

［54］史正富．超常增长：1979—2049 年的中国经济［M］．上海：上海人民出版社，2013.

［55］［美国］迈克尔·波特．国家竞争优势［M］．李明轩，邱如美译．郑风田校．北京：华夏出版社，2002.

［56］50 Ideas：低技能劳动者［R/OL］．http：//www.ftchinese.com/story/001052796#adchannel＝NP_ Other_ story_ page.

［57］卫祥云．国企改革新思路［M］．北京：电子工业出版社，2013.

［58］张文魁．下一个增长机会是国企改革［N/OL］．http：//special.caixin.com/2012 － 09 － 06/100433587.html.

［59］张义梁，张嵋喆，王君．影响我国自主创新能力的内外部环境分析［J］．科学学研究，2006，24（S2）.

［60］Battelle，R&D Magazine.2012 Global RD Funding Forecast［R/OL］．http：//www.battelle.org/.

［61］林重庚，迈克尔·斯宾塞．中国经济中长期发展和转型［M］．北京：中信出版社，2011.

第十章　中国工业发展的资源环境约束

　　内容提要： 我国工业能源消费总量一直保持增长，同时工业能源消耗强度则稳步下降。从钢铁、水泥、石化、造纸等高耗能行业看，我国目前工业能源消耗强度与发达国家20世纪90年代水平差距也比较大。另外，我国工业污染排放总量不断增加，但排放强度逐步降低。与发达国家相比，我国工业污染排放强度比较大，工业污染的控制和处理的任务艰巨。而且，我国工业能源消耗强度和污染强度的下降归因于技术效应，结构效应的节能潜力仍需充分挖掘。未来，随着资源环境约束将增强，进而会严重影响我国工业经济增长速度和效益；工业资源环境指标的高位"拐点"端倪已现，如果不加强政策干预，工业资源环境效率则可能下降。

　　随着我国全面进入工业化快速发展阶段，能源、水、土地、矿产等资源的消耗势必将不断增加，工业环境污染排放总量也在不断增加，工业发展的资源支撑能力和环境保障能力将面临严峻挑战。长期以来，我国的经济发展模式呈现出"高投入、高能耗、低效益"的粗放型特征，尽管工业发展的资源环境效率不断提高，但与国外发达国家相比，仍有巨大的改善空间与潜力。本章着重从能源、工业污水、工业二氧化硫、工业固废排放等指标，对我国工业发展的资源环境约束及变化原因进行研究，以期为未来工业发展资源环境治理提供有益参考。

一、近年来工业发展的资源消耗与污染排放及变化趋势

　　相对增加值占我国GDP的比重，工业的资源消耗和环境污染比重更大。自1980年以来，工业占全部能源消费的比重一直在70%左右。同时，随着工业污染排放总量不断增加，工业也已成为环境污染的主要源头，约占总污染比重的70%。因此，工业发展的资源消耗和环境污染问题更值得关注。

（一）工业总体和重点行业资源能源利用水平的国际比较

　　总体看，我国工业能源消费总量一直保持增长，同时工业能源消耗强度一直稳步下降。2010年，我国工业能源消耗量为231101.8万吨标准煤，比1980年增长了

近 5 倍。工业能源消耗强度①由 1980 年的 19.3 降低到 2010 年的 1.79 吨标准煤/万元（2000 年不变价，下同），年均降低 2.3%，高于全球工业能源强度下降速度（1.7%）。具体看，工业能源消耗强度的变动呈现一定的波动性。1980~1985 年缓慢下降，1985~1990 年快速上升，1990~1995 年快速下降，1995~2010 年持续下降（见图 10-1）。

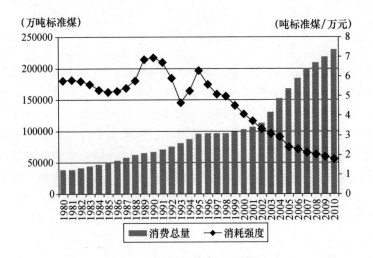

图 10-1　我国工业能耗总量及强度

资料来源：历年《中国能源统计年鉴》。

与发达国家相比，我国工业能源消耗强度仍比较大。2011 年我国工业能源消耗强度为 1.757 吨标准煤/万元，远高于同期世界工业能源消耗强度（1.205 吨标准煤/万元）。与发达国家相比，工业能源消耗强度差距更是巨大。2011 年我国工业能源消耗强度分别是德国、美国、日本和韩国的 2.6、1.5、2.7 和 1.6 倍。与日本历史时期的工业能源消耗强度相比，我国 2011 年工业能源消耗强度仍高于 1985 年日本工业能源消耗强度（1.189 吨标准煤/万元），稍低于 1970 年日本工业能源消耗强度（1.989 吨标准煤/万元，见表 10-1）。

表 10-1　中国与发达国家能耗强度比较（2000 年价）

单位：吨标准煤/万元

年份	1990	2000	2005	2006	2007	2008	2009	2010	2011
世界	1.647	1.299	1.256	1.256	1.222	1.197	1.214	1.205	1.205
中国	4.015	2.173	2.224	2.207	2.071	1.952	1.876	1.791	1.757
德国	0.832	0.620	0.662	0.671	0.679	0.671	0.679	0.730	0.688

---

①　工业能耗强度 = 工业能耗消耗量/工业增加值。

年份	1990	2000	2005	2006	2007	2008	2009	2010	2011
美国	2.148	1.502	1.180	1.205	1.154	1.171	1.163	1.197	1.163
日本	0.849	0.747	0.747	0.738	0.713	0.671	0.798	0.764	0.654
韩国	1.621	1.494	1.231	1.188	1.154	1.188	1.120	1.103	1.078

资料来源：历年《中国能源统计年鉴》，World Energy Council 网站。

另外，从钢铁、水泥、石化、造纸等高耗能行业看，我国工业能源消耗强度也比较大。2011 年，我国钢可比能耗为 675 千克标准煤/吨，高于日本、德国、美国、韩国等国 1990 年水平。水泥综合能耗 138 千克标准煤/吨，仍高于日本 1990 年水平。乙烯综合能耗为 895 千克标准煤/吨，高出同期世界先进水平 42%，与 1990 年世界先进水平大致相同。合成氨综合能耗（大型装置）为 1568 千克标准煤/吨，高出同期美国水平的 58%，与其 1990 年水平大致相同。2010 年我国纸和纸板综合能耗为 1080 千克标准煤/吨，为日本同期的将近 2 倍，比其 1990 年的综合能耗还要高近 0.5 倍（见表 10－2）。

表 10－2　我国主要高耗能行业产品能耗比较

单位：千克标准煤/吨

国家	指标	1990 年	1995 年	2000 年	2005 年	2006 年	2007 年	2008 年	2009 年	2010 年	2011 年
中国	钢	997	976	784	732	729	718	709	697	681	675
日本	钢	629	656	646	640	627	610	626	612	530	
德国	钢	543		447	434	431	439	461	479	453	
美国	钢	610		504	420	401	397	413	504	434	
韩国	钢	371		427	441	464	437	444	441	453	
中国	水泥	201	199	181	167	161	158	151	148	143	138
日本	水泥	123	124	126	127		118		119		
中国	乙烯	1580		1125	1073	1013	1026	1003	976	950	895
国外先进水平	乙烯	897		714	629	629	629	629	629	629	629
中国	合成氨	1343	1347	1327	1340			1661	1591	1587	1568
美国	合成氨	1000	1000	970	970				990	990	990
中国	纸和纸板	1550		1540	1380	1290	1255	1153	1090	1080	
日本	纸和纸板	744		678	640	627	610	626	580	581	

注：钢为可比能耗；水泥、乙烯、合成氨、纸和纸板为综合能耗。

资料来源：历年《中国能源统计年鉴》，World Energy Council 网站。

（二）工业总体和重点行业环保水平的国际比较

总体看，工业污染排放总量不断增加，但排放强度①逐步降低。随着我国工业的快速发展和污染形势的日益严重，国家加大了节能减排力度。从工业废水排放总量看，呈现平稳波动，总量基本保持在年度 200 亿~250 亿吨；排放强度大幅降低，由 1980 年的 1157.4 吨/万元逐年迅速降低到 2011 年的仅 54 吨/万元，年均降低3.4%。从工业废气排放情况看，总量呈现逐年增长，由 1983 年的 63167 亿标立方米增长到 2011 年的 674509 亿标立方米，尤其是近十年来增长迅猛，年均增长达15.4%；但排放强度呈现出波动性下降，由 1983 年的 26.5 标立方米/万元增长到1990 年的 29.4 标立方米/万元，再波动性降低到 2011 年的 15.8 标立方米/万元。从工业固体废弃物产生量看，总量逐年上升，与工业废物排放走势基本一致，特别是近十年以年均增长 17.7%；排放强度与废物排放强度趋势也基本一致，呈波动性下降，2010 年较 1981 年降低了 70%（见图 10 – 2 至图 10 – 4）。

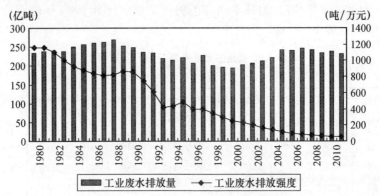

图 10 – 2 我国工业废水排放量及强度

图 10 – 3 我国工业废气排放量及强度

① 污染排放强度 = 污染排放量/工业增加值。

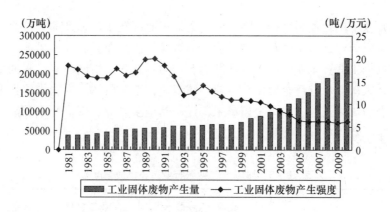

图 10 - 4　我国工业固体废物产生量及强度

与发达国家相比，我国工业污染排放强度比较大。在当前我国还处于重化工业发展的特殊阶段背景下，钢铁、石化等行业产生的废水、废气及固体废弃物等的强度均较大。以固体废弃物产生强度为例，我国工业的排放强度远远高于日本。日本从 20 世纪 80 年代以来，工业发展产生的固体废弃物的强度①均保持在 0.31～0.35吨/万元的低水平，也处于世界先进水平。同期，我国工业污染物产生强度虽然逐年降低，由 1985 年的 6.04 吨/万元降低到 2009 年的 1.89 吨/万元，但仍然远远高出日本同期 0.35 吨/万元的排放强度，工业污染的控制和处理的任务艰巨（见图10 - 5）。

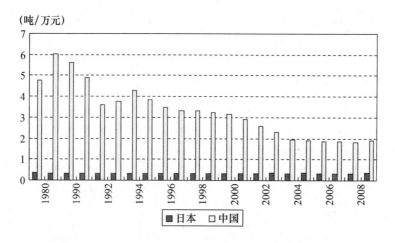

图 10 - 5　中国与日本工业固体废物排放强度比较

---

① 工业固体废弃物排放强度＝工业固体废物物产生总量/工业增加值，其中工业增加值以 2000 年基准价测算。

我国工业不同行业污染排放强度差异大，工业废气排放强度前5位为：电力热力的生产和供应业、非金属矿物制品业、造纸及纸制品业、其他采矿业、黑色金属冶炼及压延加工业；工业废水排放强度前5位为：造纸及纸制品业、水的生产和供应业、其他采矿业、有色金属矿采选业、纺织业；工业固体废弃物排放强度前5位为：有色金属矿采选业、黑色金属矿采选业、其他采矿业、煤炭开采和洗选业、电力热力的生产和供应业（见表10-3）。

表10-3 2010年工业各行业污染排放强度①

行业	工业废水排放强度（吨/万元）	工业二氧化硫排放强度（千克/万元）	工业固体废弃物排放强度（吨/万元）
行业总计	3.03	2.4	0.32
煤炭开采和洗选业	4.74	0.7	1.24
石油和天然气开采业	1.17	0.4	0.02
黑色金属矿采选业	2.56	0.9	5.33
有色金属矿采选业	10.23	2.9	7.72
非金属矿采选业	2.48	1.3	0.58
其他采矿业	11.99	4.2	2.32
农副食品加工业	4.10	0.5	0.06
食品制造业	4.81	1.0	0.06
饮料制造业	8.25	1.2	0.10
烟草制品业	0.46	0.2	0.01
纺织业	8.61	0.9	0.03
纺织服装鞋帽制造业	0.98	0.1	0.00
皮革毛皮羽毛（绒）及其制品业	3.57	0.2	0.01
木材加工及木竹藤棕草制品业	0.68	0.4	0.03
家具制造业	0.49	0.1	0.00
造纸及纸制品业	37.73	4.9	0.22
印刷和记录媒介的复制业	0.44	0.1	0.00
文教体育用品制造业	0.34	0.0	0.00
石油加工、炼焦及核燃料加工业	2.39	2.2	0.12

① 行业污染排放强度 = 污染排放量/工业总产值。

行业	工业废水排放强度（吨/万元）	工业二氧化硫排放强度（千克/万元）	工业固体废弃物排放强度（吨/万元）
化学原料及化学制品制造业	6.45	2.2	0.30
医药制造业	4.48	0.7	0.03
化学纤维制造业	8.55	2.2	0.09
橡胶制品业	1.19	0.7	0.02
塑料制品业	0.36	0.2	0.01
非金属矿物制品业	1.01	5.3	0.16
黑色金属冶炼及压延加工业	2.26	3.4	0.73
有色金属冶炼及压延加工业	1.11	2.9	0.31
金属制品业	1.50	0.2	0.02
通用设备制造业	0.37	0.1	0.02
专用设备制造业	0.45	0.2	0.01
交通运输设备制造业	0.47	0.1	0.01
电气机械及器材制造业	0.27	0.0	0.00
通信计算机及其他电子设备制造业	0.65	0.0	0.00
仪器仪表及文化办公用机械制造业	0.78	0.0	0.00
工艺品及其他制造业	0.45	0.2	0.01
废弃资源和废旧材料回收加工业	0.50	0.1	0.03
电力热力的生产和供应业	3.20	22.2	1.33
燃气生产和供应业	0.81	0.8	0.03
水的生产和供应业	27.43	0.2	0.02

资料来源：《中国统计年鉴》（2011）及《中国工业经济统计年鉴》（2011）。

二、能源消耗强度及环境排放强度变化的原因分析

能源消耗强度和污染排放强度是衡量工业单位产出的资源环境成本的重要指标，也是节能减排的重要指标。但是影响能源消耗强度和污染排放强度的因素是多方面的，必须了解影响能源消耗和污染排放强度的主要因素，才能制定具有针对性的能耗降低和污染控制策略。

（一）能源消耗强度及环境排放强度变化的原因分析

工业能源消费变化及其机制早已引起学者的关注，大量的研究多是通过分解技术对其变动机制进行详细考察。一般而言，经济活动或生产的总量、经济结构及单位能源消费强度是影响能源消费水平的三个关键因素。因此，两个时期的能源变化量可以分解为规模、技术和结构三种效应。Ki - hong Choi（1995）通过对韩国制造业能源消费变动的分解分析发现，技术效应是能源消费变化的主要因素，而结构效应和交互效应的作用非常小。Miketa（2001）基于 39 个国家 10 个制造业行业的1971～1996 年数据，分析了部门工业经济产出、资本形成及工业能源价格对能源消费强度的影响，认为资本形成对能源强度具有正向作用，且随部门工业经济产出的增加而增强。Arjaree（2005）通过 Laspeyres 指数分解，对泰国工业能源的需求格局、消费总量和能源强度进行了分析，发现工业能源消费强度呈现 U 形曲线，且1997 年之后曲线向上，食品工业、饮料工业和非金属矿选业工业部门的能源需求有着显著的影响。Sudhakara 等（2010）通过分解分析，对印度的制造业能源消费进行了分析，结果发现结构效应是能源消费强度降低的最重要的驱动因素，而非能源消费的技术提升。许多学者变动地认为，中国工业能源消费强度变化的主导因素是技术，而结构调整和规模因素的作用都相对较弱；但也有一些学者强调结构转换是中国能源消费强度提高的主要原因；另外一些学者利用面板数据，通过计量模型研究中国工业能源消费变化的多因素作用，强调技术进步、产权、贸易结构、能源价格等对工业行业能源消费强度都有着明显的影响。本章选取 1985 年、1995 年、2004 年、2008 年、2011 年 5 个年份工业分行业数据，采用分解方法，将工业能源消费量完全分解为结构效应、技术效应和规模效应，以期深入分析中国工业能源消费变动情况及其影响机制，进而为制定能源政策提供科学决策。

1. 研究方法与数据处理

能源消费强度作为衡量能源利用效率的指标之一已经得到广泛应用。从具体指标看，又可分为多要素指标法和单要素指数分解法。其中，多要素指标法主要以基于生产前沿的假定，考察最优能源投入与实际能源投入的比值，以此反映能源消费的强度。通常以工业能源消费为主要投入要素，并把与其相关的人力、资本也作为投入要素，同时以工业产值作为产出要素。在具体的计算模型中，又可分为参数的随机前沿分析（SFA）和非参数的数据包络分析（DEA）。另外，单要素指数分解法也得到了广泛应用。单要素指数分解法通常是以单位生产总值的能源消费总量为量化指标，采用分解分析法对其变化进行考察。其核心思想是将能源消费强度的变动分解为有关各因素变动的和，以测度各因素对总体能源消费强度变动贡献的大小。而具体的分解技术又可概括为结构分解和技术分解，其中指数分解易于进行时间序列的对比，而结构分解则对数据要求比较高。指数分解的形式有加法形式和乘法形式等。比较而言，由于加法形式分解运算简洁且结果直观明了，易于解读，因此加法形式在应用研究中占绝大多数。本章借鉴已有的分解方法，以工业各行业为基础，将工业能源消费量完全分解为结构效应、技术效应和规模效应，克服了结构分解法存在资料难以获取的困难，能够较容易地进行时间序列比较。具体方法如下：

$$E_t = \sum_i Y_t \frac{Y_{i,t}}{Y_t} \frac{E_{i,t}}{Y_{i,t}} = \sum_i Y_t S_{i,t} I_{i,t} \tag{10-1}$$

$$\Delta E_{tot} = E_t - E_0 = \Delta E_{out} + \Delta E_{str} + \Delta E_{int} \tag{10-2}$$

$$\Delta E_{out} = \sum_i w_{i,t} \ln\left(\frac{Y_t}{Y_0}\right) \tag{10-3}$$

$$\Delta E_{str} = \sum_i w_{i,t} \ln\left(\frac{S_{i,t}}{S_{i,0}}\right) \tag{10-4}$$

$$\Delta E_{int} = \sum_i w_{i,t} \ln\left(\frac{I_{i,t}}{I_{i,0}}\right) \tag{10-5}$$

$$\Delta E_{tot} = E_t - E_0 = \sum_i w_{i,t} \ln\left(\frac{Y_t S_{i,t} I_{i,t}}{Y_t S_{i,0} I_{i,0}}\right) \tag{10-6}$$

$$w_{i,t} = L(E_{i,t}, E_{i,0}) = \frac{(E_{i,t} - E_{i,0})}{\ln E_{i,t} - \ln E_{i,0}} \tag{10-7}$$

$$C_{out} = \frac{\Delta E_{out}}{\Delta E_{out} + \Delta E_{str} + \Delta E_{int}} \times 100\% \tag{10-8}$$

$$C_{str} = \frac{\Delta E_{str}}{\Delta E_{out} + \Delta E_{str} + \Delta E_{int}} \times 100\% \tag{10-9}$$

$$C_{int} = \frac{\Delta E_{int}}{\Delta E_{out} + \Delta E_{str} + \Delta E_{int}} \times 100\% \tag{10-10}$$

式中，Y_t 表示 t 时期的工业总产值；Y_0 表示初始时期的工业总产值；Y_{it}，表示 t 时期分行业工业总产值；S_{it}，表示各行业总产值占所有行业总产值的比例；E 表示能源消耗总量；I 表示能源强度；ΔE_{out}、ΔE_{str} 和 ΔE_{int} 分别表示规模效应、结构效应和技术效应；ΔC_{out}、ΔC_{str} 和 ΔC_{int} 分别表示规模效应贡献率、结构效应贡献率和技术效应贡献率。

能源消费强度通常量化为单位生产总值的能源消费总量，鉴于近年来工业分行业工业增加值数据的不完整，本章选用工业总产值指标，也能度量这一指标。数据主要来源《中国能源统计年鉴》（2012）、《中国经济普查年鉴》（2008）、《中国经济普查年鉴》（2004）、《中华人民共和国 1995 年第三次全国工业普查资料汇编》（地区卷）、《中华人民共和国 1985 年工业普查资料》（第四册）。由于各年份统计口径不同，为了便于研究，对相关行业进行了归并，最终确定为 25 个部门。另外，为了保证数据的可比性，对数据进行了以下处理。首先，基于工业品出厂价格指数，将各年份的现价分行业工业总产值转变为 1980 年的不变价数据。其次，根据能源折算系数对各行业不同种类的能源消费数据进行了换算。通过数据预处理，可以有效保证在分解过程中各时期之间的数据具有可比性，以较真实地反映工业能源消费量的变化情况。

2. 结果分析

总体而言，我国工业能源消耗强度的下降归因于技术效应，贡献率都超过了70%。结构变动在不同的时段内，对我国工业能源消耗强度变动的作用方向和大小都不一。在1985~1995年、1995~2004年和2008~2011年三个时段内，结构变动对我国工业能源消耗都起着节约能源效应。而在2004~2008年，则起着增长能源消耗效应。这一时期，能源消耗强度比较大的非金属矿物制品业、黑色金属冶炼及压延加工业、有色金属冶炼及压延加工业、石油加工业等行业增长迅速，在工业行业结构中的比重有所上升，进而导致工业结构更加趋向"重型化"，增加了工业能源消耗。规模增长一直对工业能源消耗起着增加能耗的作用，这也表明通过规模增长节约我国工业能源消耗的效应一直未能显现（见图10-6）。

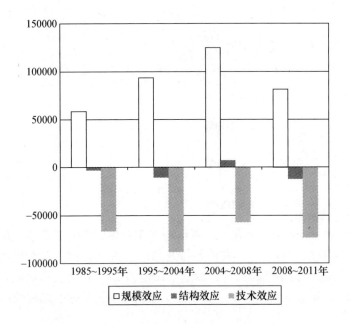

图10-6 中国工业总体能源消费强度变化的分解结果

各工业部门的能源消费强度差异巨大，非金属矿物制品业、黑色金属冶炼及压延加工业、有色金属冶炼及压延加工业、石油加工业、化学工业、造纸及纸制品业和采矿业等行业的能耗强度显著高于其他行业。1995年、1995年、2004年和2008年四个年份，非金属矿物制品业的能源消费强度位居各部门之首；2011年黑色金属冶炼及压延加工业成为能源消费强度最高的工业部门。同时，这7个高耗能行业占全国能源消费总量的比重也比较高，所有年份比重都在65%左右。这些行业能源消耗强度的技术效率提升对降低整个工业能源消耗强度的贡献最大。但在，2004~2008年这一时期，正是这些高耗能行业规模扩张产生的结构效应在一定程度上抵消了技术效应，阻碍了工业能源消费强度的降低（见表10-4）。

表 10 - 4　我国工业各部门能源消费强度变化

单位：吨标准煤/万元

指标 行业 年份	能耗强度					能耗强度变化			
	1985	1995	2004	2008	2011	1985 ~ 1995	1995 ~ 2004	2004 ~ 2008	2008 ~ 2011
采矿业	5.30	6.74	3.65	2.09	1.21	1.45	- 3.09	- 1.56	- 0.88
食品工业	1.88	1.97	0.89	0.56	0.32	0.09	- 1.09	- 0.32	- 0.25
饮料烟草工业	1.69	1.28	0.75	0.54	0.35	- 0.41	- 0.53	- 0.21	- 0.19
纺织业	0.72	1.60	1.54	1.25	0.84	0.88	- 0.06	- 0.29	- 0.40
服装及其他纤维制品制造业	0.29	0.86	0.41	0.32	0.24	0.57	- 0.45	- 0.09	- 0.08
皮革毛皮及其制品业	1.01	0.59	0.35	0.28	0.18	- 0.42	- 0.24	- 0.08	- 0.09
木材加工及家具制造业	2.06	1.51	0.91	0.62	0.40	- 0.55	- 0.59	- 0.30	- 0.21
造纸及纸制品业	5.44	4.50	3.20	2.11	1.45	- 0.94	- 1.30	- 1.08	- 0.66
印刷及文教体育用品制造业	0.58	0.63	0.76	0.46	0.39	0.05	0.13	- 0.30	- 0.07
石油加工业	5.02	9.11	4.06	2.53	1.65	4.09	- 5.04	- 1.53	- 0.88
化学工业	11.45	8.55	5.41	3.55	2.48	- 2.89	- 3.15	- 1.85	- 1.08
医药工业	2.00	2.04	1.12	0.72	0.44	0.04	- 0.92	- 0.40	- 0.28
化学纤维工业	4.25	3.29	2.33	1.52	1.00	- 0.96	- 0.96	- 0.81	- 0.52
橡胶制品业	1.58	1.77	1.70	1.32	0.91	0.19	- 0.07	- 0.38	- 0.40
塑料制品业	0.82	0.88	0.94	0.78	0.57	0.06	0.06	- 0.16	- 0.21
非金属矿物制品业	18.15	9.34	8.47	5.06	3.32	- 8.81	- 0.87	- 3.41	- 1.74
黑色金属冶炼及压延加工业	15.84	13.80	6.02	4.83	4.30	- 2.04	- 7.77	- 1.19	- 0.53
有色金属冶炼及压延加工业	3.97	4.78	3.69	2.24	1.70	0.81	- 1.09	- 1.44	- 0.55
金属制品业	1.94	1.14	1.33	0.84	0.67	- 0.80	0.20	- 0.50	- 0.17
机械工业	1.65	1.27	0.73	0.47	0.37	- 0.38	- 0.54	- 0.27	- 0.09
交通运输设备制造业	1.18	0.79	0.53	0.34	0.28	- 0.39	- 0.26	- 0.19	- 0.06
电气机械及器材制造业	0.75	0.41	0.35	0.25	0.19	- 0.34	- 0.07	- 0.10	- 0.05
电子及通信设备制造业	0.35	0.18	0.20	0.21	0.18	- 0.17	0.02	0.01	- 0.03
仪器仪表及其他计量器具制造业	0.65	0.56	0.27	0.24	0.18	- 0.09	- 0.28	- 0.04	- 0.05
电力煤气及水的生产和供应业	4.50	6.73	2.38	2.60	1.34	2.24	- 4.35	0.22	- 1.25

注：工业能源强度为能源消耗总量与工业总产值比重。

187

（二）主要工业污染物排放强度变化的原因分析

工业经济快速发展过程中环境污染问题受到越来越多的关注。Grossman 和 Krueger（1991）认为，经济发展通过三种途径影响污染排放，分别为规模效应、结构效应和技术效应，且作用机理不尽相同。之后的一些研究采用因素分解法检验了主要污染物排放的影响因素。如 De Bruyn 和 Sander（1997）对 1980~1990 年荷兰与西德二氧化硫排放的分解发现，两国单位产出的二氧化硫排放减少主要归功于技术效应，而结构效应的作用十分有限。Hamilton 和 Turton（2002）对 1982~1997 年 OECD 国家二氧化碳排放的分解发现，人均 GDP 增加和人口增长提高了污染排放，而资源消耗强度降低和化石资源使用减少降低了污染排放。Levinson（2007）对 1970~2002 年美国四种主要污染物排放的分解发现，技术效应是降低污染排放量的主要原因。近年来，中国学者也开始利用分解的方法研究环境和资源问题。刘睿劼、张智慧（2012）采用对数平均迪氏指数（LMDI）法将影响工业二氧化硫排放的因素进行分解，并指出了目前工业二氧化硫减排的主要方向与障碍。何建武、李善同（2008）利用结构分解法将经济增长对于环境影响分解为规模效应、结构效应和技术效应，并对 2000 年以来工业部门的数据进行了分析，得出规模效应是污染排放量大幅增长的主要原因，技术效应是抑制污染排放的主要因素。齐志新、陈文颖（2006）使用拉氏分解法对 1980~2003 年中国资源效率提高的分解发现，产业结构调整和各产业部门资源消耗强度的降低提高了资源使用效率。黄菁（2009）使用 LMDI 方法对 1994~2007 年中国四种主要工业污染物排放的分解发现，规模效应是增加工业污染的主要原因，技术效应是减少污染排放的最重要力量，结构效应的变化在一定程度上增加了中国的工业污染。本章选取 2002 年和 2010 年两个年份工业分行业数据，采用分解方法，将工业污染排放完全分解为结构效应、技术效应和规模效应，以期深入分析中国工业污染排放变动情况及其影响机制，进而为制定污染减排政策提供科学决策。

1. 研究方法与数据说明

参照上文工业能源强度分解方法，在此不再赘述。其中，工业分行业产出数据选用工业总产值指标，资料来源于《中国统计年鉴》（2003，2011）。分行业环境污染物排放资料来源于《中国环境统计年鉴》（2003，2011）。另外，为了保证数据的可比性，对数据进行了以下处理。首先，基于工业品出厂价格指数，将各年份的现价分行业工业总产值转变为 2000 年的不变价数据。其次，由于各年份统计口径不同，为了便于研究，对相关行业进行了归并，最终确定为 25 个部门。

2. 结果分析

从工业废水排放、工业二氧化硫和工业固体排放强度变化看，我国工业污染物排放强度下降的原因源于工业结构效应。2002~2010 年，工业结构效应对三者强度都起着降低作用。其中，对工业二氧化硫排放强度降低作用最大，对工业废水和工业固体排放强度的效应仍较弱，未来仍需进一步发挥结构调整的减排潜力。规模增长是阻碍我国工业污染强度降低的主要原因，总体看，规模效应对阻碍三者主要工业污染强度降低的贡献都超过了 50%。技术效应对工业二氧化硫和工业固体废物排放强度降低起着主要作用，对两者强度降低的贡献率都超过了 60% 以上。而对工业废水排放强度却起着反向作用，这主要由于占废水排放总量比重较大的造纸、电力等行业废水排放强度并未实现有效降低（见图 10-7）。

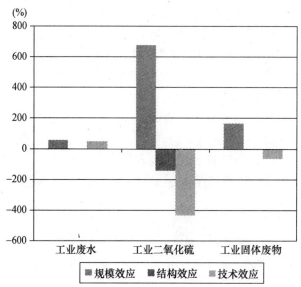

图 10-7　中国工业废水排放、二氧化硫排放、工业固体废物排放强度变化因素

三、中国工业发展的资源环境约束趋势判断

以上分析表明，尽管改革开放以来，我国工业发展的资源环境效率水平有了大幅提升，但仍远落后于世界发达国家。尤其工业能源效率等一些关键指标，目前仍未达到世界平均水平。工业发展的资源环境效率低下，对我国工业经济增长产生了严重的负面影响。

（一）资源环境约束日趋增强

首先，与当前国际先进水平相比，到 2020 年，我国工业节能减排的任务艰巨。从能耗看，按 2010 年中国工业能耗强度及世界先进水平能源强度预测，到 2020年，我国工业应至少减少能耗总量 44 万吨标准煤。从污染排放看，按 2009 年中国及日本（先进水平）工业固体废弃物产生强度测算，到 2020 年，我国至少应减少固体废弃物排放 59.3 亿吨。

其次，工业能源消耗的约束趋势更加强化，工业碳排放压力加大。其一，若以

2010 年中国工业能耗强度为标准，2020 年工业能耗总量 698771 万吨标准煤，占世界能源生产总量的 33.1%，比 2010 年占比提高 21.9 个百分点。另外从工业能源消耗增量看，2020 年工业消费新增 467669 万吨标准煤，远超出 2020 年世界能源生产的新增量①。这也表明在此背景下，世界所有能源生产量也难以支撑我国工业发展需求，目前的工业能源消耗方式根本行不通。其二，若以 2010 年日本工业能耗为标准，2020 年工业能耗总量 258804 万吨标准煤，占世界能源生产总量的 12.3%，比 2010 年占比下降 1.0 个百分点。另外从工业能源消耗增量看，2020 年工业消费新增 27702 万吨标准煤，低于 2020 年世界能源生产新增量（见表 10 - 5）。这要求我国工业结构调整和技术水平提升必须取得重大突破，否则在短期内很难达到日本能耗标准。即使能够达到先进标准，我国工业发展也将增加 27702 万吨标煤产生的碳排放，将为实现我国 2020 年碳排放承诺增加了一定的难度。

最后，工业污染排放压力更大。我国工业污染物排放总量很大，而且逐年增加，许多地区环境污染已大大超过环境容量，呈极限状态。工业固体废弃物污染成为环境的主要污染源，即使以日本固体废弃物产生为标准，我国仍将产生 134781 万吨工业固体废弃物。由于累积性环境污染影响，环境污染对健康危害及经济社会等负面影响更加凸显。

表 10 - 5　2020 年工业能耗及排放测算

指标	2010 年	2020 年	备注（2020 年目标值测算参数）
工业增加值（亿元）	127359	385089	以"十一五"期间我国工业增加增平均增速 11.7% 为参考
工业能耗总量（万吨标准煤）	231102	698771	以 2010 年我国工业能耗强度 1.815 吨标准煤/万元为参考
		258804	以 2010 年日本工业能耗强度 0.672 吨标准煤/万元为参考
差额（万吨标准煤）		439967	
工业固体废弃物产生量（万吨）	240944	727818	以 2009 年我国工业固体废弃物产生强度 1.89 吨/万元为参考
		134781	以 2009 年日本工业固体废物产生强度 0.35 吨/万元为参考
差额（万吨）		593037	

注：我国及日本能耗强度、固体废弃物产生强度均以 2000 年价为基准测算。

---

① 根据 BP Energy Outlook 2030：January 2013，2010 年世界能源生产总量为 1738322 万吨标准煤，2020 年世界能源生产总量为 2110267 万吨标准煤。

（二）资源环境约束严重影响工业经济增长速度和效益

日本通过环保法律法规及科技创新等手段的综合运用，成为世界环保大国，工业能耗和排放标准处于领先地位。我国工业发展的高能耗、高排放状况与日本相比尤为明显。按固体废弃物排放及能耗标准测算，若达到同期日本标准，我国的工业增加值产出将大大降低。从固体废弃物排放测算，1985 年、1990 年、2000 年和 2009 年仅能产生同期工业增加值的 7%、5.3%、10.2% 和 19.5%，可见固废排放对工业的约束极其严重，减排的压力巨大。从能耗强度测算，1990 年、2000 年和 2009 年仅能产生同期工业增加值的 22.1%、87.3% 和 90.3%，可见我国工业节能成效显著，与日本的差距快速缩小（见表 10 – 6）。

表 10 – 6 按日本固废排放及能耗水平测算中国工业增长情景

年份	工业增加值（亿元，2000 年价）	按日本同期固废排放强度计可产生的工业增加值（亿元）	按日本同期排放标准可产生工业增加值占同期实际比值（%）	按日本同期能耗强度计可产生的工业增加值（亿元）	按日本同期能耗强度可产生工业增加值占同期实际比值（%）
1985	9678	675	7.0		
1990	9583	507	5.3	2121	22.1
1991	10479	583	5.6		
1992	12716	840	6.6		
1993	17180	1551	9.0		
1994	16456	1488	9.0		
1995	15049	1151	7.6		
1996	17068	1446	8.5		
1997	18837	1787	9.5		
1998	19233	1983	10.3		
1999	21880	2214	10.1		
2000	25065	2562	10.2	21880	87.3
2001	28329	3092	10.9		
2002	33737	3976	11.8		
2003	41969	5699	13.6		
2004	51629	7618	14.8		
2005	69336	12362	17.8	51629	74.5
2006	79590	13822	17.4	69336	87.1

年份	工业增加值（亿元，2000年价）	按日本同期固废排放强度计可产生的工业增加值（亿元）	按日本同期排放标准可产生工业增加值占同期实际比值（%）	按日本同期能耗强度计可产生的工业增加值（亿元）	按日本同期能耗强度可产生工业增加值占同期实际比值（%）
2007	93449	15925	17.0	79590	85.2
2008	102109	16946	16.6	93449	91.5
2009	113060	22014	19.5	102109	90.3

（三）资源环境效率的高位"拐点"已现端倪

学术界通常采用人均收入与资源环境效率关系的二次方程来刻画库兹涅茨曲线（EKC），部分研究为了凸显曲线形状，对人均收入取自然对数处理，得到明显的倒"U"形曲线。此外，由于资源环境效率的影响因素众多且日趋复杂，一些学者开始尝试用三次方程进行曲线拟合，使对EKC的研究更加深入。传统的EKC曲线显示，资源环境效率与人均GDP之间存在"U"形曲线关系，但Zaim和Taskin（2000）等基于一元三次函数拟合的研究发现，二者之间存在"N"形曲线关系，即资源环境效率随人均GDP的增加先增加后减少再增加。Frield和Getzner（2002）应用奥地利1960～1999年度经济增长与二氧化碳排放量的时间序列数据检验EKC假说，发现对数据拟合度最佳的是三次方型（"N"形）而非通常的倒"U"形关系。Halkos等（2009）通过对欧盟17国的研究发现，人均GDP与环境效率之间存在负相关，即环境效率并没有随着经济水平的提高而提高，不断增加的经济活动无法确保相应的环境保护力度，环境难以得到有效保护，由此得出经济的增长方式比增长本身更重要的结论。国内部分学者初步尝试以污染强度为纵坐标描述二者关系，认为中国城市工业污染强度与经济增长的关系曲线有明显的幂函数特征。由于各国发展阶段和产业结构的差异性，以及学者采用数据的不同，导致其研究结论各有不同，EKC假说也很难被严格验证。鉴于以上研究基础，本章基于1990～2011年我国工业发展的资源、环境效率和人均GDP数据及日本历史时期数据，以可比价人均GDP为横坐标，以工业发展的资源、环境效率为纵坐标，研究我国及日本工业发展的资源环境效率库兹涅茨曲线的走向和特征。

1. 研究方法与指标选取

采用EKC的简化模型进行分析，设定模型时，将代表资源环境效率的各种指标作为被解释变量，将可比人均GDP及其平方项和立方项作为模型中的解释变量。基本函数如下：

$$Y = \beta_0 + \beta_1 X + \beta_2 X^2 + \beta_3 X^3 + \varepsilon \qquad\qquad (10-11)$$

其中，Y 表示工业发展的资源环境效率指标；X 表示可比价人均 GDP；ε 为随机误差项。模型的待定参数 β_1、β_2、β_3 可以反映出经济水平与资源环境效率之间的不同关系：

（1）$\beta_1 = \beta_2 = \beta_3 = 0$，$X$ 和 Y 没有相关关系。

（2）$\beta_1 > 0$，$\beta_2 = \beta_3 = 0$，X 和 Y 是单调递增关系。

（3）$\beta_1 < 0$，$\beta_2 = \beta_3 = 0$，X 和 Y 是单调递减关系。

（4）$\beta_2 < 0$，$\beta_3 = 0$，X 和 Y 是倒"U"形关系。

（5）$\beta_2 > 0$，$\beta_3 = 0$，X 和 Y 是"U"形关系。

（6）$\beta_2 < 0$，$\beta_3 > 0$，X 和 Y 是"N"形关系。

（7）$\beta_2 > 0$，$\beta_3 < 0$，X 和 Y 是倒"N"形关系。

选取产业发展的单位能耗、单位电耗、单位水耗、单位废水排放、单位废气排放、单位二氧化硫排放和单位固废产出的工业增加值 7 个单项指标，通过二项式和三项式的 EKC 模型拟合运算，曲线拟合的结果及相应参数详见图 10 - 8 和表 10 - 7。在此基础上，基于拟合曲线调整 R^2 和 F 值检验，确定最佳模型，并根据拟合曲线的参数，判断曲线的形状类别。

2. 结果分析

中国和日本人均 GDP 与资源环境效率所有指标均有较好的拟合效果。调整 R^2 均在 0.740 以上，F 检验值也均能通过，表明人均 GDP 与资源、环境效率均呈现出高度的相关性。从模型类型看，一元三次方程的拟合效果更好。通过结果分析，我们可以得出如下结论：

（1）我国多数指标的拟合曲线在 1994 年前后出现了拐点。这一时期也是我国工业化进程的历史节点。剧烈的经济结构和产业结构变动引发了资源环境效率的波动，在 EKC 曲线上以"拐点"的形式表现出来。各个资源环境指标的高位"拐点"端倪已现，表明未来我国节能、减排的压力比较大。如果不加强政策干预，工业资源环境效率则可能下降。

（2）日本工业资源环境效率也出现不同程度的波动。工业电耗效率的"拐点"分别在 1965 年和 1995 年前后。前一"拐点"之后，日本电耗工业增加值效率呈上升趋势。而后者则是日本电耗效率高位"拐点"，自此日本电耗工业增加值效率呈下降趋势。日本工业固废产出效率的"拐点"分别在 1995 年和 2005 年前后。两者之间时间较短，且下降幅度较小。从日本资源环境效率随工业化进程的演进趋势可以看出，工业发展的资源环境效率波动趋势不可避免，但并非不可作为。未来为了提高我国工业发展的资源环境效率，应积极延长低位"拐点"至高位"拐点"的时间，尽可能缩短高位"拐点"至低位"拐点"的时间。

(a) 我国单位能耗工业增加值

(b) 我国单位电耗工业增加值

(c) 我国单位水耗工业增加值

(d) 我国单位废水工业增加值

(e) 我国单位废气工业增加值

(f) 我国单位二氧化硫工业增加值

(g) 我国单位固废产出工业增加值

(h) 日本单位电耗工业增加值

图 10-8　人均 GDP 与各项资源环境效率指标拟合曲线

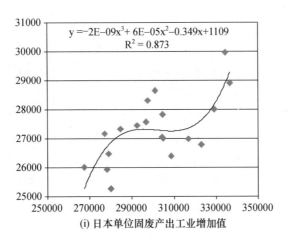

$$y = -2E-09x^3 + 6E-05x^2 - 0.349x + 1109$$
$$R^2 = 0.873$$

(i) 日本单位固废产出工业增加值

图 10 - 8　人均 GDP 与各项资源环境效率指标拟合曲线（续）

表 10 - 7　人均 GDP 与资源环境效率的关系模型

指标	模型	β_0	β_1	β_2	β_3	调整 R^2	最佳模型	曲线形状
我国单位能耗工业增加值	二项式	3091	- 0.757	9.00E - 05		0.866		
	三项式	10106	- 4.053		- 2.00E - 08	0.883	√	倒 "N"
我国单位电耗工业增加值	二项式	3.947		7.00E - 08		0.760		
	三项式	8.061	- 0.002	4.00E - 07	- 2.00E - 11	0.820	√	倒 "N"
日本单位电耗工业增加值	二项式	13.58	5.00E - 05	4.00E - 11		0.899		
	三项式	23.90		2.00E - 09	- 1.00E - 14	0.937	√	倒 "N"
我国单位水耗工业增加值	二项式	79.64	- 0.025	3.00E - 06		0.877		
	三项式	205.80	- 0.085	1.00E - 05	- 4.00E - 10	0.894	√	倒 "N"
我国单位废水排放工业增加值	二项式	357.1	- 0.132	1.00E - 05		0.917		
	三项式	756.3	- 0.322	4.00E - 05	- 1.00E + 09	0.922	√	倒 "N"
我国单位废气排放工业增加值	二项式	127.2	- 0.002	1.00E - 06		0.744		
	三项式	309.3	- 0.090	1.00E - 05	- 6.00E - 10	0.757	√	倒 "N"

指标	模型	β_0	β_1	β_2	β_3	调整 R^2	最佳模型	曲线形状
我国单位二氧化硫排放工业增加值	二项式	387.1	-0.121	1.00E-05		0.961		
	三项式	1062.0	-0.408	5.00E-05	-2.00E-09	0.970	√	倒"N"
我国单位固废产出工业增加值	二项式	2098	-0.199	5.00E-05		0.864		
	三项式	1109	-0.349	6.00E-05	-2.00E-09	0.873	√	倒"N"
日本单位固废产出工业增加值	二项式	27228	-0.035	1.00E-07		0.438		
	三项式	1109	-0.349	6.00E-05	-2.00E-09	0.873	√	倒"N"

注：篇幅所限，F 检验等值未标注。

（执笔人：杨威 余贵玲）

参考文献

［1］ Na Liu, B. W. Ang. Factors Shaping Aggregate Energy Intensity Trend for Industry：Energy Intensity Versus Product Mix ［J］. Energy Economics, 2007 （29） .

［2］ Nooji M. , Kruk R. , Soest D. P. International Comparisons of Domestic Energy Consumption ［J］. Energy Economics, 2003 （25） .

［3］ B. W. , Ang Lee S. Y. Decomposition of Industrial Energy Consumption：Some Methodological and Application Issues ［J］. Energy Economics, 1994 （16） .

［4］ KI - HONG CHOI, B. W. Ang, K. K. RO. Decomposition of the Energy Intensity Index with Application for the Korean Manufacturing Industry ［J］. Energy, 1995, 20 （9） .

［5］ A. Miketa. Analysis of Energy Intensity Developments in Manufacturing Sectors in Industrialized and Developing Countries ［J］. Energy Policy, 2001 （29） .

［6］ Arjaree Ussanarassamee, Subhes C. Bhattacharyya. Changes in Energy Demfand in Thai Industry between 1981 and 2000 ［J］. Energy, 2005 （30） .

［7］ B. Sudhakara Reddy, Binay Kumar Ray. Decomposition of Energy Consumption and Energy Intensity in Indian Manufacturing Industries ［J］. Energy for Sustainable Development, 2010 （14） .

［8］ Ang B. W. Decomposition Analysis for Policymaking in Energy：Which is the Preferred Method ［J］. Energy Policy, 2004 （32） .

［9］ Zaim O. , Taskin F. A Kuznets Curve in Environmental Efficiency：An Application on OECD Countries ［J］. Environmental and Resource Economics, 2000, 17 （1） .

［10］ Friedl B. and Getzner M. Environment and Growth in a Small Open Economy：An EKC Case -

study for Austrian CO_2 Emissions ［R］. Discussion Paper of the College of Business Dministration University of Klagenfurt, Austria, 2002.

［11］Halkos G., Tzeremes N. Trade Efficiency and Economic Development: Evidence from a Cross Country Comparsion ［J］. Journal of Applied Economics, 2008, 40 (21).

［12］Grossmann G. M., Krueger A. B. Environmental Impact of a North American Free Trade Agreement ［R］. NBER Working Paper, No. 3914, 1991.

［13］De Bruyn, Sander M. Explaining the Environmental Kuznets Curve: Structural Change and International Agreements in Reducing Sulphur Emissions. Environment and Development Economics, 1997, 2 (4).

［14］Hamilton C., Turton H. Determinants of Emissions Growth in OECD Countries ［J］. Energy Policy, 2002, 30 (1).

［15］Levinson A. Technology, International Trade and Pollution from U. S. Manufacturing ［R］. NBER Working Paper, No. 13616, 2007.

［16］刘睿劼, 张智慧. 中国工业二氧化硫排放趋势及影响因素研究[J]. 环境污染与防治, 2012, 34 (10).

［17］何建武, 李善同. 近年来经济增长对于环境影响的因素分析[J]. 发展研究, 2008 (8).

［18］齐志新, 陈文颖. 结构调整还是技术进步: 改革开放后我国资源效率提高的因素分析 [J]. 上海经济研究, 2006, 22 (6).

第十一章 中国工业发展的需求
条件及变化

内容提要： 当前工业发展的需求条件处于阶段性变化的关键时期，城乡消费差距长期存在和政府消费比重上升，居民消费结构更加偏向享受性和发展性消费品对工业发展提出了更高要求，工业投资出现增长疲软态势和投资占比过高制约投资需求进一步快速扩张，工业制成品出口增速明显回落，外需市场面临发达国家"再工业化"和后发国家赶超挑战。通过三大需求对工业发展的实证研究可以发现，虽然工业固定资产投资增长对第二产业增长的作用十分显著，工业发展对投资的依赖程度趋于上升，但 2007 年之后投资对工业的拉动作用开始弱化；近年来消费对工业增长的拉动作用趋于上升，但效果依然不够显著；最近十年出口对我国工业发展具有显著的积极作用，但 2007 年之后净出口的工业拉动作用大幅回落，工业发展对净出口的依赖程度也出现转折性变化。因此，未来工业增长形势严峻。根据初步预测估算，2013~2020 年，工业增加值年均实际增速在 8.5% ~9%。

需求总量和结构变化对工业发展产生重要拉动和引导作用。近年来，投资需求在工业发展中占据越来越明显的主导地位，并且受外向型经济发展战略影响，外部需求对我国工业发展的带动作用举足轻重，而许多国家倚重的消费需求在我国工业发展中的作用却受到抑制。随着我国经济进入"次高"增长阶段，投资产出效率趋于下降和政府主导型投资模式弊端的日益显现，主要发达国家经济复苏步伐缓慢，外需市场长期得不到根本改善，社会保障制度不健全，储蓄率居高不下，抑制居民消费，需求端对工业发展的促进作用不容乐观，可能直接导致工业增长出现阶段性变化。因此，着重分析不同需求因素对工业及其行业发展的影响，能更加明确当前严峻经济形势对工业发展的潜在影响，还能对完善工业发展的需求政策产生重要的启示意义。

一、需求条件与工业发展的作用机制

（一）我国需求水平及结构变化历史回顾

1. 宏观需求水平及结构变化

由于当前工业在我国国民经济中占据绝对多数份额，经济增长主要来源于工业增长，因此对国民经济影响巨大的宏观需求也一定程度上决定了工业发展。按照国民经济核算中支出法的划分方法，宏观需求由最终消费支出、资本形成和净出口三部分构成。自改革开放以来，三大需求总量均保持了快速增长势头，且存在明显的阶段性波动特征。其中，1979～2011 年，实际最终消费支出年均增长 9.2%，实际资本形成年均增长 11%，外需在加入世界贸易组织（2001 年 12 月）之后增长尤为强劲，2002～2011 年实际净出口年均增长达到 23.2%。如果将中国加入世界贸易组织的时间作为分界线，可以发现三大需求实际值波动性均大幅缩小。其中，1978～2001 年，实际最终消费支出、资本形成和净出口的变异系数分别为 55.6%、59.2% 和 188.2%，2002～2011 年，三大需求实际值对应的变异系数分别变为30.8%、43.6% 和 59.1%，三大需求稳定性明显增强，特别是外需变异系数大幅减小了 129.1 个百分点。

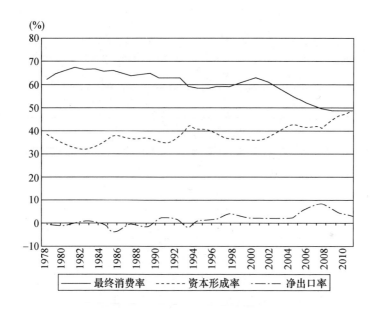

图 11 -1　三大需求占比变化情况

注：最终消费率指最终消费支出占支出法国内生产总值的比重，资本形成率和净出口率均按此方法计算。

资料来源：《中国统计年鉴》(2012)。

　　三大需求间的比例关系变化也表现出了诸多引人注目的特征。首先，最终消费率趋于下降，资本形成率和净出口率趋于上升。自 1978 年以来，最终消费率从 20世纪 80 年代的高于 60%，到 2007 年之后的低于 50%。与此相反，资本形成率从20 世纪 80 年代的不足 40%，到 2003 年之后超过 40%，并与最终消费率日趋接近。净出口率在 1994 年超过 0 之后，保持正值，并一度接近 10%（见图 11 - 1）。这一结果表明，内需结构中投资的重要性不断攀升，需求结构中外需的作用愈加不可忽视。其次，内需结构处于阶段性变化的关键时期。虽然最终消费率趋于下降，但

2008 年以来，最终消费率呈现触底反弹态势，最终消费贡献率更是在 2003 年之后止跌回升，并于 2011 年再度超过资本形成贡献率成为经济增长最大推动力（见图 11－2）。从图 11－2 中还可以发现，资本形成贡献率与净出口贡献率之间存在明显的反向变动关系，说明当国内投资形势不好时，往往转而依赖外需拉动，该模式成为过去 30 年我国经济增长需求结构中的一大特色。鉴于当前国内决策层和学术界对于过度依赖投资和外需增长模式的担忧，以及对依靠国内消费驱动经济增长模式的认可度越来越高，经济增长中需求驱动因素的结构调整将成为今后一段时期改革的重要方向。

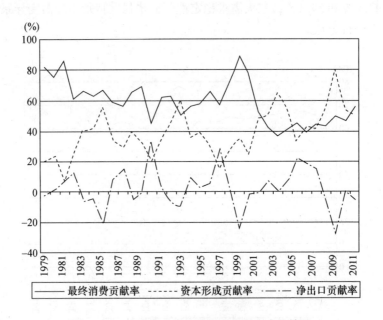

图 11－2　三大需求对经济增长贡献率变化情况

注：贡献率指三大需求增量与支出法国内生产总值增量之比。

资料来源：《中国统计年鉴》（2012）。

2. 国内外宏观需求结构变化比较

发达国家处于后工业化时期，消费占 GDP 比重稳步上升，达到 70% ~90% 的高位，投资、净出口占 GDP 比重趋势下行，投资占比大多低于 20%，净出口占比基本为负数。较特殊的是德国，1970 年以来，其消费占 GDP 比重基本保持稳定，维持在超过 75% 的高位，净出口占 GDP 比重表现为上升趋势，尤其是 1993 年以来，一举扭转了 1970 年以来的负值，变为正值，这主要得益于德国出口的快速增长，其出口占 GDP 比重在 2011 年升至创纪录的 50.2%，远高于其他主要发达经济体。从工业增加值占 GDP 比重与需求结构的关系可以看出，随着工业增加值占 GDP 比重的增加，发达国家消费占比趋于下降，投资占比趋于缓慢上升，净出口占比保持相对稳定（见图 11－3 中发达国家代表美国图示）。虽然发达国家工业增加值占 GDP 比重均呈下降趋势，但是从发达国家的经验可以看出，若发达国家工业处于上升态势，其投资需求的重要性会上升，消费需求的重要性会下降，中国也表现出了相同的变化特征（见图 11-4）。中国与发达国家相比，宏观需求结构的差异主要表现在：三大需求占比的变动方向均正好相反，消费占比明显偏低，而投资和净出口占比偏高，尤其是投资占比比发达国家高 10 个百分点以上，在净出口占比也与大多数发达国家该值为负数不同，较相近的发达国家是德国。

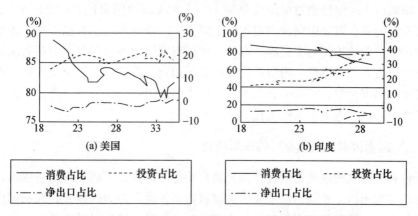

图 11-3　美国、印度工业增加值占 GDP 比例与需求结构关系

注：横坐标为工业增加值占 GDP 比重，消费占比使用的是左纵坐标，投资占比和净出口占比使用的是右纵坐标。

资料来源：根据世界银行数据库整理计算而得。

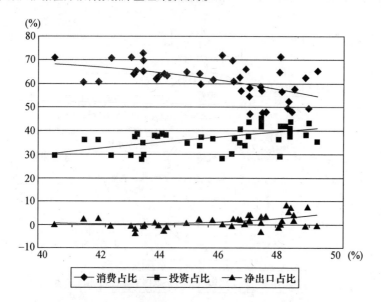

图 11-4　中国工业增加值占 GDP 比例与需求结构关系

注：横坐标为工业增加值占 GDP 比重。

资料来源：根据世界银行数据库整理计算而得。

发展中国家大多处于工业化过程中，消费占 GDP 比重稳步下降，投资占 GDP 比重趋势上升，净出口占 GDP 比重的变化具有多样性，很大程度上取决于该国的资源要素禀赋和对外贸易战略，东亚的出口导向型国家净出口占比趋于上升，资源出口型国家净出口占比长期居于较高水平，并受国际资源价格和竞争格局变化影响明显。从工业增加值占 GDP 比重与需求结构的关系可以看出，随着工业增加值占 GDP 比重的增加，与发达国家类似，发展中国家消费占比趋于下降，投资占比趋于上升，净出口占比保持相对稳定（见图 11 - 3 中发展中国家代表印度图示）。与发达国家不同的是，发展中国家消费占比下降更快，投资占比上升也更快，这显然和发展中国家产业结构相对变化剧烈有关。中国与发展中国家相比，宏观需求结构的异同点主要表现在：消费、投资占比变动方向相同，净出口占比变动方向与出口导向型发展中国家相似，不同的是大多数发展中国家消费占比虽然下降，但依然保持绝对优势份额，且远大于投资占比。

（二）需求因素与工业发展的作用机制

新古典经济学理论通常假设长期投资自动等于储蓄，因而需求等于供给，市场能够自动实现出清，长期经济增长的关键被归功于生产能力的提升，在长期内需求因素对经济增长的作用被严重忽视。事实上，一个经济体面对的产品市场和要素市场是开放的，受信息不完全和交易成本等因素制约，需求不能自动等于或直接决定于供给，因此，需求与供给之间的缺口是一种常态，即使在长期内需求强劲或不足对经济增长潜力的发挥也可能产生相应的拉动或抑制作用（见图 11 - 5）。

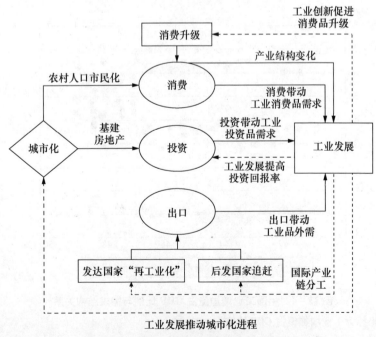

图 11 - 5　需求因素与工业发展作用机制

从三大需求因素对工业增长的直接效应看，消费增长能够刺激工业消费品销售增加，投资增长能够带动工业投资品需求增加，出口增长能够促进工业产品外需增加，这些均能推动总需求曲线向右移动，继而实现工业增长。同时，一些经济因素也会通过三大需求因素间接影响工业增长。首先，消费升级能够通过产业结构效应影响工业发展。消费升级意味着消费结构的变化，这使不同消费品之间的相对价格发生变化，因为不同商品的价格弹性不同，价格体系的变化使不同商品的消费需求量发生变化，进而使对应的不同产业的产出发生变化，引发产业结构变动。如果这种产业结构的变动方向是升级和更加高效，那么工业发展也将更加健康。其次，城市化能够通过影响消费和投资间接促进工业发展。城市化意味着农村人口市民化的过程，这将改变一国城乡人口结构，城市人口比例增加，人均居民收入水平相应提高，不仅能够带来耐用消费品需求总量的提升，也会因为不同消费品的收入弹性不同，带来消费结构的变动，继而通过对工业产业结构的影响作用于工业增长。同时，城市化还意味着大规模城市基础设施建设和房地产业的快速发展，这将直接刺激投资需求增加，扩大建材、机械等工业投资品市场。最后，发达国家"再工业化"和后发国家赶超战略通过影响外需市场给我国工业发展带来严峻挑战。发达国家"再工业化"将阻碍我国制造业转型升级，后发国家追赶将争夺我国工业全球市场份额，我国工业发展中越发倚重的外需市场将同时面临产业链高端和中低端竞争。

同时，工业发展也会反作用于需求因素，最终形成需求因素与工业发展之间的相互作用机制。首先，工业消费品创新能够加速消费升级步伐，或者推动消费向更高层次升级；其次，从世界各国城市化的经验看，工业发展是城市化发展的前提，因为只有工业发展，才能创造更多的就业岗位和财富，继而为城市吸纳更多人口和为城市居民福利改善提供基础；最后，一国工业发展的一个维度即为在全球产业链分工中地位的提升，至少在一些工业领域实现产业链分工地位向上流动，这样有利于挑战发达国家高端产业链地位，强化产业链中端产业竞争力，为转移产业链低端产能提供空间，继而实现巩固和提升外需市场。

二、工业发展的内需条件及变化

（一）国内消费需求水平及结构变化

自改革开放以来，国内消费保持了连续增长态势，实际最终消费支出从不足3000亿元，一路攀升至2011年的40474.3亿元，增长了13.5倍。在消费构成上，居民消费虽然一直占据绝对多数份额，但占比处于不断下降之中，从1978年的接近78.6%下滑至2011年的72.2%。与此相对，政府消费持续上升，从1978年的21.4%上升至2011年的27.8%，升幅达6.4个百分点（见图11-6）。从关键时间点上可以看出，1994年财政制度改革之后，政府消费占比持续上升，在收入决定消费的规律作用下，这一结果显然与该阶段政府收入快速上涨，政府收入占比持续上扬关系密切。此外，居民消费支出还表现出典型的二元城乡结构。改革开放以来，农村居民人均消费支出占城镇居民人均消费支出的比重从未超过50%，1984年之前，城乡居民消费差距不断缩小，此后当改革开放的重心转移到城市之后，两者差距开始不断缩小，直到2010年，城乡居民消费支出差距才又重新开始趋势缩小，这主要得益于国家一系列支农惠农富农政策、农村产权制度改革和农村居民外出务工条件改善等因素，使得农村居民收入增幅超过了城镇居民，城乡居民收入差距不断缩小。由于低收入者边际消费倾向更高，随着城乡居民收入差距缩小、城乡居民消费差距缩小的同时，也将释放更多居民消费，为居民消费占比提升提供支撑。

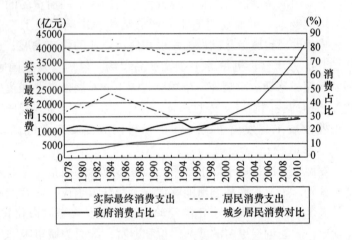

图 11 - 6　最终消费支出及其构成

注：城乡居民消费对比指农村居民人均消费占城镇居民人均消费的比重。

资料来源：根据《中国统计年鉴》（2012）计算而得。

（二）工业投资需求水平及结构变化

1. 工业投资需求总量变化情况

1996年以来，我国工业投资需求总量及占比趋势上升，增速起伏明显。实际工业固定资产投资在2000年及之前相对平稳，之后进入快速上涨通道，实际工业固定资产投资增速在2003年达到创纪录的43.1%，使得实际工业固定资产投资额轻松突破10000亿元，随后增速有所回落，但仍保持在10%以上，实际工业固定资产投资额也快速攀升至2011年的47575.4亿元，是1996年实际值的10.3倍。伴随着工业固定资产投资的快速增长，工业固定资产投资占全社会固定资产投资的比重也在2002年之后快速上升，并于2008年达到峰值43.6%（见图11-7）。

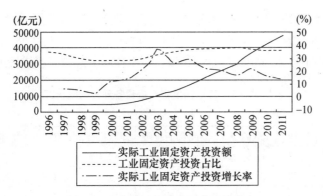

图 11-7 工业固定资产投资变化情况

注：工业固定资产投资额等于采矿业、制造业和电力、燃气及水的生产和供应业全社会固定资产投资之和，实际值均以 1990 年为基期的固定资产投资指数计算而得。

资料来源：根据中经网统计数据库数据计算而得。

但是近几年来，工业固定资产投资增长表现出了明显的疲软态势。2009 年实际工业固定资产投资增速在 4 万亿元投资计划的刺激下有一个小幅反弹之后，便开始下滑，2010 年和 2011 年增速均低于 15%。与此相对，工业固定资产投资占全社会固定资产投资的比重也从 2009 年的峰值开始下降。

2. 工业投资需求结构变化情况

从近年来工业投资的构成看，地方和内资始终占据主导，私人控股的工业固定资产投资重要性日益凸显。地方政府长期以来就存在所谓的"投资冲动"，在工业领域也是如此。从工业固定资产投资中央和地方构成看，2004～2011 年中央工业固定资产投资占比均低于 20%，在 2010 年甚至跌破 10%。与此相对的是地方工业固定资产投资比重日益上升，2011 年达到创纪录的 91.7%，比 2004 年增长了 10.6 个百分点（见表 11-1）。这主要是因为工业投资活动大多集中于地方，但是目前中国地方政治晋升锦标赛模式，以及获取财政收益的刺激下，地方官员不惜一切手段去发展经济（周黎安，2007），有利用各种合法或违规优惠政策进行引资的强烈动机，从而引发企业投资冲动（郭庆旺、贾俊雪，2006），导致地方工业投资过热，形成了地方工业固定资产投资比重的不断上升的政治激励机制。同时，内资在工业固定资产投资中的地位在不断强化。内资占工业固定资产投资的比重从 2004 年的80.6%，一路攀升至 2011 年的 92%，随之包括港澳台地区在内的外资工业固定资产投资占比从 2004 年的接近 6.8% 跌至 2011 年的 3.2%，表明中国工业投资需求越来越倚重内资，这一方面是因为外资超国民待遇逐渐取消，内外资投资环境一致性增强，市场竞争不断强化；另一方面企业生产成本上升，其他经济体相对吸引力增强，外资在华投资的动力逐渐弱化。

从注册类型看，工业固定资产投资中国有控股比重持续下滑，私人控股比重不断上升，并开始占据绝对多数。工业固定资产投资的这种所有制格局逆转，仅仅发生在2004 年前后，2004 年国有控股依然保持 54.4% 的多数份额，但是到了 2011 年国有控股比重大幅下滑至 22.9%，加上集体控股比重，两者合计也仅为 26.8%。与此同时，私人控股占比在 2009 年首次超过 50% 大关，并于 2011 年达到 63.1% 的份额。从这一数据，可以发现在工业固定资产投资领域，并不存在所谓的"国进民退"现象。

表 11-1　工业固定资产投资各部分构成情况

单位:%

年份	中央	地方	内资	港澳台商投资	外商投资	国有控股	集体控股	私人控股
2004	18.9	81.1	80.6	6.8	12.6	54.4	2.7	8.6
2005	17.1	82.9	82.4	6.6	11.0	44.8	2.7	13.0
2006	15.9	84.1	84.2	5.8	10.0	38.9	6.7	40.8
2007	15.1	84.9	85.9	5.3	8.7	35.8	6.1	45.9
2008	15.2	84.8	87.3	4.8	7.9	34.4	5.4	49.3
2009	12.8	87.2	89.9	3.8	6.2	32.3	4.9	54.7
2010	10.9	89.1	91.2	3.4	5.4	29.0	4.5	58.1
2011	8.3	91.7	92.0	3.2	4.8	22.9	3.9	63.1

注：工业固定资产投资等于采矿业、制造业和电力、燃气及水的生产和供应业全社会固定资产投资之和。

资料来源：根据历年《中国统计年鉴》计算而得。

从工业固定资产投资行业结构来看，国有及集体控股在采矿及电力燃气及水的生产和供应等基础性行业中占据主导地位，私人控股在制造业中占据绝对优势。采矿业固定资产投资中，国有及集体控股占比一直超过 50%，2004 年时高达 86%，但是私人控股占比增长迅速，2007~2011 年，年均增长 3.8 个百分点，2011 年已达 41.8%（见表 11-2）。从采矿业的细分行业看，除了石油和天然气开采业基本由国有控股进行固定投资之外（2011 年，国有控股占比高达 93.4%），其他类型的采矿业中私人控股固定资产投资占比均较大。这说明在采矿业中，除了石油和天然气开采业之外，对私人资本开放度越来越高。在更具公共品特性的电力燃气及水的生产和供应业固定资产投资中，国有控股占据绝对多数，私人控股占比处于缓慢上升阶段，但是 2011 年与 2010 年相比，增长了 3.6 个百分点，远高于之前年份年均增长不足 1 个百分点的水平，说明该领域对民营资本开放的步伐逐渐扩大。

表 11-2　按注册类型分各工业行业固定资产投资构成情况

单位:%

年份	采矿业			制造业			电力燃气及水的生产和供应业		
	国有控股	集体控股	私人控股	国有控股	集体控股	私人控股	国有控股	集体控股	私人控股
2004	83.8	2.2	5.7	40.0	3.3	11.5	81.1	1.4	1.8
2005	74.6	2.9	8.8	28.4	3.2	17.5	77.7	1.2	2.0

年份	采矿业			制造业			电力燃气及水的生产和供应业		
	国有控股	集体控股	私人控股	国有控股	集体控股	私人控股	国有控股	集体控股	私人控股
2006	70.4	5.5	23.0	21.8	7.2	52.8	77.8	5.9	11.5
2007	65.8	6.5	26.2	20.5	6.1	57.3	78.0	5.5	12.9
2008	63.2	5.8	29.6	20.3	5.4	60.4	77.8	5.1	13.6
2009	58.2	6.0	34.5	17.7	4.9	67.0	79.3	4.5	13.6
2010	54.8	5.1	38.3	16.3	4.5	69.0	76.3	4.5	15.4
2011	48.5	5.4	41.8	13.0	3.7	71.8	71.7	4.5	19.0

注：在注册类型的划分上，2004～2005年分别是国有及国有控股、集体和私营个体；由于注册类型还存在表中所列三类之外的类型，所以这三类占比之和不等于1。

资料来源：根据历年《中国统计年鉴》计算而得。

制造业固定资产投资方面，近年来私人控股占据绝对优势，并保持了快速增长，2007～2011年，年均增长3.8个百分点。国有控股从2004年的40%一路下滑至2011年的13%（见表11-2），但与采矿业一样，国有控股在制造业的关键行业固定资产投资中占比依然很高，如2011年，实行国营专卖制度的烟草制品业固定资产投资中，国有控股占比高达87.7%，寡头垄断的石油加工炼焦及核燃料行业固定资产投资中，国有控股占比达45%，均明显高于相应行业中私人控股占比。2006～2011年，制造业中私人控股固定资产投资占比均呈现快速上升趋势，重工业及其分类的固定资产投资构成中私人控股占比均接近70%，尤其是原材料工业，私人控股占比增长了21.7个百分点，轻工业固定资产投资占比更是达到80.4%。与此对应的是国有控股占比的大幅下降，轻工业固定资产投资中国有控股占比下降至10%以下，重工业占比也仅为15%（见表11-3）。制造业固定资产投资的所有制性质结构变化，说明我国制造业吸引了大量社会资本，有助于提升制造业活力和竞争力。

表11-3　按注册类型分制造业分类固定资产投资构成情况

年份	轻工业			重工业			原材料工业			加工制造业		
	国有控股	集体控股	私人控股	国有控股	集体控股	私人控股	国有控股	集体控股	私人控股	国有控股	集体控股	私人控股
2004	27.6	4.1	16.3	44.0	3.0	10.0	50.6	2.7	9.5	33.0	3.6	10.8
2005	15.4	4.4	24.4	32.8	2.7	15.2	40.3	2.7	13.4	22.1	2.8	17.8
2006	10.5	8.0	65.3	25.8	6.9	48.3	32.8	7.1	47.8	17.4	6.7	48.9
2007	9.0	6.7	69.2	24.4	5.9	53.3	31.7	6.2	51.8	16.1	5.6	55.0

续表

年份	轻工业			重工业			原材料工业			加工制造业		
	国有控股	集体控股	私人控股	国有控股	集体控股	私人控股	国有控股	集体控股	私人控股	国有控股	集体控股	私人控股
2008	8.7	5.5	72.4	23.8	5.3	56.7	30.9	5.7	54.6	15.9	4.9	59.2
2009	8.0	4.5	77.6	20.5	5.0	63.9	25.2	5.5	62.2	15.7	4.5	65.6
2010	8.1	3.5	78.5	18.8	4.7	66.1	20.9	5.1	66.3	16.7	4.4	66.0
2011	6.5	2.9	80.4	15.0	3.9	69.1	16.9	3.8	69.5	13.4	4.0	68.7

注：在注册类型的划分上，2004~2005 年分别是国有及国有控股、集体和私营个体；由于注册类型还存在表中所列三类之外的类型，所以这三类占比之和不等于1。

资料来源：根据历年《中国统计年鉴》计算而得。

（三）居民消费结构升级与工业发展的关系

1. 居民消费结构更加偏向享受性和发展性消费品

随着收入水平的增加，居民消费结构存在明显的升级现象。以统计数据时序较长的城镇居民为例，基本性消费品比重逐渐下降，如食品、衣着、家庭设备用品及服务在人均消费性支出中的比重分别从 1985 年的 52.2%、14.6% 和 10.7% 下降至 2012 年的 36.2%、10.9% 和 6.7%。居住支出是较特殊的基本性消费，由于我国人口众多且房地产市场扭曲等原因，居民住房需求长期得不到满足，但是自 1998 年住房分配货币化改革至今，居民住房条件得到极大改善，居住支出的基本性消费属性逐渐实现，所以自 2001 年以来，居住消费性支出占比呈下降趋势。相反，享受性和发展性消费品，如医疗保健、交通通信、教育文化娱乐服务占比均出现大幅提升，尤其是交通通信消费性支出占比从 1990 年至今，增长了 11.5 个百分点（见表 11-4），这与中国进入"汽车时代"以及信息网络技术的快速发展与普及密切相关。

表 11-4 城镇居民家庭平均每人全年消费性支出结构

单位:%

年份	食品	衣着	家庭设备用品及服务	医疗保健	交通通信	教育文化娱乐服务	居住	杂项商品与服务
1985	52.2	14.6	10.7	0.9	—	—	—	—
1986	52.4	14.1	11.1	0.9	—	—	—	—
1987	53.5	13.7	11.4	1.0	—	—	—	—
1988	51.4	13.9	13.5	1.1	—	—	—	—
1989	54.5	12.3	11.1	1.3	—	—	—	—
1990	54.2	13.4	8.5	2.0	3.2	—	—	—
1991	53.8	13.7	9.6	1.7	0.9	—	—	—

年份	食品	衣着	家庭设备用品及服务	医疗保健	交通通信	教育文化娱乐服务	居住	杂项商品与服务
1992	52.9	14.1	8.4	2.5	2.6	8.8	6.0	4.7
1993	50.1	14.2	8.8	2.7	3.8	9.2	6.6	4.5
1994	49.9	13.7	8.8	2.9	4.7	8.8	6.8	4.5
1995	50.1	13.5	7.4	3.1	5.2	9.4	8.0	3.2
1996	48.6	13.5	7.6	3.7	5.1	9.6	7.7	4.3
1997	46.4	12.4	7.6	4.3	5.6	10.7	8.6	4.4
1998	44.7	11.1	7.1	4.7	6.4	12.1	10.5	3.3
1999	42.1	10.5	7.3	5.3	7.3	13.0	11.1	3.4
2000	39.4	10.0	7.5	6.4	8.5	13.4	11.3	3.4
2001	38.2	10.1	7.1	6.5	9.3	13.9	11.5	3.5
2002	37.7	9.8	6.4	7.1	10.4	15.0	10.4	3.2
2003	37.1	9.8	6.3	7.3	11.1	14.4	10.7	3.3
2004	37.7	9.6	5.7	7.4	11.7	14.4	10.2	3.3
2005	36.7	10.1	5.6	7.6	12.5	13.8	10.2	3.5
2006	35.8	10.4	5.7	7.1	13.2	13.8	10.4	3.6
2007	36.3	10.4	6.0	7.0	13.6	13.3	9.8	3.6
2008	37.9	10.4	6.2	7.0	12.6	12.1	10.2	3.7
2009	36.5	10.5	6.4	7.0	13.7	12.0	10.0	3.9
2010	35.7	10.7	6.7	6.5	14.7	12.1	9.9	3.7
2011	36.3	11.0	6.7	6.4	14.2	12.2	9.3	3.8
2012	36.2	10.9	6.7	6.4	14.7	12.2	8.9	3.9

资料来源：根据中经网统计数据库数据计算而得。

2. 居民消费结构升级对工业发展的影响

居民更高层次消费需求的出现，将使相应的工业发展形态发生重大变化。第一，基本性消费品相关工业生产将面临产品升级压力。食品工业、纺织服装产业及家庭设备相关制造业主要面向居民基本性消费，但是随着居民消费需求层次的提高，部分基本性需求将向享受性需求过渡。具体表现为，食品需求方面将更加重视安全性、营养化、保健功能以及方便性；衣着需求方面将趋向于差异化、时尚化、舒适性等；家庭设备在传统的电视、洗衣机和电冰箱需求逐渐饱和之后，逐渐转向数码产品、家庭娱乐电子产品等更新换代迅速的电子信息产业产品。因此，基本性消费品工业生产需要不断满足居民新的消费需求，这势必促使相关产业加快产品升级步伐，增加行业竞争度，并使成功实施差异化战略的企业获得高额回报。第二，居住消费支出占比下滑将不利于相关产业发展。居住消费直接决定房地产业增长和就业吸纳能力，并间接影响建材、机械、装饰装潢用品、家具、家电等工业行业的生产和销售。考虑到未来房地产业将是重点改革领域，近年来持续升温的房地产业将面临诸多不确定性，居民住房消费支出占比的下降更是加剧了这一趋势，与之相关工业行业因此也将可能结束"黄金发展期"。第三，与享受和发展性消费品相关的制造业发展将更具可持续性。医疗保健相关的医药制造业，交通通信相关的交通运输设备制造业、通信设备计算机及其他电子设备制造业等将面临消费升级重大机遇期，并将在相关产业产品成为居民基本性需求之前保持持续增长。第四，不同收入阶层间消费梯次升级对工业稳定发展的影响不可忽视。由于我国居民收入差距明显，更是存在典型的城乡二元体制，居民内部不同收入阶层间的消费需求差异明显。2011年，城镇中、低收入者食品、住房等基本性消费支出占比超过全国城镇居民平均水平，高收入者在交通通信、文教娱乐等享受性发展性消费支出占比上超过全国城镇居民平均水平，而且在衣着和家庭设备用品消费支出占比上，高收入者高于低收入者。随着居民收入水平的不断提高，中、低收入者将发生消费梯次升级，持续增加对享受性发展性消费品的需求，并对食品和居住等基本性消费需求的要求越来越高，这将促进交通设备、电子信息以及高端食品、品牌服装、多功能家电等的发展。

（四）城市化与工业发展的关系

1. 城市化对工业发展作用的理论分析

从城市化对工业发展的一般理论可知，城市可以提供良好的基础设施条件，完善的生产、金融、信息、技术服务，集中和规模化的市场，并且通过聚集效应在技术、知识、信息传递、人力资本贡献等方面形成溢出效应，进而对工业持续增长起到拉动作用（王小鲁、夏小林，1999）。根据新经济地理学对城市化与产业之间关系的微观诠释，城市化主要是对产业（主要是工业）的空间聚集产生影响，并通过聚集对产业竞争力产生正向效应，而聚集的强弱取决于两种方向相反的作用力，向心力包括城市的市场规模效应、高素质劳动力市场和纯外部经济性，离心力包括要素的不可流动性、地租和纯外部非经济性（Krugman，1991）。具体而言，城市化对工业发展的拉动作用可以划分为直接效应和间接效应。直接效应表现在城市化能通过大规模基础设施建设，直接带到建筑、建材、工程机械、电子等产业发展，并给科技含量高的新兴产业，如通信设备、新材料、节能环保设备、医药等提供发展空间（王小鲁、夏小林，1999）。间接效应表现在城市化过程中，大量农村人口进城，借助城市相对高收入的就业岗位，将有利于提高全社会居民人均收入水平，提高农村进城居民收入增长预期，增加总需求量，并通过高收入阶层的消费示范效应改变进城农村居民消费习惯和需求结构（胡日东、苏梽芳，2007），带动整个社会消费结构升级，进而促进耐用消费品、文化娱乐用品、医药保健等产业发展。

2. 城市化与工业各行业发展的相关关系分析

2011年，我国城镇人口比重首次超过50%，中国城市化进入一个新的发展阶段，这将对我国工业行业发展产生深刻影响。总的看，城市化率与工业总产值实际增速之间显著相关，相关系数达 0.526。

从分行业看，城市化与工业各行业发展存在广泛关联。与城市化率相关系数显著且超过 0.5 的采矿业包括煤炭开采和洗选业、黑色金属矿采选业、有色金属矿采选业等（见表 11-5），这是因为煤炭是我国能源结构中最重要的构成部分，支撑城市居民和工业生产的供暖和用电，金属是城市基建的重要材料；食品工业各行业增长与城市化的相关度也很高，且均显著，这与大量农村人口进入城市，其食品消费从传统的农产品逐渐转向食品工业产品有关，促进了食品消费结构升级，为食品工业快速增长提供了持续稳定的需求动力；纺织业、家具制造业、造纸及纸制品业、燃气生产和供应业等与居民基本消费相关的行业也与城市化水平存在显著的正相关关系，说明随着城市化水平的提高，相关行业的产品消费需求也保持了快速增长，但是与之类似的服装、木材加工、电力及水的生产等行业的增长与城市化率的相关性并不显著，所以，城市化进程中，居民生活相关性工业行业并不一定都能同步增长，这可能受制于时间滞后性、行业结构特征、行业增长因素与城市化的相关性等原因；化学原料及化学制品制造业和橡胶制品业增长与城市化率也存在显著的正相关关系，化学原料及化学制品制造业通过日化、食品、建材等，橡胶制品业通过轮胎、橡胶输送带、日用及医用橡胶制品等产品，能够吸纳城市化过程中释放出的大量需求；医药制造业被普遍认为是城市化建设投资热点领域，在我国城市化率提升的过程中，我国居民医疗保健支出也保持了同步增长，居民对医疗保健需求持续增长保证了城市化率与医药制造业增长之间的显著正相关关系；城市化的过程中必然伴随着大量城市基础设施建设，与之相关行业也因此获得了巨大的市场机会，所以非金属矿物制品业、有色金属冶炼及压延加工业、通用设备制造业、电气机械及器材制造业等与城市房地产业密切相关的工业行业增长与城市化率显著正相关。

表 11-5　1991~2011 年城市化率与工业及其各行业实际产值增长率相关关系

行业	相关系数	行业	相关系数
工业总产值	0.526**	化学原料及化学制品制造业	0.751***
煤炭开采和洗选业	0.621***	医药制造业	0.55***
石油和天然气开采业	-0.123	化学纤维制造业	0.305
黑色金属矿采选业	0.511**	橡胶制品业	0.68***
有色金属矿采选业	0.542**	塑料制品业	0.366
非金属矿采选业	0.197	非金属矿物制品业	0.436**
农副食品加工业	0.614***	黑色金属冶炼及压延加工业	0.235
食品制造业	0.52**	有色金属冶炼及压延加工业	0.496**
饮料制造业	0.519**	金属制品业	0.328
烟草制品业	0.461**	通用设备制造业	0.637***

行业	相关系数	行业	相关系数
纺织业	0.559***	专用设备制造业	0.002
纺织服装鞋帽制造业	0.263	交通运输设备制造业	0.08
皮革毛皮羽毛（绒）及其制品业	-0.148	电气机械及器材制造业	0.432*
木材加工及木竹藤棕草制品业	0.322	通信设备计算机及其他电子设备制造业	-0.283
家具制造业	0.405*	仪器仪表及文化办公用机械制造业	-0.033
造纸及纸制品业	0.569***	电力热力的生产和供应业	0.115
印刷业和记录媒介的复制	0.308	燃气生产和供应业	0.662***
文教体育用品制造业	-0.332	水的生产和供应业	-0.426
石油加工炼焦及核燃料加工业	0.286		

注：采用 SPSS11.0 软件计算而得，其中 ***、**、* 分别代表 1%、5% 和 10% 显著性水平。

资料来源：根据中经网统计数据库数据计算而得。

三、工业发展的外需条件及变化

（一）出口需求及其结构变化

一般来说，出口可以被简单地划分为初级产品出口和工业制成品出口，后者即体现了一国的工业品外需水平。从图 11-8 很明显可以看出，我国工业制成品出口在加入世界贸易组织（2001 年）之后，出现了极大的提升，2004 年即突破 5000 亿美元大关，并于 2011 年快速攀升至接近 2 万亿美元。工业制成品出口占比并没有发生大的阶段性变化，基本处于缓慢上升趋势，但是工业制成品占比增速也出现了明显的阶段性变化。1987~2001 年，工业制成品出口占比年均增长 2.4%，2002~2012 年，工业制成品出口占比年均增长只有 0.5%，增速明显回落，工业制成品占比已接近极限值。

从工业制成品出口需求的行业结构看，可以发现不同行业出口需求变化差异巨大，机械及运输设备出口占比增长最为明显。1990~2011 年，化学及有关产品出口占货物出口总额的比重基本保持不变，维持在 4%~6%；轻纺产品、橡胶制品、矿冶产品及其制品占比平稳下降，从 1990 年的超过 20%，下降到了 2011 年的不足 17%；杂项制品占比先增后降，先是从 90 年代初快速上升，在 1992~1994 年达到

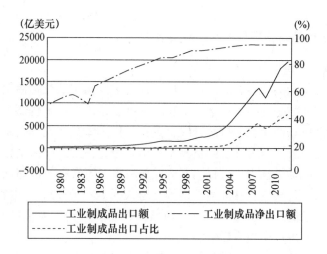

图 11 - 8　工业出口变化情况

注：工业制成品出口占比指工业制成品出口额除以货物出口总额。

资料来源：根据中经网统计数据库数据计算而得。

创纪录的 40% 以上，而后不断下降，近年来又接近 1990 年初的水平。机械及运输设备占比出现高速增长，从 1990 年的 9% 迅速上升至 2010 年的 49.5%，虽然 2011 年占比下降了 2 个百分点，但依然在工业行业中保持绝对高位。

从出口需求的国别结构看，对发达国家出口比重下降，对发展中国家出口重要性上升。长期以来，我国对发达国家出口均占据绝对多数，在 2005 年以前都超过 80%，从 2006 年开始，对发达国家出口占比首次低于 80%，到 2011 年该比例跌至 70%（见图 11 -9）。与此同时，对发展中国家出口表现出了快速增长势头，占比已接近 30%。考虑到国际金融危机之后，发达国家市场普遍疲软，我国必将加大对发展中国家，尤其是新兴市场国家的出口，未来外需结构中对发展中国家出口比例将会进一步上升，外需结构也将更加多元化，外需市场风险也会相对随之降低。

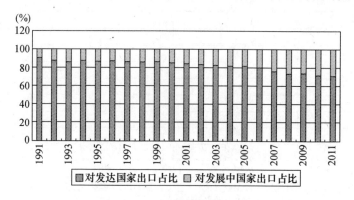

图 11 -9　出口需求的国别结构

注：发达国家和发展中国家的划分参照联合国的界定。

资料来源：根据中经网统计数据库数据计算而得。

（二）国际贸易新格局与工业结构调整

1. 发达国家"再工业化"的挑战

美国等西方发达国家在金融危机之后，提出了"再工业化"战略，旨在实现旧工业部门复兴，并鼓励新兴工业部门增长，其重点是以新技术创新为核心，通过发展先进制造业来推动产业结构持续升级，重新强化实体经济尤其是制造业部门的基础地位，缓解国内就业压力和国际贸易不平衡。为此，发达国家出台了一系列再工业化政策措施，包括鼓励出口、提出制造业新战略、直接扶持战略新兴产业、加大教育和研发投入、解决资源和环境问题等（李大元等，2011），并取得了初步成效，制造业在发达国家的地位被重新确立，新型产业发展得到了大量投入和政策支持，这将对我国工业发展产生重大影响。

首先，产业转移扭转与低端化并存，制约中国制造业升级步伐。一方面，发达国家通过一系列政策措施重新确立了制造业的基础地位，引起资本向发达国家回流，加大了发达国家间的外资吸引力度，促进中高端产业回流发达国家。从国家统计局公布的分行业外商直接投资及其增长速度数据可以看出，2009 年中国制造业中外商直接投资的企业数量和实际使用金额均出现了大幅下降，通信设备计算机及其他电子设备制造业为代表的高技术行业实际利用外资金额下降幅度更大。而且，2008～2012 年通信设备计算机及其他电子设备制造业的外商直接投资项目个数、实际利用外资金额以及占全部利用外资金额的比重均出现下降趋势（见图 11-10），这说明发达国家逐渐收缩了先进技术行业的对外投资活动，这将不利于我国引进和吸收国外先进制造业技术。另一方面，发达国家基于实现资源向高技术和新兴产业集中、解决国内环境问题等考虑，进一步推动低端产业向发展中国家转移，这将强化我国在国际贸易分工体系中的低端锁定趋势，阻碍制造业转型升级。

其次，市场竞争加剧，国际贸易摩擦不断。美国等西方发达国家再工业化的重

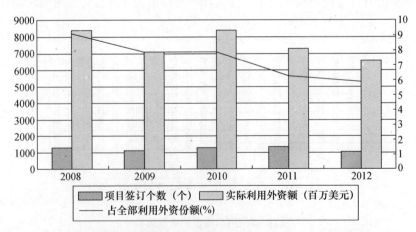

图 11-10　通信设备计算机及其他电子设备制造业外商直接投资情况

资料来源：根据历年《中国统计月报》整理计算而得。

心是新材料、新能源、环保、信息和生物等产业，与我国制造业升级方向高度吻合，这势必加剧高技术行业竞争度，发达国家也将凭借研发和技术优势，率先抢占产业制高点，并在标准、规则和市场等方面设置进入门槛，阻止我国企业的海外并购和实施技术封锁。由于发达国家的国内市场是其实现再工业化的重要砝码，因此，在较长时期内发达国家采取贸易保护主义政策来维护国内消费市场，这将加剧国际贸易摩擦。如2009年以来，美国先后对我国出口的钢铁、轮胎、风电设备、光伏组件、汽车零部件等产品发起反倾销或反补贴调查。同时，为了扭转在国际贸易中的不利地位，开放外需市场，发达国家再工业化的一个重要策略就是扩大出口，为企业出口提供便利和援助，采取量化宽松货币政策以促使本币贬值，并迫使贸易伙伴开放市场等手段，这将对我国与发达国家出口相近的制造业造成冲击，冲抵相关行业的成本优势。

2. 后发国家追赶下的压力

目前，劳动密集型制造业向中国转移的趋势开始放缓，越南、印度、墨西哥与东欧等新兴市场以比中国更低的成本优势，成为接纳工业发达国家产业转移的新目的地。中国正面临全球范围内的产业"供给替代"，我国世界制造业大国的地位将因此被削弱，劳动密集型制造业的世界份额将会逐步下滑。同时，中国与许多发展中国家的工业结构重合度较高，导致出口相似度非常高，这将加剧我国与其他发展中国家在第三方市场上的竞争（鲁晓东、何昌周，2010），引发贸易摩擦。在具体表现上，中国与发展中国家间的贸易摩擦具有典型的单向性，即发展中国家对华发起的贸易救济案远远超过中国对其发起的贸易救济案，发生次数及对中国的贸易制裁力度均超过发达国家（尤宏兵，2010），且贸易摩擦逐渐具有联动性和集体性（沈瑶，2007），造成我国出口产业面临的反倾销风险大增，导致相关商品丢失一部分国际市场，大量与国际市场重合的低端产能无法释放。

另外，许多发展中国家在中高端制造业上也与我国形成了竞争。如印度在电子信息技术、空间技术、分子生物等领域，巴西在航空制造、钢铁、造船等领域，俄罗斯在航空航天、核工业等领域，为了发展自身的中高端制造业，发展中国家会在相关领域设置贸易壁垒，不利于我国中高端制造业开拓发展中国家市场。

四、需求条件变化对工业发展影响的实证分析

（一）需求因素对工业发展的投入产出分析

为了更准确地把握需求因素对工业各行业发展的影响，本章采用较成熟的投入产出分析法，重点依据最终需求生产诱发系数和依存度系数来进行准确量化分析。

1. 最终需求对工业生产的诱发程度及变化

最终需求的生产诱发系数指每增加一单位某项最终需求所诱发的产业部门生产额，它可以说明需求增加对产业结构产生影响的基本指向（王岳平，2000）。在

2000 年之前，消费对工业行业增加值的生产诱发系数均大于其他行业，此后被服务业超越，这说明随着 21 世纪以来工业的重化工业特征日趋强化，以往依靠居民消费推动的轻工业黄金发展时代结束了，随之而来的是相对服务业，消费对工业的拉动作用被赶超了。与此相对，投资对工业的拉动作用始终在所有行业中保持领先地位，体现了工业的投资拉动型特征，这也表明相对于其他行业，工业的投资拉动效应最明显，因此未来工业发展依然需要借助持续的投资。虽然净出口对工业的拉动作用大于农业和建筑业，但总体上表现为起伏不定，在大多数年份里净出口的拉动作用并不比服务业大，尤其是 1997 年和 2007 年之后国际金融危机导致的外需市场萎缩，对工业行业的冲击非常明显，致使净出口对工业增加值的生产诱发系数低于服务业。

从纵向时间变化看，1990 年至今，工业行业消费需求生产诱发系数在经历了 21 世纪初的下滑之后，又趋于上升，但仍在三大需求生产诱发系数中位居末位，并表现出增长疲软态势；工业行业投资需求生产诱发系数存在明显的上升趋势，但 2007 年之后开始出现下降，说明投资对工业的拉动作用开始弱化；净出口对工业的拉动作用起伏不定，2007 年之后也出现了大幅下降（见图 11 – 11）。所以，2007 年之后，工业发展面临的需求形势严峻。

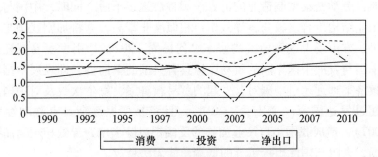

图 11 – 11　工业行业最终需求生产诱发系数变化

资料来源：根据历年中国投入产出表数据计算而得。

大多数工业行业的生产诱发系数变化不大，若以生产诱发系数达到 0.1 为临界值，将工业行业部门进行简单分类①，可以发现属于消费拉动型的行业分别是食品制造及烟草加工业和化学工业，电力热力的生产和供应业在 2007 年超越临界值，成为新的消费拉动型行业；属于投资拉动型的行业分别是化学工业、非金属矿物制品业、金属冶炼及压延加工业、通用专用设备制造业、交通运输设备制造业，金属制品业在 1997 年之后的投资拉动效应大幅缩水，不再被归入投资拉动型行业，电气机械及器材制造业和通信设备计算机及其他电子设备制造业近年来的投资拉动效应明显上升，尤其是 2002 之后投资生产诱发系数均超过 0.1；属于出口拉动型的行业分别是纺织业、化学工业、金属冶炼及压延加工业、通用专用设备制造业、电气

① 臧霄鹏和林秀梅（2011）的研究采取了类似的划分标准，因为涉及 4 个年份，所以 3 个年份或 4 个年份均为 0.1 以上的才可以归入相应类型，下文基于依存度系数的分类也是如此，不再赘述。

机械及器材制造业、通信设备计算机及其他电子设备制造业、纺织服装鞋帽皮革羽（绒）及其制品业从 2005 年开始不再主要依靠出口拉动，金属制品业则从 2005 年开始转为出口拉动型行业。

从纵向时间比较看，最终消费的生产诱发系数出现上升的行业分别是煤炭开采和洗选业、石油和天然气开采业、金属矿采选业、石油加工炼焦及核燃料加工业等重化工业相关行业和金属制品业、通用专用设备制造业、交通运输设备制造业等与耐用品消费和住房需求密切相关的行业，以及仪器仪表及文化办公用品机械制造业、废品废料、电力热力燃气和水的生产和供应业等与居民生活性消费相关的行业，这说明我国当前的重化工业发展与国内需求基本是相适应的，然而大多数轻工产业，如食品制造及烟草加工业、纺织业、纺织服装鞋帽皮革羽（绒）及其制品业、造纸印刷及文教体育用品制造业等的消费生产诱发系数则表现为下降，表明消费对轻工行业的拉动作用在弱化。资本形成的生产诱发系数出现下降的行业分别是非金属矿及其他矿采选业和食品制造及烟草加工业、纺织业、纺织服装鞋帽皮革羽（绒）及其制品业、造纸印刷及文教体育用品制造业等主要轻工业，以及非金属矿物制品业、金属制品业、工艺品及其他制造业、水的生产和供应业。与此相反，与 1997 年相比，2007 年投资生产诱发系数增长率超过 100% 的行业分别是通信设备计算机及其他电子设备制造业、仪器仪表及文化办公用品机械制造业、废品废料、电力热力燃气和水的生产和供应业，尤其是与房地产业密切相关的公共设施相关行业增长最迅猛，这说明房地产投资对工业行业的带动作用十分明显，也再次证实了房地产业在我国产业发展中的支柱作用；大多数行业的出口生产诱发系数均表现为持续增长，出现下降的行业与消费和资本形成高度重合，其中包括食品、纺织和服装在内的轻工产业是下降最明显的部门之一，这说明主要轻工业面临的内外需形势均不乐观，中国轻工业急需提升品质来改善需求疲软趋势。

表 11 - 6　按照工业行业分类的最终需求生产诱发系数

工业行业		采矿业	轻工业	原材料工业	加工制造业	电力热力燃气和水的生产和供应业
最终消费	1997 年	0.077	0.524	0.360	0.304	0.060
	2002 年	0.074	0.352	0.319	0.284	0.076
	2005 年	0.104	0.376	0.441	0.358	0.120
	2007 年	0.110	0.445	0.441	0.357	0.131
资本形成	1997 年	0.145	0.241	0.716	0.704	0.067
	2002 年	0.135	0.150	0.618	0.769	0.079
	2005 年	0.154	0.219	0.764	0.853	0.137
	2007 年	0.214	0.194	0.913	0.955	0.152

续表

工业行业		采矿业	轻工业	原材料工业	加工制造业	电力热力燃气和水的生产和供应业
出口	1997 年	0.142	0.629	0.620	0.649	0.065
	2002 年	0.125	0.475	0.575	0.784	0.077
	2005 年	0.174	0.441	0.808	0.988	0.144
	2007 年	0.204	0.478	0.871	1.072	0.150

对工业行业进行分类可以发现，制造业是典型的消费和出口拉动型行业，重工业是典型的资本拉动型行业。1997~2007 年，除了轻工业之外，其他工业行业的最终消费生产诱发系数均表现为上升，最终消费对轻工业的拉动作用虽然整体出现下降，但 2002 年之后开始逐步回落，这说明消费对轻工业的积极作用出现了拐点，由于轻工业产品主要面向居民，因此这为今后扩大消费需求拉动内需奠定了工业基础。与此同时，资本形成和出口对轻工业的拉动作用表现为波动下滑，对重工业的拉动作用表现为明显上升（见表 11-6），这与我国当前重化工业为主导的工业发展模式密切相关，并受我国重工业的资本密集型和倚重外需市场的特征决定。

2. 工业各行业对最终需求的依存度及其变化

各行业对最终需求的依存度系数是指某项最终需求对某行业的诱发额与该部门总产值的比率，它反映了各类最终需求对某部门增加值的需求贡献（王岳平、葛岳静，2007）。1990~2010 年，工业行业对消费的依赖程度明显低于农业和服务业，对投资的依赖程度远低于建筑业，但明显高于农业和服务业，对净出口的依赖程度明显高于农业和建筑业。从纵向时间变化看，1990 年至今，工业发展对消费的依赖程度明显趋于下降，2007 年之后有趋稳回升态势；对投资的依赖程度明显趋于上升，2002 年之后超越消费，至 2010 年上升势头依然明显；对净出口的依赖程度波动较大，2007 年前后由上升变为下降，说明工业发展对净出口的依赖程度出现转折性变化（见图 11-12）。

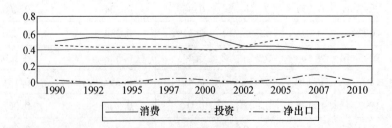

图 11-12 工业行业最终需求依存度系数变化

资料来源：根据历年中国投入产出表数据计算而得。

参照臧霄鹏、林秀梅（2011）的划分标准，在各行业对最终需求的依存度系数中以 0.4 为临界值，可以将工业各行业划分为消费依赖型、投资依赖型和出口依赖型以及混合型。其中，在大多数年份中石油和天然气开采业、石油加工炼焦及核燃料加工业、化学工业等重化工行业，食品制造及烟草加工业、纺织服装鞋帽皮革羽（绒）及其制品业、造纸印刷及文教体育用品制造业等轻工业，仪器仪表及文化办公用机械制造业，以及电力热力燃气和水的生产和供应业、水的生产和供应业等居民生活公共设施相关行业可归入消费依赖型。同时，大多数工业行业对消费的依存度系数均出现了下降，煤炭开采和洗选业、金属矿采选业、纺织业、木材加工及家具制造业、电气机械及器材制造业、通信设备计算机及其他电子设备制造业、工艺品及其他制造业、废品废料等行业对消费依赖程度大大降低，对消费的依存度系数下降至 0.4 以下，与此对应的是这些行业对出口的依存度系数一直超过或最近几年超过了 0.4，尤其是 2007 年通信设备计算机及其他电子设备制造业对出口的依存度系数高达 1.289，在所有工业行业中是最高的。所以，可以判断上述行业从消费依赖型转变为出口依赖型，这也将使上述行业面临的国际市场风险增大。

投资依赖型工业行业主要包括煤炭开采和洗选业、石油和天然气开采业、金属矿采选业、非金属矿及其他矿采选业等采矿业，木材加工及家具制造业、石油加工炼焦及核燃料加工业和非金属矿物制品业、金属冶炼及压延加工业、金属制品业、通用专用设备制造业、交通运输设备制造业、电气机械及器材制造业、通信设备计算机及其他电子设备制造业、仪器仪表及文化办公用机械制造业等主要制造业，以及废品废料、电力热力燃气和水的生产和供应业。与 1997 年相比，2007 年大多数工业行业对投资的依存度系数都增加了，平均增幅 7.4%，其中增幅居于前三位的分别是燃气生产和供应业（95.8%）、金属采矿业（47.8%）和仪器仪表及文化办公用机械制造业（42.7%），与此相反，纺织业（−57.4%）和纺织服装鞋帽皮革羽（绒）及其制品业（−23.9%）对投资的依存度系数跌幅均超过 20%。

表 11−7 　按照工业行业分类的最终需求依存度系数

工业行业		采矿业	轻工业	原材料工业	加工制造业	电力热力燃气和水的生产和供应业
最终消费	1997 年	0.504	0.651	0.459	0.405	0.601
	2002 年	0.512	0.614	0.469	0.381	0.612
	2005 年	0.548	0.518	0.431	0.329	0.533
	2007 年	0.498	0.528	0.348	0.270	0.512
资本形成	1997 年	0.604	0.191	0.584	0.601	0.430
	2002 年	0.595	0.166	0.576	0.657	0.408
	2005 年	0.669	0.248	0.615	0.645	0.501
	2007 年	0.812	0.194	0.606	0.609	0.500

工业行业		采矿业	轻工业	原材料工业	加工制造业	电力热力燃气和水的生产和供应业
出口	1997 年	0.343	0.291	0.294	0.322	0.244
	2002 年	0.376	0.357	0.364	0.455	0.268
	2005 年	0.645	0.425	0.553	0.634	0.448
	2007 年	0.668	0.412	0.498	0.589	0.424

出口依赖型工业行业主要包括石油和天然气开采业、金属矿采选业、纺织业、纺织服装鞋帽皮革羽（绒）及其制品业、通信设备计算机及其他电子设备制造业、仪器仪表及文化办公用机械制造业。1997～2007 年，除了普遍出现下降的 2005 年，几乎所有的工业行业对出口的依存度都出现了上升。与 1997 年相比，2007 年工业行业对出口的依存度系数平均增幅高达 72.5%，增幅超过 100% 的行业就包括燃气生产和供应业（225.8%）、金属采矿业（118.7%）和废品废料（110.9%），我国工业几乎全行业对出口依赖程度的增加，再次凸显了我国出口导向型工业发展特征，从侧面也说明改善需求结构，以更加偏重国内市场的艰难性。

按照工业行业进行分类，可以发现轻工业，以及电力热力燃气和水的生产和供应业属于典型的消费依赖型行业，采矿业和重工业属于典型的投资依赖型行业，采矿业和加工制造业属于典型的出口依赖型行业。1997～2007 年，所有工业行业对消费的依赖度都趋于下降，采矿业对投资和出口的依赖度明显上升，制造业三大行业对投资的依赖程度波动明显。同时，除采矿业之外，其他工业行业对出口的依赖度均表现为先升后降（见表 11 - 7），这一方面说明工业企业开始转向国内市场，降低了对外需市场的依赖程度，另一方面也说明注重培育国内需求市场的重要性。

（二）需求因素对工业增长影响的计量实证分析

1. 计量实证模型及数据说明

参照瞿华等（2013）的计量模型，我们将工业增长的需求因素拆分为消费、投资和出口，同时根据数据的可获得性加入需求结构变量，并控制预期因素和货币政策因素的影响。考虑到时间序列数据常见的序列自相关问题，在模型设定上使用了克服自相关问题的 ARMA 模型，[①] 具体模型设定如下：

$$gindiv_t = \alpha_0 + \alpha_1 ginvest_t + \alpha_2 gcons_t + \alpha_3 gexport_t + \beta_1 \Delta local_t + \beta_2 \Delta fada_t$$
$$+ \lambda_1 gM1_t + \lambda_2 \Delta exchange_t + \lambda_3 \Delta realrate_t + \lambda_4 Sundry_t + u_t$$
$$u_t = c + \varphi_1 u_{t-1} + \varphi_2 u_{t-2} + \varphi_3 u_{t-3} + \varepsilon_t + \theta_1 \varepsilon_{t-1} \tag{11-1}$$

---

① 在 ARMA 模型的设定上以尽可能消除自相关为目标，所以不同模型中自回归和移动平均的设定可能有所不同。从表 11 - 9 和表 11 - 10 可以发现，在设定 ARMA 模型后，大多数模型的 DW 值均在 2 附近，说明自相关问题得到了很好的控制。

其中，各变量对应的含义详见表 11-8，Δ 代表一阶差分，*Sundry* 代表金融危机虚拟变量。考虑到数据的可获得性，投资用全社会固定资产投资代替，消费用社会消费品零售总额代替。为了更为准确地把握与工业相关的需求因素对工业增长的影响，我们在式（11-1）的基础上，进一步细化需求因素，需求结构及控制变量更加丰富，具体模型设定见式（11-2）。

根据数据的可获得性，式（11-1）变量为 1995 年第一季度至 2013 年第一季度的季度数据，式（11-2）变量为 2003 年第一季度至 2012 年第四季度的季度数据。所有绝对数数据均扣除了物价因素的影响，并对所有数据进行了去季节性处理。从表 11-8 可以看出，投资结构的两个变量地方投资占比和国有企业投资占比波动性是所有变量中最大的，表明投资结构中存在明显的行政层级和所有制变化。消费结构中交通通信支出占比波动性最大，机械设备出口占比在工业品出口结构中的波动性最大，这与近年来居民交通通信支出和机械设备出口迅猛增长密切相关。出于避免"伪回归"的问题，我们对所有变量均做了平稳性检验。其中，所有增长率变量均是平稳序列，其他变量均为一阶单整（见表 11-8），因此在模型设定上对所有不平稳序列均取一阶差分。

$$gindiv_t = \alpha_0 + \alpha_1 gindinvest_t + \alpha_2 gcons_t + \alpha_3 gindexport_t + \beta_1 \Delta rfood_t$$
$$+ \beta_2 \Delta rclothes_t + \beta_3 \Delta rappl_t + \beta_4 \Delta rcare_t + \beta_5 \Delta rtran_t$$
$$+ \beta_6 \Delta rlive_t + \beta_7 \Delta local_t + \beta_8 \Delta state_t + \beta_9 \Delta fada_t$$
$$+ \beta_{10} \Delta chem_t + \beta_{11} \Delta mate_t + \beta_{12} \Delta mech_t + \beta_{12} \Delta sundry_t$$
$$+ \lambda_1 gM1_t + \lambda_2 \Delta exchange_t + \lambda_3 \Delta realrate_t + \lambda_4 \Delta expect_t$$
$$+ \lambda_5 dummy_t + u_t$$
$$u_t = c + \varphi_1 u_{t-1} + \varphi_2 u_{t-2} + \varphi_3 u_{t-3} + \varepsilon_t + \theta_1 \varepsilon_{t-1} \tag{11-2}$$

表 11-8　主要变量统计性描述及平稳性检验

自变量	自变量名称	均值	标准差	样本数	ADF 检验	一阶差分 ADF 检验
giniv	第二产业增加值增长率	2.580	2.126	72	-9.760***	
ginvest	全社会投资增长率	4.435	5.506	72	-12.419***	
gindinvest	工业投资增长率	6.258	5.387	40	-12.877***	
gcons	消费增长率	2.918	1.748	72	-7.647***	
gexport	出口增长率	3.421	4.987	72	-4.988***	
gindexport	工业制成品出口增长率	3.588	5.071	72	-5.071***	
gM1	M1 增长率	3.896	1.809	72	-4.533***	
exchange	汇率	7.771	0.735	73	-1.267	-13.727***
realrate	房地产开发综合景气指数	101.307	4.177	73	-0.481	-7.174***
expect	消费者信心指数	108.337	4.209	57	-2.248	-8.018***

自变量	自变量名称	均值	标准差	样本数	ADF 检验	一阶差分 ADF 检验
rfood	食品支出占比	37.147	0.899	40	−0.168	−3.369***
rclothes	衣着支出占比	10.817	0.831	40	−2.514	−7.835***
rappl	家庭设备支出占比	6.176	0.429	40	−3.106	−8.919***
rcare	医疗保健支出占比	6.892	0.461	40	−0.858	−8.790***
rtran	交通通信支出占比	13.207	1.193	40	−1.807	−7.663***
rlive	居住支出占比	9.410	0.930	40	−1.428	−9.823***
local	地方投资占比	81.967	10.184	73	−2.786	−13.504***
state	国有企业投资占比	46.468	10.039	41	−1.873	−8.867***
fada	对 OECD 发达国家出口占比	57.101	4.170	73	−1.526	−7.237***
chem	化学成品出口占比	5.738	0.702	73	−1.908	−10.102***
mate	原料制成品出口占比	18.987	2.253	73	−1.869*	−5.966***
mech	机械及运输设备出口占比	42.370	9.479	73	−0.633	−9.026***
sundry	杂项制品出口占比	32.781	7.421	73	−0.120	−5.525***

2. 宏观需求及其结构的工业增长效应分析

从全时序数据看，1995 年至今，出口对第二产业增加值的影响是显著的，出口每增长 1% 能够拉动第二产业增加值增长 0.15% 以上，控制变量中只有 M1 是显著的（见表 11 - 9），说明货币数量增长能显著的推动第二产业增长，当前我国工业表现出典型的资本密集型特征，对货币需求强烈。[①] 然而，全社会固定资产投资增长对工业增长的作用基本不显著，这可能缘于全社会固定资产投资统计口径过宽，对工业增长的作用被分散化所致。

表 11 - 9　宏观需求及其结构对工业增长的影响

自变量	1995 年第一季度至 2013 年第一季度		1995 年第一季度至 2001 年第四季度		2002 年第一季度至 2013 年第一季度	
固定资产投资增长率	0.032	0.05	0.014	−0.038	0.031	0.086*
社会消费品零售总额增长率	0.166	0.086	−0.869**	−0.996**	0.260*	0.179

① 从表 11 - 9 输出结果看，M1 对工业增长的作用并不显著，说明货币数量增加对工业增长的拉动作用并不具有稳健性，也可能是体现货币流动性的衡量标准出现了变化，M1 不再能够准确衡量货币数量。

自变量	1995 年第一季度至 2013 年第一季度		1995 年第一季度至 2001 年第四季度		2002 年第一季度至 2013 年第一季度	
出口增长率	0.163 ***	0.152 ***	0.121	−0.129	0.183 **	0.211 ***
M1 增长率	0.224 ***	0.233 **	0.502 *	1.120 ***	0.207 *	0.236 *
汇率一阶差分	−0.314	−0.692	−65.426 ***	−367.672 ***	0.261	−0.340
房地产开发综合景气指数一阶差分	0.078	0.116	0.223	0.565 **	−0.004	−0.038
金融危机虚拟变量	−0.419		−0.455		−0.556	
地方固定资产投资占比一阶差分	−0.254 **		−0.592 ***		−0.173 **	
对 OECD 发达国家出口占比一阶差分	0.306 *		0.135		0.333	
常数项	0.827	0.664	2.009	0.149	0.773	0.047
AR (1)	−0.328 **	−0.451 ***		0.448 *	−0.221	
AR (2)				−0.078	0.045	
AR (3)				−0.259		
MA (1)						−0.270 *
调整 R^2	0.341	0.244	0.577	0.281	0.382	0.318
D − W 统计量	2.005	2.008	2.086	2.152	1.931	1.970
F 统计量	4.618 ***	4.226 ***	4.943 ***	2.174 *	3.268 ***	3.930 ***
样本数	71	71	27	25	45	45

注：金融危机虚拟该变量设定上考虑了亚洲金融危机和美国次贷危机，在危机持续期内均为 1，其他时间为 0，增加该变量的目的是剔除金融危机因素的影响；所有变量的显著性均采用怀特异方差进行修正，即为怀特异方差稳健估计量；*** 、** 、* 分别表示系数在 1% 、5% 和 10% 的水平上显著。

如果将中国加入世界贸易组织的时间作为分界点，原数据可以被划分出两个阶段（第一阶段：1995 ~ 2001 年；第二阶段：2002 ~ 2013 年），因此可以检验新旧时期宏观需求因素对工业增长的不同影响。从表 11 - 9 可以发现，第一阶段中消费增长对工业增长的影响显著为负，说明第一阶段消费增长不利于工业增长。对此可能的解释是，在第一阶段，我国工业固定资产投资增速持续增加（见图 11 - 7），消费更快增长意味着储蓄增速下降，这不利于满足该阶段中我国重化工业为代表的第二产业的资金需求。出口增长对第二产业增长的推动作用在两个阶段有明显的变化。从第二阶段开始，出口增长对工业增长的拉动十分明显，说明当前我国工业增长对出口的依赖程度大幅提升，与前述工业各行业对出口的依赖度增加的结论高度吻合。从投资结构看，所有时段地方固定资产投资占比变化的系数始终显著为负，说明在当前的投资模式下，地方投资比重持续上升不利于第二产业增长。

3. 工业需求及其结构的工业增长效应分析

从表 11–10 可以发现，工业固定资产投资增长对第二产业增长的作用十分显著，工业固定资产投资每增长 1%，可以促进第二产业增加值增长 0.1% 以上，而消费对工业增长的拉动作用不明显，说明 2003 年以来，我国工业增长表现出典型的投资拉动型特征。与表 11–9 中结论一致，该时期工业制成品出口也表现为显著的正向影响，再次验证了出口对我国工业增长的积极作用。控制变量均不显著，因此表 11–10 最后一列删除了所有控制变量。

表 11–10　工业需求及其结构对工业增长的影响

自变量	ARMA 模型估计			
工业固定资产投资增长率	0.423***	0.266**	0.105*	0.194**
社会消费品零售总额增长率	-0.119	0.022	-0.006	-0.056
工业制成品出口增长率	0.225***	0.170*	0.195***	0.134**
M1 增长率	0.195	0.209	0.157	
汇率一阶差分	-2.800	-0.491	1.635	
房地产开发综合景气指数一阶差分	0.357	0.164	-0.125	
消费者信心指数一阶差分	-0.233	-0.016	-0.022	
食品支出占比一阶差分			-0.218	-0.315
衣着支出占比一阶差分			0.009	0.269
家庭设备支出占比一阶差分			2.978**	4.686***
医疗保健支出占比一阶差分			-1.930	-2.135
交通通信支出占比一阶差分			-0.451	-0.437
居住支出占比一阶差分			0.421	0.419
地方投资占比一阶差分			-0.365***	-0.348***
国有企业投资占比一阶差分			-0.283	-0.324*
对 OECD 发达国家出口占比一阶差分			-0.183	-0.265
化学成品出口占比一阶差分			5.230**	5.433***
原料制成品出口占比一阶差分			2.597	2.597*
机械及运输设备出口占比一阶差分			2.852**	3.056**
杂项制品出口占比一阶差分			2.306	2.175
金融危机虚拟变量			-0.508	
常数项	-0.681	0.193	0.750	1.0115*

自变量	ARMA 模型估计			
AR（1）	− 0.381*	− 0.347**	− 0.527*	− 0.855***
AR（2）	− 0.078	− 0.166	0.377	− 0.014
AR（3）	0.127	− 0.022		
MA（1）	− 0.622***			
调整 R^2	0.461	0.459	0.692	0.678
D − W 统计量	1.984	2.079	2.030	2.37053
F 统计量	3.803***	3.777***	4.683***	5.212***
样本数	37	37	37	37

从需求结构变量看，消费结构中只有家庭设备支出占比变化对第二产业增长有显著的正影响，考虑到家庭设备用品大多为耐用消费品，提高家庭设备支出比例意味着增加对其需求，这必然会扩大相关制造业市场。投资结构中只有地方投资占比变化对第二产业增长产生显著的负作用，这一结果与表11-9相同，说明虽然地方投资在固定资产投资中占据绝对份额，但是随着地方投资份额的上升，其弊端也日渐显现，这与地方投资中存在重复建设、债务率高、政绩短视、忽视市场规律等不无关系。国有企业投资占比系数是预料中的负数，但显著性较差。出口结构中，对OECD发达国家出口比例上升对第二产业增长的是负影响不显著，所以当前继续扩大对发达国家的出口份额并不能促进我国工业增长，反而可能会产生不利影响。出口产品结构中，化学成品出口和机械及运输设备出口比例增加均能够明显推动工业增长，这与当前我国重化工为核心的工业结构密切相关，化学成品和机械及运输设备生产在工业产品结构中占据相当份额，而且中国在这两大领域的竞争优势越发明显，具有挖掘外需市场的能力。

五、需求变化条件下中国工业发展新趋势

基于以上分析，未来我国工业发展中将面临严峻的需求结构调整形势，这势必在短期内会拖累工业增速，但是如果能够成功实现工业发展需求结构调整，从长期看将有利于形成良性的工业发展需求结构，为工业可持续健康发展奠定基础。为了把握需求条件变化下我国工业发展的趋势，需要首先准确判断三大需求因素的未来变化趋势。考虑到国家间文化、经济发展模式类似，在三大需求未来走势的研判上我们参照了同为东亚国家的韩国。根据韩国历史数据，其工业增加值占GDP比重达到相对高位之后20年，即1986～2005年消费、投资、出口的年均增速分别为5.85%、7.7%和13.39%。以此为基准，并基于当前及未来我国面临的国内外经济

形势和专家分析，综合判断各因素的未来变化趋势。

（一）未来消费增速将与经济增速持平，工业发展中消费需求贡献增加

消费被认为是最稳定的需求因素，也因此成为大多数国家经济平稳发展的最重要动力，未来十年中国经济发展也将取决于消费需求增长。影响消费增长的最重要因素是收入增长，过去 20 年居民可支配收入与经济总量保持了快速增长，实际年均增幅超过 10%，这促进居民消费实际消费增速接近 10%，鉴于未来经济增速下滑的共识性判断，到 2020 年，消费增速也将趋于下降，但受当前及今后我国正在或即将实施的一系列刺激消费政策措施影响，包括以人为本的城市化，到 2020 年城市化率将达到 60% 左右，构建完备公平的社会保障体系，缩小居民收入差距，居民收入翻番计划等，将能改善未来不确定性对消费性支出增长的弱化，提高整体边际消费倾向，以及为消费总量提升奠定收入基础，再加上网购等新型消费模式的蓬勃发展，以及持续的消费升级，如汽车消费需求在 2020 年将仍能保持 10% 左右的增长（刘世锦等，2013），最终将使国内消费需求与经济增长大致保持同等增速。借鉴当前权威机构的预测（陈彦斌、姚一旻，2012；刘世锦等，2013），2013 ~ 2015 年，经济年均增速为 7.8% 左右，对应的同期消费季度同比增速为 7.8% 左右，2016 ~ 2020 年，经济增长可能出现明显下滑，年均增速为 6% ~ 7%，对应的同期消费季度同比增速为 6%（悲观情形）或 7%（乐观情形）。

同时，预计国内外经济环境的倒逼机制将促使工业增长对消费需求的依赖程度上升。由于长期以来依赖投资需求和外需的经济增长模式，正遭遇前所未有的危机，不仅导致政府债务不断积累，危及财政安全，还引发一系列国际贸易争端、货币超发以及人为扭曲要素价格等问题。在当前国际经济形势相对低迷，国内政府投资效率和债务风险不容乐观的情形下，最终消费的经济增长贡献率正缓慢复苏（见图 11-2），整体工业发展也不得不依靠更为稳健的消费来驱动，而且我国与世界主要发达国家和很多发展中国家相比，需求结构中消费占比明显偏低，有极大的提升空间。

（二）未来投资实际增速下滑至 10% 以内，工业发展中投资需求拉动作用的发挥将更趋市场化

投资目前是驱动经济增长的最主要动力，随着国内大规模基础设施建设的上马、地方债务问题的日益凸显、投资效率的持续低下，未来影响投资的房地产、汽车等耐用消费品以及出口等出现下滑趋势，到 2020 年，投资需求长期保持名义增长 15% ~20% 的速度将越发困难。同时，参照东亚的日本和韩国的历史经验，可以发现日本投资增长速度在 20 世纪 60 年代高达 15%，随着经济增速下滑，其后 10 年内投资增速下降了 10 个百分点左右；韩国出现了类似的下滑趋势，经济增速下降后 10 年投资增速下降了 8 个百分点。但是，为了在长时期内保持较高的经济增速，较高的投资率依然是必需的（刘立峰，2013），这样才能逐渐为消费率的提升创造良好的经济增长环境。基于上述分析，预计 2013 ~2020 年投资速度同比实际

增速在10%以内，悲观情形为7%，乐观情形为9%。通常工业投资主导整体经济投资活动，因此对应的工业投资增速与此相同。

当前投资需求本身的问题主要集中在非市场化干预色彩浓厚。投资主体结构中，以地方投资为主，国有企业投资占比较高且控制绝大多数要素资源。在国内统一市场尚未完全形成且地方官员升迁激励的背景下，地方投资主导模式往往意味着重复建设、无序竞争和资源浪费，增量资本产出率长期远高于国际平均水平，表明我国投资效率严重低下。政府对经济活动的深度干预，导致本是投资主体的企业成为了政府决策的附庸，再加上国有企业掌控上游要素资源，致使要素价格扭曲现象普遍，在行政配置和要素价格扭曲的双重压力下，国内企业实体经济活动投资回报率不高，资本流向房地产、强金融属性产品等高风险或非生产性经济活动，实体经济存在资本过剩与短缺并存的结构性矛盾。鉴于此，今后工业发展中的投资主体和投资决策将更加迫切需要市场化。除了上述问题对改革的反向刺激因素之外，新一届政府正不断下放和缩减经济审批权限，不少地方正在推进行政体制改革，政府的经济管理职能在弱化，社会管理职能在强化，对民营企业等社会资本开放的步伐也在加快，解除利率管制等要素市场改革不断深化，这些都将推动国内投资向良性方向发展，提高投资需求的市场化作用和配置效率。

（三）未来出口实际增速在10%左右，工业发展的外需结构将更加多元化

当前我国面临严峻的国际市场形势。根据 IMF 的最新预测，未来欧洲经济增长缓慢的情况极有可能长期持续，发达国家极有可能撤销极度宽松的货币政策，这都将使当前出口结构中主要依靠发达国家的我国遭遇出口需求下滑的风险。而且，我国贸易顺差不断收窄的趋势十分明显，在出口中占据重要地位的加工贸易同比增速从"入世"后的40%回落至10%，技术含量高的产品出口占比仍然偏低，出口产业升级尚需时日。再加上人口红利的逐渐消失和人民币汇率的持续升值，在我国进出口中占据一半份额的外资企业投资增速下降，这都将拖累未来10年我国出口增速，出口需求增长将出现长期性放缓趋势（滕泰，2012）。日、韩的增长经历也表明，随着经济发展阶段的推进，出口增速会趋于不断下滑。因此，预计2013~2020年，我国出口季度同比实际增速10%左右，工业制成品出口与此相当。

出口下滑的挑战正激发中国工业发展中的外需结构趋向更加多元化。首先，出口的国别结构更加偏重发展中国家。从20世纪90年代中期以来，我国的出口市场就开始逐渐转向发展中国家，虽然当前我国出口品主要还集中在发达国家，但发展中国家占据的出口份额正逐步上升（见图11-9）。随着我国制造业的不断转型升级和人民币国际化进程的持续推进，我国相当部分工业品在发展中国家市场中的竞争力也将逐渐提高。同时，与发达国家在中高端产业上的竞争将日趋激烈。随着科研体制改革逐步提上日程，国家树立并强化企业技术创新主体地位，以及对战略性新兴产业的扶持，我国工业转型升级的步伐将逐渐加快，这势必与发达国家在中高端制造业领域形成竞争，在鼓励国内企业对外直接投资的背景下，我国工业企业将

更快融入世界中高端产业链，促使我国对发达国家的出口商品结构中技术含量和附加值高的比例趋于上升。

（四）需求约束条件下工业发展趋势的定量判断

根据我国三大需求增速的判断，对于未来我国工业发展趋势的分析采取多情景模拟。为了简化分析，在预测模型设定上，自变量主要包含消费、工业投资、工业品出口以及适合模型的自回归项和移动平均项。根据数据的可获得性，用于预测的基础模型采用的季度数据为1995年第一季度至2013年第二季度，2013年第三季度至2020年第四季度的自变量数据采取下述判断预先计算。为避免伪回归问题，我们将所有绝对数数据先扣除了物价因素和季节性因素影响，并转换为增长率数据。经单位根检验发现所有变量均为平稳序列。

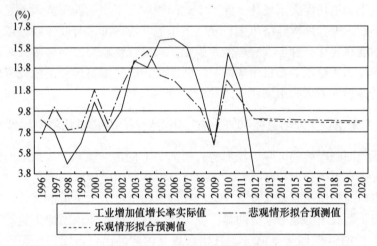

图11-13 工业发展趋势变化

资料来源：历史数据来自中经网统计数据库，拟合预测数据来自ARMA模型。

悲观情景：2013~2015年，消费季度同比增速为7.8%，2016~2020年，消费季度同比增速为6%；2013~2020年，第二产业固定资产投资季度同比实际增速7%，工业制成品出口季度同比实际增速10%。ARMA模型预测结果为：2013~2015年，工业增加值年均实际增速达8.76%，2015年工业增加值达206051.02亿元（以1995年为基期计算的实际值）；2016~2020年，工业增加值年均实际增速达8.63%，2020年工业增加值达311686亿元（以1995年为基期计算的实际值）。

乐观情景：2013~2015年，消费季度同比增速为7.8%，2016~2020年，消费季度同比增速为7%；2013~2020年，第二产业固定资产投资季度同比实际增速9%，工业制成品出口季度同比实际增速10%。ARMA模型预测结果为：2013~2015年，工业增加值年均实际增速达8.77%，比悲观情景高0.01个百分点，2015年工业增加值达206672.82亿元（以1995年为基期计算的实际值）；2016~2020年，工业增加值年均实际增速达8.82%，比悲观情景高0.06个百分点，2020年工业增加值达 315373.07 亿元（以 1995 年为基期计算的实际值）。

从图 11 - 13 也可以发现，两种情形结果较接近。据此可以得出 2013 ~ 2015 年，工业增加值年均实际增速大致为 8.7% ~ 8.8%，2016 ~ 2020 年，工业增加值年均实际增速大致为 8.6% ~ 8.9%。就目前工业发展情形看，面临产能过剩、内需不足、实体经济投资收益不高、体制机制不畅等诸多挑战，未来为实现上述较高增长，工业发展不仅要顺应国内消费升级需要，注重产品创新研发和营销，也要改善生产要素人为扭曲现状和在产业链国际分工中的不利地位，着实提高投资效率和积极开拓中高端外需市场。

（执笔人：张义博）

参考文献

[1] Krugman P. Increasing Returns and Economic Geography [J]. Journal of Political Economy, 1991 (99).

[2] 陈彦斌，姚一旻. 中国经济增速放缓的原因、挑战与对策[J]. 中国人民大学学报，2012(5).

[3] 郭庆旺，贾俊雪. 地方政府行为、投资冲动与宏观经济稳定[J]. 管理世界，2006 (5).

[4] 胡日东，苏梽芳. 中国城市化发展与居民消费增长关系的动态分析——基于 VAR 模型的实证研究[J]. 上海经济研究，2007 (5).

[5] 李大元，王昶，姚海琳. 发达国家再工业化及对我国转变经济发展方式的启示[J]. 现代经济探讨，2011 (8).

[6] 刘立峰. 我国现阶段需要保持较高投资率[J]. 调查·研究·建议，2013 (9).

[7] 刘世锦，陈昌盛，何建武. 未来十年展望：潜在增长率下降，新增长阶段开启[J]. 中国发展评论，2013 (2).

[8] 鲁晓东，何昌周. 中国与发展中国家贸易结构的竞争和互补——基于南南合作的视角[J]. 国际经贸探索，2010 (6).

[9] 瞿华，夏杰长，马鹏. 我国消费、投资、出口与经济增长关系实证检验——基于 1978 ~ 2010 年数据[J]. 经济问题探索，2013 (3).

[10] 沈瑶. 全球化背景下的中国与发展中国家贸易摩擦问题[J]. 上海大学学报（社会科学版），2007，14 (6).

[11] 滕泰. 中国出口增速将出现长期性放缓 [N/OL]. 证券时报网，2012 - 10 - 19.

[12] 王小鲁，夏小林. 城市化在经济增长中的作用 [D]. 中国经济改革研究基金会国民经济研究所工作论文，1999.

[13] 王岳平. 我国产业结构的投入产出关联分析[J]. 管理世界，2000 (4).

[14] 王岳平，葛岳静. 我国产业结构的投入产出关联特征分析[J]. 管理世界，2007 (2).

[15] 尤宏兵. 中国与发展中国家贸易摩擦再透视[J]. 经济问题探索，2010 (3).

[16] 臧霄鹏，林秀梅. "三驾马车"诱发效应与产业部门最终依存度牵扯[J]. 改革，2011(5).

[17] 周黎安. 中国地方官员的晋升锦标赛模式研究[J]. 经济研究，2007 (7).

[18] 周莉萍. 城市化与产业关系理论演进与述评[J]. 经济学家，2013 (4).

第十二章 典型国家工业发展阶段性变化比较与启示

内容提要： 综观工业化国家的发展历程，虽然由于本国国情和外部环境的不同导致工业化道路千差万别，但在工业发展过程中存在着一定的共同特征。通过对具有先行优势的老牌工业国家和充分挖掘后发优势、成功实现工业化的赶超型国家工业发展的规律分析可知，一国工业发展到一定程度会出现明显的阶段性变化。从工业总量的阶段性变化看，工业占比会经历由低到高再降低的倒"U"型转变；从工业结构的阶段性变化看，工业发展会经历由轻工业向重化工业再向高加工度工业的转变；从能源消耗的阶段性变化看，工业能耗会经历由低到高再逐渐降低的转变。目前，我国基本具备出现工业发展阶段性变化的主要特征，通过对相关国际经验和规律的把握和深化认识，对于我国未来工业发展和经济结构转型具有重要的启示和借鉴作用。

工业是社会分工发展的产物，是国民经济中最重要的物质生产部门之一。综观工业化国家的发展历程，虽然由于本国国情和外部环境的不同导致其工业化道路千差万别，但通过对这些实现工业化国家的路径分析可知，工业发展存在一定的规律性。随着经济社会的不断发展和产业结构的提升优化，各国工业发展基本都经历了由低速到高速，再从高速转为中、低速的过程，工业增加值占 GDP 的比重在人均 GDP 达到 1 万国际元时，达到峰值，之后有所回落，第三产业特别是生产性服务业则在经济发展中扮演更重要的角色；工业内部结构也会从劳动密集型向资本密集型再向技术密集型的转变；人均 GDP 单位能耗会呈现出一个持续上增，然后逐步下降或基本稳定在某一水平。本章将对已完成工业化的发达国家分成两类进行研究：一是具有先行优势的老牌发达国家，包括英国和美国；二是充分挖掘后发优势、成功实现工业化赶超、成功跨越"中等收入陷阱"的发达国家，包括德国、日本和韩国。在此基础上，进一步从工业总量、工业结构和能源消耗三个维度分析工业发展的阶段性变化情况。

一、先行工业化国家工业发展阶段性变化情况及主要特点

从先行工业化国家和赶超型国家的工业发展历程看，自进入现代经济增长阶段以来，随着经济发展水平的提升，其工业发展经历了由低速增长到高速增长再到低速增长的发展过程，相应的工业产出比重也经历了由低到高再降低的过程。

（一）英国工业阶段性变化情况及发展特点

英国是人类历史上第一个进行和实现工业化的国家。英国的工业化不仅使英国经济长期领先全球，更为其他国家的经济发展开创了一条工业化道路。

1. 英国工业阶段性变化情况

英国的工业发展从棉纺业开始，通过率先推行机器生产以提高生产效率的示范效应，轻工业部门随后纷纷实行机器生产。机器的推广使用推动了蒸汽机和诸多其他机器的研发，并推动煤炭、冶金等工业快速发展。随着大工业和近代交通运输业的发展，机器制造业逐步成为在国民经济中占统治地位的主导产业，英国进入到重化工业阶段。

英国从工业化初期以来，工业增加值占 GDP 的比重一直在增长，并于 20 世纪50 年代到 60 年代达到峰值 50% 以上，随后该比重不断下降，2010 年仅为 21.6%，并且近 10 年来保持在 21% ~ 23% 的范围内小幅波动（见图 12 - 1）。

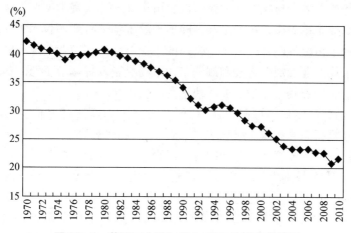

图 12 - 1　英国工业增加值占 GDP 比重变化情况

资料来源：世界银行数据库。

从对经济增长拉动程度看，1970 年之后，英国 GDP 环比年均增长率已超过同期工业增加值环比年增长率，平均每年高出 1.82 个百分点（见图 12 -2），这意味

图 12 - 2　英国 GDP 增长率与工业增加值增长率变化情况

资料来源：世界银行数据库。

着拉动英国经济增长的最主要动力已不再是工业，而是转向第三产业。

2. 英国工业发展的主要特点

英国作为第一个工业化国家，经历了漫长的工业发展过程，是市场化内生型发展模式的典型代表，主要特点如下：

一是从发展阶段看，历经了由轻工业阶段向重化工业阶段发展的过程。英国工业革命始于棉纺业，因此其最初工业主导产业就是棉纺织业。在机器生产的示范效应和利益驱动下，轻工业部门随后纷纷实行机器生产。机器的推广使用加速了蒸汽机、煤炭、冶金工业等诸多行业的发展，进而出现了大量的人口流动现象，客观上推动交通运输业大发展。随着人口的集聚和大工厂大工业的发展，机器制造业逐步成为占国民经济统治地位的主导产业，顺利进入到重化工业阶段。

二是从发展模式看，主要实行经济自由主义。英国是最早进入资本主义的国家之一，奉行由私人资本主导的经济自由主义的市场经济模式。虽然在工业发展初期，由于棉纺业技术落后于印度，英国也曾禁止棉纺织品进口。但在棉纺织业逐步发展成为优势产业后，英国开始实行经济自由主义。私人资本家在市场利益的驱动下，在棉纺织业中率先引入技术革新，随即带动了各个行业的技术革新，最终在全国范围内实现了由机器制造代替手工操作的工业革命。其工业化发展的核心思想是限制政府对工业产业发展的操控和制约，让市场机制发挥调节资源的作用，在私人资本对利润追逐的过程中实现工业的快速发展。

三是从政策支持看，重视教育、科研，对技术创新进行保护。为促进工业发展，英国积极推行教育改革，于1870年颁布了《初等教育法》，创立国民初等教育制度，对5~10岁的儿童实行免费教育，成为全球义务教育的先导。该教育重视培养独立思考和开拓创新能力，注重提高国民素质，并加大了对研发的投入，其占GDP的比重在1.75%左右（见图12-3）。同时，英国深刻认识到技术创新在工业发展过程中的巨大作用，于1624年颁布了世界上第一部反垄断成文法——《垄断法》。由于重视教育、鼓励创新，英国涌现了一大批的科学家、发明家和企业家，成为当时世界的科技中心，第一次工业革命中涌现的重要的新机器和新技术主要也由英国发明。

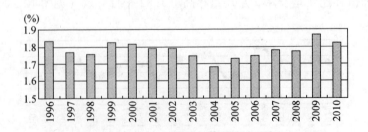

图12-3　英国研发支出占GDP的比重

资料来源：世界银行数据库。

（二）美国工业阶段性变化情况及发展特点

美国的工业化起步晚于英法，但速度较快，历时约 100 年的工业化取得了重大成就，创造了世界上最发达、最强大的国家和所谓的"美国奇迹"。

1. 美国工业阶段性变化情况

美国的工业发展呈现出明显的先上升后下降的倒"U"形曲线。工业占 GDP 的比重由 1929 年的 29% 上升至 1950 年的 40%，之后不断下降，2010 年仅为 20.04%，并且近十年来保持在 20%～22% 的范围内小幅波动（见图 12-4）。

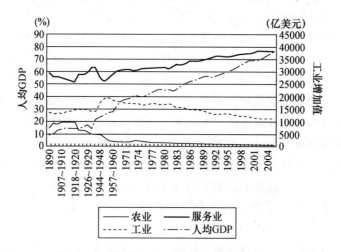

图 12-4 美国工业增加值占 GDP 比重变化情况（1890～2004 年）

资料来源：王金照等．典型国家工业化历程比较与启示[M]．北京：中国发展出版社，2010.

从对经济增长拉动程度看，1970 年后，美国 GDP 环比年均增长率已超过同期工业增加值环比年均增长率，平均每年高出 1.15 个百分点（见图 12-5），这意味着此时拉动美国经济增长的最主要动力已不再是工业，而是第三产业。

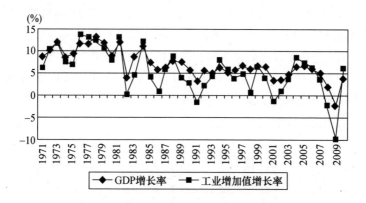

图 12-5 美国 GDP 增长率与工业增加值增长率变化情况

资料来源：世界银行数据库。

2. 美国工业发展的主要特点

美国工业的发展落后于许多西欧，之所以能后来居上，主要是因为美国采取了"工业立国"的政策，政府对工业发展进行了有限干预，但与其他赶超型国家相比，总体而言其模式仍是自由资本主义，主要特点如下：

一是从发展阶段看，从轻工业起步，逐步发展到重化工业阶段并最终完成工业化。与英国类似，美国的工业发展也始于纺织业，作为工业发展初期最重要的工业部门，纺织业通过前向和后向的联系效应主导了工业发展，纺织机械产业不单为纺织业提供器械，还孕育了机床、机车制造以及金属制造业，为后来美国汽车、机械、钢铁和石化等重化工业的大发展奠定了坚实的基础。

二是从发展模式看，主要实行以市场主导为主、政策指导为辅的模式。与英国不同，美国有着丰富的自然资源、国地条件和适宜工业化的政治体制等，但人力资源稀缺。因此，美国没有完全照搬英国工业化模式，而是在其基础上有所创新。由于国内纺织业劳动力成本昂贵，竞争力不如欧洲国家，美国通过征收关税等方式保护国内纺织业市场，并及时通过技术革新大力发展机器制造业，实现了机器对人力的替代，极大地降低了成本，其纺织品比欧洲国家更有竞争力。在工业发展过程中，美国没有完全实行经济自由主义，也没有像一些后进国家那样，由政府替代市场直接干预工业生产，而是通过制定相关法律法规、财政和税收优惠引导等方式，完善了制度措施，营造了良好的工业发展环境，从而使本国工业走上快速发展道路，最终建立了强大的现代工业体系。

三是从政策支持看，重视教育、科研，对技术创新进行保护。与英国类似，美国政府同样重视教育、技术引进和技术创新。1862 年，美国国会通过了《莫里尔法案》，从而大量增加教育经费，并掀起了赠地兴学的高潮。早在 19 世纪中期，美国大众就已把公立图书馆的设立视为政府的职责，公立图书馆也最早设立在美国。同时，美国政府十分重视引进和利用外国的最新技术，并积极将这些先进技术与美国生产实践相结合，从而推动了美国的科技发展和经济繁荣。美国政府建立后不久就通过了 1790 年《专利法》，并于 1838 年成立了专利局，以鼓励发明创造，并于 1867 年拨款建立了国家科学院以推动科研。此外，美国还借鉴德国的经验建立了高等教育制度，并在此基础上进行了设立研究生院、建立研究型大学等重大创新，研发投入逐年增加，占 GDP 比重保持在 2.55% 以上（见图 12-6）。通过研究型大学的创立和建设，大学逐步成为科学研究和科学教育的主要阵地，美国也逐步成为当代世界科学中心。

图 12-6 美国研发支出占 GDP 的比重

资料来源：世界银行数据库。

二、赶超型国家工业发展阶段性变化情况及主要特点

（一）德国工业阶段性变化情况及发展特点

德国是资本主义国家实现赶超的典范。自 19 世纪 70 年代德国开始工业化以来，政府主导的赶超型战略就是其最大特色，并且随着时间的推移，政府作用的幅度和强度也越来越大。

1. 德国工业阶段性变化情况

德国从工业化初期，工业增加值占 GDP 的比重一直在增长，并且在政府的强力主导下，其峰值在 20 世纪 60 年接近 60%，比重之高在发达国家中很少见。随后该比重不断下降，但 2010 年仍达到 27.9%，并且近 10 年来保持在 26% ~30% 的范围内波动，比英国和美国大体高出 6 ~7 个百分点（见图 12 -7）。

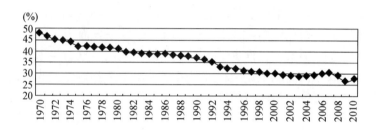

图 12 -7　德国工业增加值占 GDP 比重变化情况（1970 ~2010 年）
资料来源：世界银行数据库。

从对经济增长拉动程度看，1970 年后，德国 GDP 环比年均增长率已超过同期工业增加值环比年增长率，平均每年高出 0.46 个百分点（见图 12 -8），比美国要低 1 个百分点左右，这意味着作为制造业大国的德国，其拉动国经济增长的最主要动力是工业和第三产业并行。

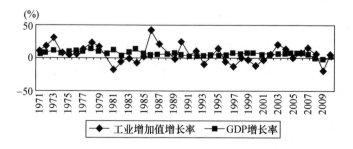

图 12 -8　德国 GDP 增长率与工业增加值增长率变化情况
资料来源：世界银行数据库。

2. 德国工业发展的主要特点

由于深受分裂割据的困扰，德国直到 19 世纪三四十年代才在第一次工业革命浪潮的冲击下，开始了它的工业革命步伐。但在随后的高速工业化过程中，德国合理地利用了后发优势，迅速完成了工业化，跻身发达国家之列，形成了一种供他国学习的"德国式"工业发展模式，主要特点如下：

一是从发展阶段看，工业发展过程中轻重工业并驾齐驱。与英美相似，德国的工业化也始于纺织业。但由于当时英国纺织工业居于世界垄断地位，德国纺织业在英国纺织品占压倒性竞争优势之下岌岌可危，不得不另辟蹊径。同时，在发展经济和军事的双重目标指导下，德国政府从国库中拨巨款修筑铁路，通过铁路业带动冶金、机械、金属加工、能源等重化工业快速发展。1835 年，德国修建了第一条铁路，全长不过 6.1 公里，1840 达到 810 公里，1850 达到 6000 公里，1870 年则激增至 189000 公里，30 年的时间增加了 31499 倍。通过铁路业的发展和带动，德国轻重工业并驾齐驱，迅速赶上并超过了英、法等国而雄踞欧洲首席。

二是从发展模式看，主要实行历史学派指导下的市场主导与政府干预。德国的容克地主①集团一方面为了维护其特权和利益，另一方面为了增进国力，积极推进各种变革，通过国家政权推进了本国工业的大发展。推行了通过对进口的工业品征收高关税以保护民族工业，积极派遣官员出国考察以学习先进经验，大量招聘外国工程技术人员，积极组织成立科学研究团体，大力引进国外先进技术和新科研成果，重视科技创新及其产业化等大量工业政策，有力地推动了工业发展。

三是从政策支持看，特别重视教育和科学研究。德国较早地实行了强迫性的小学义务教育，即通过惩罚等强制性措施推行义务教育以降低文盲率。到 1890 年时，全国文盲率已下降到 1% 以下②。同时，德国在教育方面的一大特色是特别重视职业教育，通过学校教育与企业培训紧密结合，以企业培训为主的职业教育模式，为工业化发展积累了大批高质量的技术工人。此外，在公共知识基础设施方面有很多制度创新，在全球首创了企业技术实验室、大学科学实验室、研究生指导制度、研究所及专业科技书刊的出版等模式，其研发投入占 GDP 的比重多年来维持在 2.2% 以上，近年来不断提高，已高于英国，基本与美国相当（见图 12 - 9）。由于德国对科学的高度重视及政府对工业发展的主导，使得其工业发展比英美更快。随着教育和科学研究的体制化，世界科学中心逐步转移到了德国，培养出了满足不同生产层次需要的各类人才，并涌现了发电机、电炉、煤气发动机、电车、合成染料等一系列重大发明。

---

① 容克地主，原泛指无骑士称号的贵族子弟，后专指以普鲁士为代表的德意志东部地区的贵族地主，在德国从封建社会向资本主义社会过渡时期容克地主长期垄断军政要职，是德国军国主义政策的主要支持者。

② 即使到现在，我国的文盲率仍达到 4% 左右，远高于德国 120 多年前的水平。

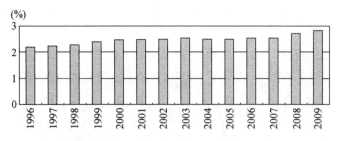

图 12 -9　美国研发支出占 GDP 的比重

资料来源：世界银行数据库。

（二）日本工业阶段性变化情况及发展特点

日本工业化起步较晚，在明治维新后工业才逐渐发展起来，但与世界其他主要资本主义国家相比，工业化水平很低。在 1880 年输入了新式纺织机后，纺织工业才得以迅速发展。中日甲午战争是日本近代产业发展的转折点，依靠在中国开设工厂、企业及其他商业的特权和战争赔款，使其工业、交通运输、银行、贸易等实现了高速发展，大大加速了其工业化进程。

1. 日本工业阶段性变化情况

日本的工业发展呈现出明显的先上升后下降的倒 "U" 形曲线。工业占 GDP 的比重从 1925 年的 20% 逐步上升至 1973 年的 37% 的峰值，随后该比重不断下降，但 2010 年仍达到 27.3%，并且近 10 年来保持在 26% ~28% 的范围内波动，比英国和美国大体高出 4 ~5 个百分点（见图 12 -10）。

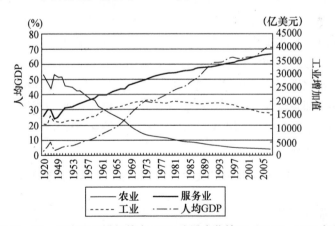

图 12 -10　日本工业增加值占 GDP 比重变化情况 （1920 ~ 2005 年）

资料来源：王金照等. 典型国家工业化历程比较与启示 ［M］. 北京：中国发展出版社，2010.

从对经济增长拉动程度看，1970 年后，日本 GDP 环比年均增长率已超过同期工业增加值环比年增长率，平均每年高出 1.21 个百分点（见图 12 -11），高于德国，基本与美国持平，此时拉动日本经济增长的最主要动力已从工业转移到第三产业。

237

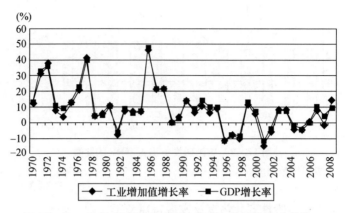

图 12－11 日本 GDP 增长率与工业增加值增长率变化情况

资料来源：世界银行数据库。

2. 日本工业发展的主要特点

明治维新开始时，日本正处于原初工业化的末期。1885 年以后，随着制造业的加速发展，日本进入了近代工业化阶段。之后用近 100 年时间实现工业化，作为赶超型的日本也步入发达国家行列，主要特点如下：

一是从发展阶段看，从轻工业起步，逐步发展到重化工业阶段并最终完成工业化。与美国类似，日本在工业化初期阶段大力发展以棉纺织工业和食品工业为代表的轻工业，长期处于工业发展的主导地位。轻工业的发展为日本工业化奠定了基础，明治维新后，快速发展，使日本步入了工业化之路。1885～1915 年，纺织工业的平均增长率高达 7.5%，实际生产额占工业生产总额的比重在 1900 年达到 73%，对制造业增长的相对贡献度在 1877～1900 年达到 75.2%。另外，在轻工业尚处于快速发展时期时，日本重化学工业已经开始加速发展，并逐步完成了主导产业由轻工业向重化学工业的转变，20 世纪初重化工业对制造业的贡献率已超过轻工业，这种转变推动工业化进程的加快及最终完成（见表 12－1）。需要特别说明的是，日本重化学工业内部各行业发展具有不平衡的特点。机械工业一直处于重化学工业核心地位，其增长率在 20 世纪 70 年代末之前始终保持在 10% 以上的水平，确保了当时日本制造大国的地位。

表 12－1 日本工业化过程中轻重工业对制造业贡献率变化情况

单位：%

年份	轻工业	重化工业
1878～1900	75.2	13.0
1901～1920	50.5	39.6
1921～1938	28.4	61.4
1956～1970	18.7	66.3
1971～1987	4.9	91.8

资料来源：南亮进. 日本的经济发展［M］. 北京：经济管理出版社，1992.

二是从发展模式看，政府主导成为主要手段。作为后发国家，日本政府采用了以赶超欧美为目标的"追赶型"发展战略，确立了政府干预型工业发展的模式。特别在"二战"以后，日本在工业发展的道路上进行了有效的宏观调控和适时的产业结构调整，实现了经济的高速增长，在短短的 20 多年内迅速成长为世界第二经济大国。1974 年，日本政府针对国内工业结构性矛盾突出，发展短暂停顿的情况，提出了《产业结构长期设想》，重新确定产业结构政策，引导资本密集型产业向知识密集型产业转变。但同样要看到，日本的"政府主导型"工业发展模式有其制度缺陷，政府对经济的判断错误及政策的失灵是日本从 20 世纪 90 年代以来走向长期萧条的一个重要原因。

三是从政策支持看，重视教育和科学研究。日本政府历来重视教育，自 1868年明治维新起，日本就将教育发展确定为学习西方、赶超西方发达国家目标的重要战略。为提高日本国民的素质，进行教育改革，建立近代教育体制。1871 年明治政府成立了文部省，统一管理全国的教育，开始逐步建立了小学、中学和大学三级教育体制。教育的发达使日本国民的平均素质得到提高，使日本民族成为了世界上最勤奋的民族之一，也为工业快速发展提供了充足的人力资源。20 世纪 70 年代中期，日本逐步确立了科学技术立国的新战略，通产省在《80 年代通商产业政策构想》中明确提出了技术立国的方针，研发投入也不断加大，其占 GDP 的比重近年来超过 3%，比英、美、德等国都要高（见图 12 – 12）。

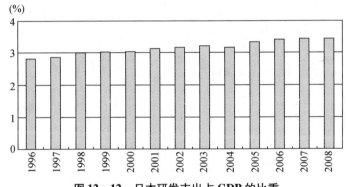

图 12 – 12　日本研发支出占 GDP 的比重

资料来源：世界银行数据库。

（三）韩国工业阶段性变化情况及发展特点

从世界各国的工业化发展看，韩国的工业化速度堪称世界奇迹。英国实现工业化用了大约 200 年，日本用了 100 多年，而韩国仅仅用了 30 多年的时间就实现了从农业国向工业国的转变。

1. 韩国工业阶段性变化情况

韩国的工业发展也呈现出明显的先上升后下降的倒"U"形曲线。工业占 GDP的比重从 1965 年的 21.3% 逐步上升至 1991 年的 42.6% 的峰值，随后该比重不断下降，但与前面四国相当，下降幅度不大，2011 年仍达到 39.2%，并且近 10 年来保持在 36%～39% 的范围内波动，比英国和美国大体高出 15 个百分点，比德国和日本要高出 10 个百分点（见图 12-13）。

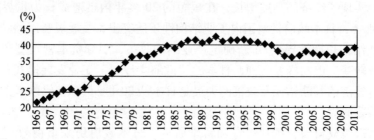

图 12-13　韩国工业增加值占 GDP 比重变化情况（1965～2011 年）
资料来源：世界银行数据库。

从环比年均增长率看，1991 年之前，韩国的工业增加值环比增长率明显高于 GDP 环比年均增长率，年均约高出 3.05 个百分点，说明该阶段拉动韩国经济增长的最主要动力是工业。1991 年之后，韩国的 GDP 环比年均增长率约高于同期的工业增加值环比年均增长率，年均约高出 0.6 个百分点（见图 12-14）。可见，此时拉动韩国经济增长的最主要动力从工业转变为工业和第三产业并重。

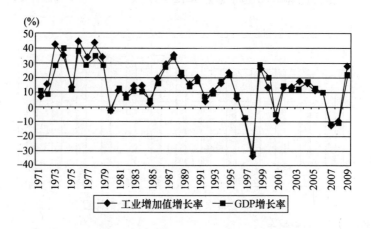

图 12-14　韩国 GDP 增长率与工业增加值增长率变化情况
资料来源：世界银行数据库。

2. 韩国工业发展的主要特点

韩国是成功的新兴工业化国家，早期工业曾落后于同一时期的中国。为发展工业，韩国将计划经济体制下采用的一些方法注入到其市场经济体制中，走的是政府主导下的资本主义工业化道路，主要特点如下：

一是从发展阶段看，工业化过程经历了轻工业阶段和重化工业阶段。20 世纪 60 年代初期，西方发达国家把失去比较优势的劳动密集型产业转向发展中国家，韩国政府鉴于当时综合国力比较微弱，选择了轻纺工业作为发展重点。在这一时期，重工业和化学工业虽然有一定的发展，但大都处于初建阶段。日本于70年代在钢铁等行业失去比较优势后，将其向韩国转移。韩国政府在意识到有必要调整国家的经济结构后，于1973年把国民经济发展的重点由轻工业转向重工业和化学工业。政府重点扶持钢铁、造船、汽车、重型机械、石化电子产业，通过对这些行业设置进入壁垒、给予信贷倾斜等措施，降低大企业从劳动密集型行业向资本密集型行业转变的难度。由此，重工业和化学工业迅速发展起来。

二是从发展模式看，初期采取政府主导模式，后期采用市场主导模式。政府主导模式表现为国家制订经济计划和政策调控。初期，韩国通过财政、金融、外汇政策调控利率、汇率等市场，对各种产业的投资实行审批制或进口限制，以协调资源分配。在市场机制不健全、经济发展水平较低的阶段，上述介入措施成效显著，但随着经济的发展，这种模式对资源分配的副作用渐显，在20世纪70年代末韩国人均GDP达到1600美元时，此种模式引发了政治、经济动荡。此后，韩国逐步弱化政府干预，由政府主导模式逐步转变为市场主导模式，政府作为市场经济体制结构上的补充，其职能主要是建立防止垄断竞争的公正市场经济秩序以及公平的税收制度。

三是从政策支持看，重视教育、技术引进和技术创新。韩国政府注重专业人才的培养，大量投资发展教育，1972～1985年教育经费在政府开支中所占比重由15.9%上升到18.4%。政府制定了《实业教育振兴法》和《产业教育振兴法》等一系列法律，1985年又制定了《科技促进法》，提出了重点发展半导体、计算机等高新技术战略。国家和企业积极派遣人员出国进修，同时千方百计吸引海外人才回国服务。另外，政府在科学技术方面大力投资，在全国各地，甚至在农村普遍建立研究所、研究中心。在20世纪80年代，韩国的标准化、低附加值品遇到中国与东盟低成本产品的竞争，消费类电子产品又遇到日本产品的竞争，于是韩国调整产业政策，致力于"技术立国"，通过加大研发投入提高技术开发能力，尤其是企业技术开发能力，实现了从以技术引进为主到以自主开发为主的转变，大力推动了工业发展，目前研发投入占GDP的比重在2.5%以上，与美国基本持平（见图12-15）。

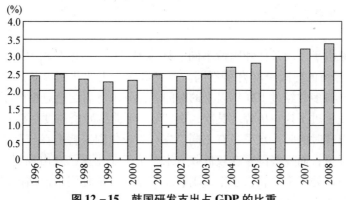

图12-15　韩国研发支出占GDP的比重

资料来源：世界银行数据库。

三、主要国家工业发展阶段性变化的共同特征

（一）从工业总量的阶段性变化看——工业占比经历了由低到高再降低的倒"U"形转变

工业占经济总量的比重呈现倒"U"形变化态势。通过上述分析可知，无论是先行工业化国家还是赶超型国家，从其工业发展历程看，自进入现代经济增长阶段以来，随着经济发展水平的提升，工业发展经历了由低速增长到高速增长再到低速增长的发展过程，相应的工业产出占经济总量的比重也经历了由低到高再降低的过程，即呈现倒"U"形变化态势。世界银行曾以1960~2011年的数据为基础，在按其收入水平分类的国家群中，对工业增加值占GDP比重与人均GDP（2000年美元不变价）进行回归分析，可以发现低收入国家群、中低收入国家群、低收入和中等收入国家群、中等收入国家群、中高收入国家群以及高收入国家群的工业发展共同构成典型且完整的倒"U"形曲线形态（见图12-16）。

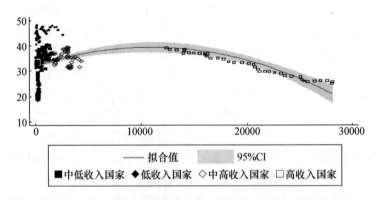

图12-16　不同收入水平国家群的工业增加值占GDP的比重（%）
与人均GDP（美元）的回归分析

资料来源：世界银行数据库。

不同国家由于发展条件和国情不同，具体倒"U"形存在较大差异。首先，倒"U"形曲线经历的时间跨度有所不同。英美等先行工业化国家从启动工业化到工业比重跨过峰值多数经过100年以上的时间，而韩国等后起追赶型国家则在不到50年的时间内就走过了这一历程。其次，倒"U"形曲线峰值高度存在差异，倒"U"形曲线峰值出现时的收入水平各有不同。先行工业化国家普遍在较高收入水平上出现工业比重峰值；而一些国家在较低收入水平下工业比重已经出现拐点，如巴西工业比重见顶时尚处于中等收入水平，工业比重见顶过早延缓了巴西向高收入国家迈进的步伐（见表12-2）。

表 12 - 2　典型国家工业增加值占 GDP 比重达到峰值情况

国家	工业化启动期[①]（年份）	工业比重见顶期[①]（年份）	工业比重见顶期人均GDP（1990 年国际元）[②]	工业比重峰值（%）	工业比重（%）（2011 年）
英国	1765～1785	1955～1965	7986～9752	56.8	21.6
美国	1834～1843	1950～1960	9561～11328	47.2	20.2
德国	1850～1859	1960～1967	7750～9397	59.8	27.9（2010）
日本	1874～1879	1963～1969	5129～8874	45.3	26.2
韩国	1950～1960	1991	9417	42.6	39.2
巴西	1950～1960	1980	5198	48.2	27.5

　　注：①此处工业范畴对应我国的第二产业（包括建筑业），工业比重 = 工业增加值/GDP，当年价格计算。②世界银行数据库。

　　资料来源：库兹涅茨. 各国的经济增长［M］. 北京：商务印书馆，1999；安格斯·麦迪森. 世界经济千年统计［M］. 北京：北京大学出版社，2009.

（二）从工业结构的阶段性变化看——工业发展经历了由轻工业向重化工业再向高加工度工业的转变

　　工业发展既是工业总量和地位的变化过程，又是工业结构不断转换升级的过程。工业结构转换升级实质上是生产要素从低级部门向高级部门转移的过程，有利于提高整体经济福利水平，因此，工业结构转换升级成为工业化水平提升的内在动因之一，也就是说，随着工业发展条件的变化，一个经济体工业结构能否适时转换升级与其能否成功迈上工业化新阶段存在直接关系。

　　国际经验表明，工业内部结构一般会依次经历由轻工业向重化工业再向高加工度工业的升级，从投入的主要生产要素看，对应由劳动密集型工业向资本密集型工业再向技术密集型工业的转变。根据联合国工业发展组织的标准，2009 年发达国家和发展中国家的中高技术制造业比重分别为 63.6% 和 26.9%。按收入水平划分，高收入国家的中高技术制造业比重为 55.8%，也显著高于中等及以下收入水平国家。国际比较再次证实，随着经济水平的提升，工业结构不断向高加工度化和技术密集化的方向升级（见表 12 - 3）。

　　日本在 20 世纪五六十年代，大力发展煤炭、钢铁、石油化工、化纤、有色金属等资本密集型的、"重厚长大"的重化工业产业，成为当时推动经济高速发展的重要引擎和动力。以钢铁产业为例，1950 年，日本粗钢生产不到 500 万吨，1960 年突破 2000 万吨，在 20 世纪 60 年代前期，钢铁业年均增长 13%，60 年代后期，钢铁业年均增长达到 18%，到了 70 年代初钢铁产量已超过 1 亿吨，成为世界上第二大钢铁生产国，并超过德国成为世界第一大钢铁出口国。在经历两次石油危机后，日本开始由重化工业向以汽车、家电、机械、电子等加工业为主的技术密集型的、"轻薄短小"的高加工度工业产业转变，为 20 世纪 80 年代日本经济再显活力奠

表 12 - 3　中国和世界不同类型国家制造业技术密集化发展比较

单位:%

国家（地区）		低技术制造业比重			中低技术制造业比重			中高技术制造业比重		
		2000 年	2005 年	2009 年	2000 年	2005 年	2009 年	2000 年	2005 年	2009 年
世界		29.2	26.0	24.2	21.4	20.9	20.0	49.4	53.1	55.8
发达国家		27.2	23.3	20.7	19.6	17.7	15.8	53.2	59.0	63.6
发展中国家		33.1	37.1	39.8	35.6	32.0	30.1	27.4	28.2	26.9
收入水平	高收入国家	22.4	19.8	17.0	31.9	34.1	27.3	45.7	46.1	55.8
	中高收入国家	38.1	36.3	36.2	28.6	28.7	28.5	33.2	35.0	35.3
	中低收入国家	36.0	31.0	28.9	25.4	27.3	26.6	38.5	41.6	44.5
	低收入国家	64.1	62.5	61.7	16.9	16.8	17.6	18.9	20.7	20.7
	欠发达国家	69.0	69.0	71.2	13.1	12.8	12.1	17.9	18.2	16.7

资料来源：UNIDO：Industrial Development Report 2011.

定了基础。完成工业化后，日本重工业占其轻工业的比重仍在 65% 左右（见图 12 - 17）。

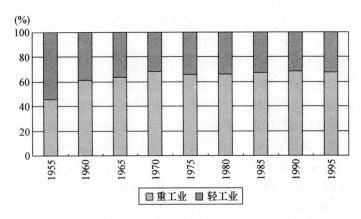

图 12 - 17　日本轻工业和重工业比重变化情况（1955 ~ 1995 年）

资料来源：世界银行数据库、日本国家统计局。

　　韩国同样经历了类似的工业变化过程。1973 年，韩国政府发表了《重化工业化宣言》，将从日本承接过来的钢铁、造船、石油化工、有色金属等资金密集型的重化工业作为其重点发展的出口战略产业。此后，韩国的重化工业得到飞速发展，1975 年，重工业比重超过轻工业。20 世纪 80 年代后，韩国出口面临贸易保护主义高涨、与新兴工业化国家和地区竞争日趋激烈、与发展中国家在劳动密集型产品上差距缩小三大挑战，因此，韩国政府对传统重化工产业进行技术升级，对精细化工、精密仪器、计算机、电子机械、航空航天等战略产业予以重点扶持，使得在重化工业内，以高劳动生产率、高附加值为特点的技术密集型和高技术产业比重不断上升。完成工业化后，韩国在20世纪90年代的重工业占比超过70%，2008年这一比重更是高达86.9%（见图12-18）。

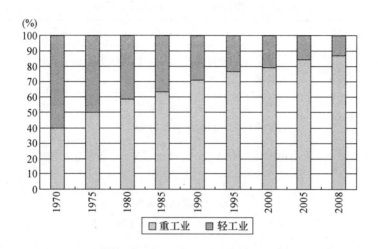

图 12-18　韩国轻工业和重工业比重变化情况（1970~2008年）
资料来源：世界银行数据库、韩国国家统计局。

（三）从能源消耗的阶段性变化看——单位GDP能耗从经历了由低到高再降低的转变

国际经验表明，工业化国家单位GDP能耗的上升阶段与该国钢铁、水泥等重工业的快速发展具有明显的对应关系，随着工业由重化工业向高加工度工业的转变，一国的单位GDP能耗也不断下降。这一方面是由于随着加工度的提高，对原材料的加工链条越来越长，对能源的使用越来越完全高效，对原材料和能源的依赖程度降低，同时产品的技术含量和附加值也大大提高，而消耗的原材料并不成比例增长。另一方面，随着加工度的提高，重化工业纷纷向发展中国家转移，使得能源消耗强度也向外转移。

以钢铁产业为例，在实现工业化后，欧美国家及日韩等国一方面改进钢铁生产方式，由过去直接从矿石提炼，转变为更多地利用废钢炼钢，钢铁生产过程中对铁矿资源的依赖程度和对环境的影响已经降低，其再生利用和循环利用水平大为提高。另一方面，这些国家的工业更多地转向技术密集型的汽车、电子等产业，并大力发展研发、设计等高端服务业，将能源消耗较高的原材料加工环节逐步转移到其他国家，钢铁产业尤为明显。英国作为最早的工业化国家之一，钢铁产量在19世纪初居世界第一，之后随着美国工业化进程的加快，世界第一的位置被美国在1886

年取代。后来随着德国、苏联、日本的工业化进程加快，曾先后超越英美，成为世界第一或第二钢铁生产大国。之后，随着我国由轻工业向重化工业的转变，钢铁产量迅速增长，于1996年突破1亿吨超过日本成为世界第一大钢铁生产国，并一直保持第一的位置，2012年粗钢产量占到全球总产量的46%以上（见表12-4）。

表12-4 世界主要钢铁大国次位变迁情况

	年代	产量	当时世界排名
英国	19世纪初	超过全球钢铁产量一半以上，其次为德国、法国和美国	第一
美国	1886年	钢铁产量超过英国成为世界第一，1919年钢产量占世界钢总产量的比重高达59.2%	第一
德国	20世纪初	1910年，德国产量达1370万吨，占世界总产量的比重超过20%，仅次于美国	第二
苏联	20世纪50年代	1953年，苏联超过德国成为世界上第二大钢铁工业大国，产量占世界总产量的20%以上	第二
苏联	1971年	粗钢产量突破1.2亿吨，首次超过美国	第一
日本	20世纪80年代	1980年日本钢产量突破1.1万吨，超过美国居世界第二位，产量占世界总产量的近20%	第二
日本	1989年	苏联解体之后，日本成为世界第一钢铁大国	第一
中国	1996年	突破1亿吨，超过日本成为世界第一钢铁大国	第一
中国	2012年	粗钢产量7.16亿吨，占全球钢产量的46.3%	第一

四、结论与启示

当前，我国工业增加值占GDP的比重已超过40%，人均GDP超过6000美元。通过上述分析可知，我国即将达到工业发展的"U"形峰值，工业产值占GDP的比重可能会在未来几年内出现阶段性变化，需要未雨绸缪，积极借鉴相关国际经验，正确引导产业发展，促进工业升级和经济结构转型。

（一）工业化能否顺利完成决定着我国能否顺利跨越"中等收入陷阱"

从世界各国工业发展和经济发展相关性看，完成工业化的国家大都进入了高收入国家行列，其工业产值占GDP的比重已处于下降状况，总体上降至25%左右的水平。中低收入国家处于工业化进程中，其工业产值占GDP的比重始终没有达到

40%以的峰值水平，这也是大多数国家难以跨越"中等收入陷阱"的重要原因之一。低收入国家的工业发展处于较低的水平，其工业产值占 GDP 的比重尚不到25%，难以支撑经济的持续健康发展（见图 12 - 19）。

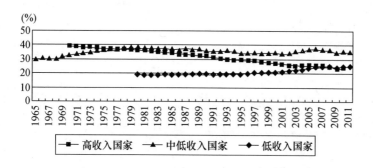

图 12 - 19　不同收入水平国家工业增加值占 GDP 比重情况
资料来源：世界银行数据库。

从具体国家看，韩国和巴西的工业化起步条件相似，并且韩国启动工业化略晚于巴西，但自 20 世纪 60 年代以来，韩国以劳动密集型产业起步，于 70 年代实现了向资本密集型重化工业的转换，并在 80 年代提出了"产业结构高级化"目标，又成功实现了向技术密集型和知识密集型产业的转换升级，到 1991 年，韩国工业比重达到 42.6%的倒"U"形峰值，之后逐步下降，顺利实现了工业化，其人均 GDP 也顺利突破 1 万美元，进入发达国家行列。而巴西虽自启动工业化进程以来，较早地推进资本密集型重化工业发展，但由于忽视劳动密集型产业的基础，缺少了劳动密集型支撑向资本密集型支撑的转变过程，并且过多依靠外国资本和技术，从而导致工业结构向技术密集型产业升级受阻，未能有效完成工业化。因此，自 1987年起巴西工业比重快速下降，到 2011 年已降至 27.5%，工业化未能顺利完成使得巴西坠入了"中等收入陷阱"。

无论从世界各国总体情况看还是从典型国家工业化情况看，一国工业化能否顺利完成决定着该国能否顺利跨越"中等收入陷阱"。当前我国已进入向工业化中后期或后期转换的重要时期，处于由劳动密集型工业和资本密集型重化工业向技术和知识密集型高加工度工业升级的重要关口。只有完成有效的工业升级，顺利实现工业化，才能为我国成功跨越"中等收入陷阱"、向高收入国家迈进提供必要保证（见图 12 - 20）。

（二）从工业总量看，我国即将到达倒"U"形峰值出现的时点，且将迈上 1万美元台阶

工业峰值出现后，人均 GDP 将进入快速增长期。英国、德国和日本在 1970 年工业增加值占 GDP 比重达到峰值后，人均 GDP 进入快速增长通道，在 10 年后的1980 年就达到了 1 万美元的水平，但随后出现了所谓的"万美元时点下台阶"的情

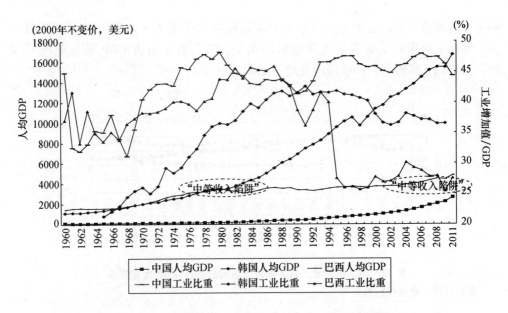

图 12-20　中国和韩国、巴西经济水平和工业比重变化比较

资料来源：国家统计局、世界银行数据库。

况，各国经过 5 年左右的调整期，登上了人均 1 万美元的台阶，顺利进入高收入国家。韩国是在 1991 年工业增加值占 GDP 比重达到峰值，用了 4 年的时间登上了人均 1 万美元的台阶，同时也在该阶段经过了 5 年调整，顺利跨越万元阶段，进入了高收入国家（见图 12-21）。

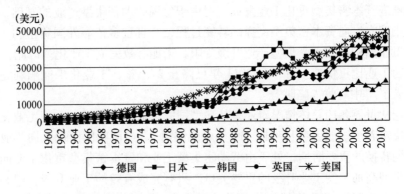

图 12-21　各国人均 GDP 变化情况（1960~2011 年）

资料来源：世界银行数据库。

2012 年，我国人均 GDP 已超过 6100 美元。根据前面的分析可知，在工业发展到达 "U" 形峰值后的 5~10 年内，人均 GDP 将迈入 1 万美元关口。上述五国除美国外，其余四国均在该时刻出现不同程度的经济波动。能否稳步跨上万元台阶，关系到我国能否顺利跨越 "中等收入陷阱"，必须未雨绸缪，做好预案。

峰值回落的幅度有所不同。先行工业化的英国和美国从 40% ~42% 的峰值回落到 19% ~ 23% 的程度，其经济主要依赖第三产业；而赶超型国家中的德国和日本则从 43% ~ 48% 的峰值回落到 25% ~ 28%，另一个赶超型国家中的韩国，仅从 42% 的峰值回落到 36% ~ 38%，其工业对经济增长的贡献比其他几个国家要大。我国作为制造业大国，有着特殊的国情，因此，未来工业占比即使会有所下降，其从峰值回落的幅度也不可能像英美等那样回落到 20% 左右的程度，很可能和韩国相似，下降幅度不会很大，仍保持在 35% 左右的程度。

（三）从工业结构看，我国工业发展要完成从重化工业转向高加工度工业转变

英、美、德、韩四国在实现工业化的过程中，都先后经历过重化工业阶段，虽然由于社会发展目标、经济政策、要素禀赋和国际环境等的影响，各国的主导产业有差异，如英、美、德都是以纺织业为轻工业阶段的主导产业，随着技术进步和工业化水平的提高，主导产业转为钢铁、机械等重化工业；德国因为历史原因，铁路产业迅速成为其工业发展的主要动力；韩国随着当时世界先进工业国产业结构升级调整，接承他国工业转移，主导产业从轻纺业转到钢铁、机械和化工等产业。但就其实质而言，都是在市场机制作用下，劳动密集型产业和资本密集型产业互相推进，主导产业逐步向重化工业转换。巴西工业化道路的曲折很大程度上在于工业未能及时从资本密集型向技术密集型转变。当前我国也正处于这一转变阶段，虽然从数据上显示我国的工业特别是制造业的中高技术占比较高，但其中有很大一部分都是加工贸易，只是统计数据的体现，而非我国真正的中高技术制造业含量（见表12 - 5）。因此，未来我们必须加大工业的技术含量，推动向高加工度工业发展，确保我国工业顺利实现转型升级。

表 12 - 5 我国和世界不同类型国家制造业技术密集化发展比较

单位:%

国家（地区）		低技术制造业比重			中低技术制造业比重			中高技术制造业比重		
		2000 年	2005 年	2009 年	2000 年	2005 年	2009 年	2000 年	2005 年	2009 年
中国		31.4	28.2	27.4	25.7	28.4	28.2	42.9	43.4	44.3
世界		29.2	26.0	24.2	21.4	20.9	20.0	49.4	53.1	55.8
发达国家		27.2	23.3	20.7	19.6	17.7	15.8	53.2	59.0	63.6
发展中国家		33.1	37.1	39.8	35.6	32.0	30.1	27.4	28.2	26.9
收入水平	高收入国家	22.4	19.8	17.0	31.9	34.1	27.3	45.7	46.1	55.8
	中高收入国家	38.1	36.3	36.2	28.6	28.7	28.5	33.2	35.0	35.3
	中低收入国家	36.0	31.0	28.9	25.4	27.3	26.6	38.5	41.6	44.5
	低收入国家	64.2	62.5	61.7	16.9	16.8	17.6	18.9	20.7	20.7
	欠发达国家	69.0	69.0	71.2	13.1	12.8	12.1	17.9	18.2	16.7

资料来源：UNIDO：Industrial Development Report 2011.

249

（四）从能源消耗的阶段性变化看，淘汰落后产能、走新型工业化道路成为必然选择

目前，我国工业整体仍处于全球价值链的中低端环节，虽然承接了跨国公司高技术产品加工组装阶段的生产转移，但在资本和技术密集型的零部件生产上仍严重依赖发达国家，高能源消耗的工业生产环节仍主要在我国停留。

随着经济地位的不断提升，我国要鼓励高污染、高耗能工业产业向外转移，利用好国际技术转移的契机和科技上的后发优势，加强对发达国家先进技术的消化吸收再创新，努力实现向技术密集型的工业高端升级探索出一条高效益、低能耗的新型工业化道路。同时，防止被锁定在国际产业链的低端，把大力发展生产性服务业作为实现发展方式转变、工业转型升级的重要手段和途径。要从生产性服务业中影响工业转型升级的关键领域和薄弱环节入手，突出重点区域、重点行业，解决事关全局的关键性问题，特别要大力发展反映国际竞争焦点、处于"微笑曲线"两端的生产性服务环节，即曲线左端的科研设计环节和右端的品牌培育、营销管理和售后服务环节，形成对工业转型升级的有力支撑。

（五）作为后发国家，在工业发展进入中后期要更加重视市场的作用

为赶超工业化先进国家，后起工业化国家都采取政府干预与市场机制相结合的模式，以有效配置全社会的人力、物力和财力资源，调控好工业化进程中不时出现的失衡现象，确保工业快速稳定发展。英国的工业化水平一直处于先进行列，在其发展过程中，它主要实行经济自由主义。美、德两国政府在工业化追赶过程中，不同程度地采取了措施以推进工业发展，但主要是在政策引导层面，如美、德政府通过高关税政策保护幼稚产业。在工业化初期，韩国距工业化先进水平的差距较大，为了缩小差距，韩国政府在选定的主导产业方面给予了大量的政府支持，并采用类似计划经济的模式发展工业，一直到工业化中期，才通过市场化手段继续促进工业发展。

但同时要看到，政府长期主导工业发展会产生一系列问题。英、美、德、韩四国都采用了市场经济体制，即便政府干预工业发展，也通常是采取市场化的措施，如政府补贴和制定市场规则。虽然韩国在工业化初期采用了计划经济体制模式下的一些方法加快发展，但发展到一定程度后，仍是通过市场化手段推动工业继续发展。日本政府由于在工业发展过程中未能及时让步市场，出现了"失去的十年"。因此，在未来的工业发展进程中，要进一步合理界定政府和市场的边界，加快政府改革，减少行政干预，完善市场经济体制，发挥市场配置的基础性作用。政府主要通过制定重大发展战略，规范企业行为，维护市场秩序，优化行政环境来推动工业化发展。在拥有完善的市场机制和完备的市场体系条件下，经济主体拥有充分的自主权，追求利润的内在动力和激烈竞争的外在压力迫使经济主体提高效益以求生存和发展。因此，市场化可激励企业在提高劳动者素质、改进劳动装备、鼓励发明创

造、改善经营管理、扩大经济规模等方面下工夫。实践证明，市场经济能够起到优化资源配置、加速科技进步、提高经济效益、推动经济增长方式转变等积极作用。

（六）要更加重视技术创新体系建设和职业人才培养工作

各国都重视通过教育提供人才、科学知识等方面的保障以推动技术创新，依靠自主创新实现技术超越。只有技术领先才能在世界市场中具有竞争优势，真正实现赶超，故技术创新是工业发展的根本。各国工业化历程都表明，科技创新是一个国家的立国之本，虽然后发国家都曾在工业化过程中积极引进先进技术，但其工业化的完成最终都依靠自主创新。近年来，我国研发投入快速增长，2012 年我国研发经费占 GDP 的比重已达到 1.97%，但与发达国家相比仍较低，且使用质量难以保证。由于市场导向和社会地位评价等原因，我国高等教育得到快速发展的同时，职业教育发展却面临投入不足、师资紧缺、招生困难、机制不灵活、专业结构不合理等诸多问题，造成生产—线技能人才特别是高技能人才严重短缺，众多劳动者的职业技能与劳动力市场需求有较大差距，不能完全满足我国工业转型升级、走新型工业化道路的要求。

未来，要继续高度重视研发管理，建立科学规范的研发管理体系，提高研发资源配置效率，把有限的研发投入用好，切实提升我国的自主创新能力。进一步加大对职业教育的资金投入力度，构建分层分类的专业技术人才继续教育体系，重视实践技能，贴近市场需求，构建网络化、开放式、自主性的职业教育体系，大力发展产教结合与产学结合的教育道路。

（执笔人：卞 靖）

251

参考文献

[1] 王金照等. 典型国家工业化历程比较与启示[M]. 北京：中国发展出版社，2010.

[2] 南亮进. 日本的经济发展[M]. 北京：经济管理出版社，1992.

[3] 中国社科院工业经济研究所. 2009 中国工业发展报告——新中国工业 60 年[M]. 北京：经济管理出版社，2009.

[4] 刘世锦等. 传统与现代之间——增长模式转型与新型工业化道路的选择[M]. 北京：中国人民大学出版社，2006.

[5] 徐朝阳. 工业化与后工业化："倒 U 型"产业结构变迁[J]. 世界经济，2010（12）.

[6] 冯飞，王晓明，王金照. 对我国工业化发展阶段的判断[J]. 中国发展观察，2012（8）.

[7] 李晓华. 产业结构演变与产业政策的互动关系[J]. 学习与探索，2010（1）.

[8] 高煌. 从重化工业化争论看我国产业结构升级的路径选择[J]. 天津行政学院学报，2006（5）.

[9] 王永平. 发达国家工业化成功经验及其对我国的启示[J]. 当代经济，2006（2）.

［10］蒲玉梅. 产业结构调整与美国工业化[J]. 贵州师范大学学报，2002（6）.

［11］周健. 英、美工业化道路对二元经济结构转换的作用[J]. 当代经济管理，2008（1）.

［12］程岂凡，韩庆国. 美德两国近代工业革命之比较[J]. 社会纵横，1993（1）.

［13］林晓星. 论 19 世纪末 20 世纪初美国工业迅速发展的特点及其原因[J]. 昆明师专学报，1996（2）.

［14］白雪洁. 日本与美国产业结构变动的经济增长与就业效果比较[J]. 现代日本经济，2003（5）.

［15］高德步. 英国工业化过程中的农业劳动力转移[J]. 中国人民大学学报，1995（3）.

［16］吴铁稳，陈晓彤. 浅析 19 世纪末 20 世纪初德国工业崛起及启示——教育的视角[J]. 法制与经济，2012（4）.

［17］肖锟，胡亚君. 日本工业化发展经验及对我国的启示[J]. 现代商贸工业，2010（12）.

［18］侯力，秦熠群. 日本工业化的特点及启示[J]. 现代日本经济，2005（4）.

［19］李俊. 中国与韩国产业结构演变过程与启示[J]. 西北农林科技大学学报，2008（4）.

［20］徐佳宾，徐佳蓉. 产业调整中的政策基点分析——韩国的工业化历程及其对中国的启示[J]. 中国工业经济，2000（12）.

第十三章　中国工业发展的阶段性变化研究综述

内容提要：针对我国工业发展的阶段性变化问题，国内外学者分别从一般工业发展规律、工业发展变化的驱动因素和我国工业发展的阶段性变化特征等方面进行过直接或间接的研究。一些学者认为工业发展与工业化发展既有密切联系又有区别，工业发展的概念相比于工业化的定义较狭窄，诸多关于工业化发展阶段的实证研究涉及了工业发展的阶段性变化问题。关于工业发展变化的驱动因素，学者争论的焦点集中于工业发展需要遵循还是违背比较优势以及政府与市场的作用边界等方面，一些学者分别研究了要素条件、资源环境、需求条件和体制机制对工业发展变化的驱动或制约作用。一些国内学者从不同角度论述了新中国成立以来尤其是改革开放以来我国工业发展的阶段变化轨迹，分析了当前我国工业发展的阶段特征及突出矛盾并对未来工业发展趋势进行了判断。总体看，已有研究成果仍存在诸多的不足，具体表现在：间接的研究较多而直接的分析较少，对历史发展的总结性研究较多而关注现实和未来的前瞻性研究较少，借鉴国外已有理论框架的研究较多而结合我国实际的具体研究较少，针对工业发展个别问题的局部性研究较多而综观全局的系统性研究较少。因此，进一步深入研究我国工业发展的阶段性变化问题具有重要的理论和现实意义。

我国工业发展的阶段性变化是指在内外部因素综合作用下，一定历史时期我国工业总量和结构发生显著变化的过程。系统研究这一课题既要考察国际的一般规律，又要结合我国的特殊国情；既要分析工业发展的外围条件，又要剖析工业发展的内部特征；既要全面总结历史，又要科学判断现实并展望未来。针对这一问题，国内外学者分别从一般工业发展规律、工业发展变化的驱动因素和我国工业发展的阶段性变化特征等方面进行过直接或间接的研究。

一、关于工业发展阶段性变化的一般规律

（一）关于工业化与工业发展的内涵

传统研究多将工业化定义为工业，尤其是制造业在国民经济中比重不断上升的过程。《新帕尔格雷夫经济学大辞典》将工业化定义为一种过程，首先是国民收入

（或地区收入）中制造业活动和第三产业所占比例提高了，其次是在制造业和第三产业就业的劳动人口的比例一般也有增加的趋势。在两种比率增加的同时，除了暂时的中断以外，整个人口的人均收入也增加了。相比于这一定义，另一类关于工业化的定义则是广义上的，发展经济学创始人之一张培刚（2009）将工业化定义为"国民经济中一系列基要生产函数（或生产要素组合方式）连续发生由低级到高级的突破性变化的过程"。在广义定义的基础上，理解工业化的内涵包括三个方面：一是着重于要素组合方式或技术的变化；二是不仅包含制造业工业化，还包括农业经营的工业化；三是技术变化所带来的制度变化也是工业化过程的一个组成部分，包括现代工厂制度、市场结构及银行制度等变化。

相比于工业化的定义，工业发展的概念较为狭窄。陈佳贵等（2009）认为，在一个国家漫长的工业化和现代化进程中，工业按照自己的发展规律改造着一个国家的国民经济面貌，一国或地区的工业发展应该包括工业规模的扩大（工业产值占整个国民经济比重提高）、工业部门结构的改善（工业部门结构的高级化、合理化和协调化）、工业竞争力和创新能力的提高（工业制品质量的提高、在市场竞争中获得更多的市场份额、新的工业产品和部门不断涌现）等内容，可以概括为工业数量增长和质量提高。正如 Jorgenson 等（2000）所说的，总量数据和总量生产函数并不足以刻画工业增长的全貌，工业发展必然包括结构方面的变化。金碚等（2011）认为工业结构变化一般包括轻重关系、行业结构、所有制结构、产业组织结构、要素结构以及地区结构等几个方面。高拴平（1997）对工业结构变化的理解与之类似，包括工业与其他产业之间的对比关系以及工业内部结构状况、工业增长的稳定性及其与结构变动的协调性、工业地区结构三个方面，其中，工业内部结构分为轻重工业比例关系和部门间比例关系两个层次。此外，工业结构还可以包括工业品进出口贸易结构、工业要素结构和工业技术结构等方面，有的研究也将产业组织结构换作企业规模结构进行分析。

（二）关于工业化与工业发展的联系与区别

工业化的阶段划分比较成熟和清晰，工业发展阶段的划分则是一个相对模糊的研究领域。多数关于工业发展阶段的研究湮灭在工业化阶段的研究之中，将工业发展阶段作为独立主题进行研究的文献相当稀少。早期的研究，按照生产方式的变化将资本主义生产发展分为简单协作、工场手工业和机器大工业三个阶段，这里暗含着工业发展阶段划分的影子。更多的研究或者是从工业结构变化的不同特征进行工业发展阶段划分，或者是从影响工业发展的重大历史时期变化进行划分，而其中的很多研究又是将这两个方面结合在一起进行的。此外，工业发展阶段也可以指工业发展新时期，江小涓等（1993）在分析中国工业在 20 世纪 90 年代初期进入一个新时期时，从工业增长速度、工业增长和结构变动的动因及方式等方面进行界定。虽然划分标准不同，但是不同的工业发展阶段，往往都意味着每个阶段的宏观经济背景、结构调整任务、主要政策变化和结构调整效果各不相同。

多数学者认为工业化与工业发展之间存在密切联系。工业化过程中的经济结构变化表现为产业结构和工业内部结构的变化两个方面，因此，工业化过程往往通过工业内部结构的变化表现出来，并且具有一定的规律性。在工业化初期，纺织、食品等轻工业比重较高；在工业化中期，钢铁、水泥、电力等能源原材料工业比重较大；在工业化后期，装备制造等高加工度行业的比重明显上升。另一种观点认为，由于工业发展推进了一个国家或地区的工业化和现代化进程，因此，工业发展问题可以用工业化和工业现代化两个理论范畴来分析，工业发展表现为工业化和工业现代化[①]水平的提高。

另外，一些学者也指出工业化和工业发展之间存在区别。郭克莎（2007）指出，工业化在发展中国家的含义不是指工业的发展，而是整个经济的发展，通过工业化水平的评价指标人均 GDP 等就可以体现出来。冯飞等（2012）认为，经典的工业化理论得出有其特定的时代背景，这些理论在经济全球化、产业分工细化、后发优势等影响下面临着诸多挑战，从而使得一些国家的工业化过程与经验得出的工业结构演变不一致，在一定程度上偏离经典理论的"标准结构"。尤其是分工深化导致发达国家形成服务于全球的服务业，后起发展中国家形成服务于全球的制造业，使得后起国家制造业比重更高，出现拐点的时间也有偏差。而且，后起国家工业化面临着更宽广的技术选择，消费结构升级、城市化、新技术等因素叠加使得工业化进程在时间上被高度压缩，如相比于英国、美国完成工业化的时间分别为 200 年、135 年，日本、韩国仅用了 65 年和 33 年。

（三）关于工业化过程中工业发展变化的一般规律

国外经济学家采取实证分析的方法，总结了国际上不同国家工业化发展阶段的经验性判断标准，其中工业总量和结构变化是判断工业化阶段的重要依据之一。比较典型的工业化阶段划分思路：一是从工业内部结构演变进行，如霍夫曼等人；二是从整个国民经济演变进行，如克拉克、钱纳里、库兹涅茨等人。霍夫曼认为，在工业化进程中，消费品工业的净产值与资本品工业的净产值之比（即霍夫曼比率）是不断下降的，据此划分出工业化的四个阶段，特别是进入工业化中期，霍夫曼比率小于 1，呈现出重化工业加速发展的阶段性特征。克拉克揭示了随着人均收入水平的提高，劳动力从第一产业（农业）向第二产业（制造业），进而向第三产业（商业和服务业）转移的规律。钱纳里、赛尔奎等将经济发展阶段划分为前工业化、工业化实现和后工业化三个阶段，其中，工业化实现阶段又分为初期、中期、后期三个时期。判断依据主要是人均收入水平、三次产业结构、就业结构、城市化水平等标准。从史料看，美国完成工业化并进入后工业化阶段的时间是 1955 年，当时工业（不包括建筑业）比重为 39.1%，达到最

---

　　①　工业现代化是指随着工业的发展，现代工业部门和经过科学技术改造的传统工业部门在整个工业中占有绝对优势并发挥主导作用，保证整体工业的生产效率达到世界先进水平、不断提高的发展过程。

高值；日本、韩国进入相同阶段的时间分别为 1973 年、1995 年，工业比重最高值分别为 36.6%、41.9%。

一些学者深入研究了发展中国家的工业发展问题。刘易斯等提出了"二元经济结构模型"，阐述了发展中国家工业部门相对农业部门不断扩张的内在机制，论证了劳动力资源从传统农业部门配置到现代工业部门的过程，并将二元经济向一元经济结构演变的过程划分为三个阶段，即农业部门劳动力大量过剩的第一阶段、剩余劳动力吸纳完毕的第二阶段和转变为一元经济结构的第三阶段。张培刚（2009）对农业国的工业化问题进行了系统研究，分析了农业与工业化的关系、工业化的发动因素和限制因素、工业化的阶段和类型。另外一些学者更加关注经济增长的产业或部门关系，罗森斯坦—罗丹就发展中国家工业化的推进方式提出了"大推进"理论，认为各工业部门需要全面地、大规模地、按照同一投资比率投资，使整个工业按同一速率全面增长。与罗丹的观点不同，赫尔希曼提出了"不均衡增长战略"，发展中国家应该把资本投入到联系效应（前向联系和后向联系）最大的部门，特别是资本品工业部门，这样有限的资本可以产生最优的效果。罗斯托认为现代经济增长本质上是一个部门的过程，并运用主导产业演替的思想把一国经济增长分为六个阶段，即传统社会阶段、起飞前的准备阶段、起飞阶段、成熟阶段、高额消费阶段、追求生活质量阶段。随着工业化阶段的演进，主导产业部门也会发生有序的更替。正是由于不断有新的主导产业部门取代旧的主导产业部门，工业化才能不断向前推进。

此外，一些日本学者等结合外国投资、国际贸易等外部条件变化，研究了后起追赶型国家的工业发展阶段问题。筱原三代平提出的"动态比较费用论"把后进国家的产业发展从传统的理论教条中解放出来，认为从某一时点上看在国际贸易中处于劣势的产品，从发展的眼光看却可能成为优势的产品，形成动态比较优势。赤松要（Akamstsu，1962）提出产业发展的"雁行模式"，指出一国产业发展的基本模式是依次经历进口—国内生产—出口的过程。这一理论要求将本国产业发展与国际市场密切联系起来，使产业结构国际化。小岛清（1987）进一步扩展了"雁行模式"，提出边际产业扩张理论，认为经济结构的多样化和升级是依照纺织业及其他劳动密集型产品——钢铁、化学及其他资本密集型产品——机械及其他资本/知识密集型产品的顺次变动来实现的。这种产业变动随着时间变化而水平地实现，并且通过顺贸易导向型直接投资在不同发展水平的国家之间雁行扩散。巴拉萨从要素禀赋动态变化的角度，提出了梯度比较优势理论，更加侧重在产业和技术转移基础上的比较优势动态变化。其核心思想是各国外贸结构和比较优势会随着生产要素积累状况而迅速改变。经济发展阶段之间存在着许多阶梯，执行出口导向战略的落后国家能够利用各自的比较优势，进入更高的经济和贸易发展阶梯。

二、关于工业发展阶段性变化的关键驱动因素

（一）关于工业发展的动因机制和关键因素

关于决定经济增长的因素，不同时代的经济学家有不同的看法。早期的经济学家比较重视基本生产要素的作用，如配第就比较看重土地和劳动在生产中的作用。进入 20 世纪中叶前后，现代经典经济学家虽然依然重视基本生产要素的作用，但往往更看重资本，多马（1983）就认为资本是和劳动一样的生产要素，在现代工业社会里，可以说是劳动附属于资本，而不是相反。20 世纪 80 年代中期以来，以 Romer、Lucas 为代表的新增长理论突破了新古典增长理论关于技术进步外生性的假设，认为技术进步是内生的，技术进步对经济增长的推动作用越来越受到重视。20 世纪 90 年代成长起来的熊彼特增长理论认为内生的研发和创新是推动技术进步和经济增长的决定性因素。之所以说研发和创新是内生的，是因为研发投入量以及创新速度是由经济参与者的最优化行为决定的。与经济学家对增长决定因素的研究发现相一致，不同因素在经济发展中起的作用也是顺次演变的。张其仔等（2008）指出，西方发达国家发展的典型路径就是沿着由资源依赖型经济增长向资本依赖型经济增长再向技术进步依赖型经济增长演化的，从资源依赖型到技术进步型经济增长，自然资本的依赖程度逐渐下降，技术进步的作用逐渐增大。基于此，日本经济学家 Ozawa（2005）把纺织、服装产业称为赫克歇尔—俄林式劳动驱动型产业，化工、钢铁产业称为资源与规模驱动型的斯密式无差异化产业，把汽车产业称为差异化的斯密式产业，电子产业称为熊彼特式创新产业。

一些经济学家对影响经济和产业发展的因素进行研究和归纳，得出了许多具有概括性和综合性的结论。张培刚（1984）在《农业与工业化》中将生产技术和企业家创新管理才能作为工业化的发动因素，将资源和人口作为工业化的限制因素，将社会制度作为随机因素。其中，社会制度有时是发动因素，有时是限制因素，取决于社会制度与工业化是否兼容。林毅夫（2012）运用新古典主义的方法研究了经济结构的决定因素和动态发展过程，认为一个经济体的经济结构内生于它的要素禀赋结构，持续的经济发展是由要素禀赋的变化和持续的技术创新推动的。经济体的要素禀赋在一般概念上，包括自然资源、劳动力、人力资本和物质资本的相对丰裕程度，这是经济中的企业用于生产的要素禀赋。此外，将基础设置作为经济体禀赋一个新的组成部分引入分析也是有益的，包括硬性（有形的）基础设置[①]和软性（无形的）基础设置。刘世锦等（2011）扩展性地提出了解释工业化进程的六要素分析框架，三个基本构成要素是不断扩大的市场空间、持续增长且不断释放的技术

---

① 像高速公路、港口、机场、电信系统、电力设施和其他公共设施等，都属于硬性基础设置；像制度、规制、社会资本、价值观体系以及其他社会和经济安排等，都属于软性基础设置。

潜力和物质资本积累、不断提高的资本特别是人力资本的参与率，三个基本影响要素是一国初始条件、基础性的经济制度、发展战略和政策。金碚（2012）在分析中指出，决定各国工业化进程的基本因素，除了要素禀赋条件、科学技术运用之外，还有观念文化特质的影响，而且观念文化因素具有长久的重要作用。

更为全面的研究是由迈克尔·波特等人提出的。在《国家竞争优势》一书中波特（2002）提出了"钻石模型"，认为一个国家的竞争优势来源于四个基本因素和两个辅助因素，前者是要素条件、需求条件、相关产业和支持产业、企业战略，后者是机遇和政府。其中，四种基本因素是起决定作用的因素，辅助因素通过影响基本因素发生作用。相比于以往研究，波特更加重视国内需求和政府的重要性。然而，"钻石模型"虽然很好地解释了发达国家产业发展和竞争力的来源问题，但是欠发达国家或发展中国家可能面临着与"钻石模型"不一样的经济环境。因此，韩国学者乔东逊构建了"九要素模型"，认为产业发展的决定因素可分为两大类：物质要素，包括资源禀赋、商业环境、相关和支持产业、国内需求；人力要素，包括工人、政治家和官僚、企业家和职业经理人，此外是作为外部要素的机遇。显然，人力要素的作用在"九要素模型"中被重新认识和提高。此外，与多数经济学家不同，熊彼特（2012）更加关注引起经济波动的因素，可以分为外部因素和创新。外部因素主要是指革命、战争、灾害、制度变迁、经济政策变化、银行和货币管理、支付习惯变化等。但即便排除非周期因素，经济仍呈现周期现象，则是因为创新活动的存在。

值得注意的有两点：一是需求因素对工业发展的影响越来越受到重视。许多研究发达国家工业化历程的文献都证明，工业结构与需求结构、要素结构之间存在着近似同步演变的一般规律。但是经济学主流文献认为，长期经济增长由供给或要素投入决定，需求常作为一个短期问题而不予考虑。因此，在经济理论界主要是从供给的角度考量产业结构的升级和演化，从需求角度进行分析的文献相对较少。但是随着工业化进程的推进，经济增长将由供给约束转变为需求约束已成为学术界的一种共识，需求作为启动经济增长的重要因素引起了广泛的关注。二是开放条件，尤其是分工演进对工业增长的影响成为研究的重点。其实，开放对生产率和经济增长的影响问题始终是经济学研究的一个热点。引发学者思考的是，处于开放与保护并存、竞争与协作同在的全球经济体系中，一国的生产、交易与政府的边界到底达到什么水平是最合理的？邓宁曾经将"跨国经营"作为第三个辅助因素纳入钻石模型进行分析，蒙等人则进一步构建了包括"国内钻石"和"国际钻石"的双重钻石模型。当然，全球化条件下，我国工业增长的稳定性和波动性也受到一些学者的重视，尤其是经济危机或波动带来的影响。一些研究指出，工业是中国经济中对外开放程度最高、利用外部资源最集中的领域，对国际市场的需求变化具有很大的敏感性和依赖性。在经济全球化条件下，中国工业经济难以独善其身，发展面临巨大挑战。

（二）关于要素条件与工业发展变化

梳理关于工业增长影响因素的传统研究，主要是通过设定具体的生产函数，使用计量方法估计生产要素的产出弹性，以此来核算各因素对产出增长的贡献度。其中，全要素生产率（TFP）体现的是要素投入增长所不能解释的那部分产出的增长，通常把它解释为技术的进步。很多学者通过测算 TFP 增长率，发现中国工业增长主要是依靠要素投入，技术进步的贡献有限。也有很多学者不同意这样的观点，认为生产率的增长来自体现型技术进步与非体现型技术进步，中国的技术进步可能更多地是内嵌于设备资本的体现型或物化的技术进步，从而支持中国经济存在效率改进的观点。其他不同的发现，如中国经济增长与宏观稳定课题组（2010）测算发现，中国的资本积累增长率及其对经济增长的贡献率与全要素生产率所代表的技术进步对经济增长的贡献率表现出明显的此消彼长关系，即在快速资本积累时期，TFP 作用相对较弱，在资本积累较慢的时期，TFP 的作用就会上升。另外一些研究使用非参数的 DEA、SFA 方法等对全要素生产率的构成进一步分解。任若恩等（2009）使用 KL EMS 分析框架测算发现，要素投入特别是中间投入和资本投入，是中国目前经济增长的首要来源，TFP 没有明显的改善。

在以上传统研究的基础上，进一步的深化研究分为三个途径：一是将影响工业增长的因素进一步细化和增加；二是关注工业增长的结构性差异，包括不同工业行业间的增长差异和不同区域间的增长差异；三是关注外资利用、技术引进等外部因素对工业增长和结构变化的影响。

首先，工业增长因素的研究越来越重视人力资本与创新、资源与环境的作用。在人力资本[①]与创新方面，一些研究指出，我国自 20 世纪 90 年代以来，在教育人力资本、健康人力资本方面有了显著提高，技术进步由技术引进为主的消化吸收再创新模式转变为自主研发与引进并举的集成创新模式，R&D 创新和全要素生产率已经取代固定资产等因素成为工业产出增长的主要贡献者。不同的结论，如吴延兵（2008）测算发现，我国工业的知识生产效率偏低，存在较大的改进潜力。李小平（2007）对工业大中型企业的生产率增长进行分解，发现自主 R&D 投资对产出的不利影响最为显著，这在高 R&D 投资的行业更为突出。在资源环境方面，很多测度研究都忽视了资源环境对经济增长的贡献，这或者会高估资本的作用，或者会高估技术的作用。张其仔等（2008）将资源环境等因素以要素的形式纳入工业柯布—道格拉斯增长方程，发现矿产资源消耗对工业增长的贡献程度最大，其次是环境资源和能源的贡献。相比之下，资本和劳动对工业增长的贡献有限。庞瑞芝等（2011）进一步研究发现，中国工业"内涵型"技术水平上升缓慢主要来自于资源的过度使用、环境污染等。在这样的结论判定下，节能减排将对工业发展带来怎样的影响？

[①] 初期人力资本存量水平的指示性变量往往用教育水平来衡量，后来的研究认为人力资本由教育资本和健康资本（包括寿命，营养等）组合生成。

陈诗一（2010）预测的结果表明，节能减排在初期会造成较大的潜在生产损失，但长期看，潜在生产损失将会逐步下降，最终低于潜在产出增长。但就目前看，环境管制对中国工业增长尚未起到实质性抑制作用，这主要是由于目前的环境管制水平较低，规制手段和工具比较薄弱。

其次，关于工业增长的结构性差异。陈诗一（2009）测算发现，中国工业总体上已经实现了增长方式向集约型转变，全要素生产率成为工业增长的第一动力，但是重化工行业的技术进步要低于全国平均水平。曾先峰等（2012）研究显示，技术密集型产业和劳动密集型产业表现为集约型增长，资本密集型产业等表现为粗放型增长，尤其是垄断性行业表现为典型的粗放式增长。也有研究发现，纺织等传统优势行业的生产率增长也是较慢的。在区域增长差异方面，改革开放以来，我国从向沿海倾斜到西部大开发，再到中部崛起，中国区域发展战略经历了从不平衡发展到协调发展的战略转变，并且在东部"腾笼换鸟"和中西部"筑巢引凤"的引导下形成产业梯度转移格局。但是，庞瑞芝等（2011）研究发现，内陆地区新型工业化增长绩效远远落后于沿海地区，区域之间发展越发不平衡。即使在省际间，工业增长模式的差异也很大，有的省份依赖技术进步，有的省份则依赖要素投入的深化。

此外，在全球化条件下，外资利用和技术引进成为改变我国资源要素条件的重要方面。在外资利用方面，部分学者持有积极的观点，认为外资是促进中国工业增长和结构升级的重要力量，我国增长较快的行业与外商投资表现出明显的相关性，外商投资在提高资金配置效率和质量、提供先进技术、人力资源开发等方面具有积极的影响。张海洋（2005）在研究中进一步将外资外部性区分为外资技术扩散效应与竞争效应，发现外资促进技术进步是通过竞争效应实现的，而不是技术扩散。另外一部分学者认为，外资起着积极的促进作用，但是这种作用并不明显。还有一种观点认为，外资企业凭借在技术、原材料来源、规模经济、销售渠道、产品开发等方面的优势，抢占国内市场份额，对内资企业造成一定的冲击；大量外资流入使得国内形成了严重的技术依赖，通过吸引外资推动我国工业技术进步和产业成长的策略成效不明显。在技术引进方面，多数研究认为技术引进对我国工业技术进步有一定的促进作用，但其促进作用具有一定条件限定的。研究发现，技术引进虽然增加了我国的技术知识存量，是短期内我国工业技术进步的重要原因，然而技术引进并没有有效地转化为全要素生产率的提高，技术引进与工业技术进步之间不存在长期的共同发展趋势。孙文杰等（2007）研究发现，当内资企业生产率处于外资企业生产率的40%～95%时，外资企业对内资企业技术创新的促进效应最显著。但是随着市场开放程度的提高，通过技术引进获取技术优势的收益越来越少。

（三）关于需求条件与工业发展

首先，国内消费需求升级是诱发产业结构变动的重要因素。石奇等（2009）利用投入产出表评估主要的消费升级部门对产业结构的影响，发现消费升级对中国产业结构的变化是重要的，可以解释29.64%的产业结构变化。雷敬萍（2008）分析了改革开放以来我国出现的三次消费升级，指出消费结构的演变带动了我国产业结构的升级。进一步的研究详细刻画了消费结构升级对经济发展的助推器作用：轻工产品消费上升，对轻工、纺织产业产生了强烈的拉动；家用电器消费的快速增加、耐用消费品向高档化方向发展，对电子、钢铁、机械制造等行业产生了强大的驱动作用；教育、文化、娱乐、交通、通信、医疗保健、住宅等消费快速增长，带动了IT、汽车等众多相关产业的高速发展。但是，国内消费在消费率、消费结构、消费方式等方面也存在一定的问题。王智波（2011）通过 SDA 模型对总产出增长的影响因素分析发现，居民消费对拉动经济增长的贡献低于出口和固定资本形成。行业间，最终消费对大部分消费品制造业的产出增长贡献最大，对劳动密集型和技术密集型产业则是出口的影响最大。因此，我国需要增加最终消费，减少经济增长对出口和投资依赖。

其次，投资需求对工业增长的推动作用日趋强化，并引发了与过度投资相关联的一系列问题。王爱俭等（2009）研究发现，20 世纪 90 年代中后期以来，投资需求对经济增长的贡献整体呈上升趋势，但是投资需求是推动我国经济增长最不稳定的动力之一，国民经济的大起大落主要是由投资波动引起的。深入到工业内部看，郭克莎（1993）认为，投资需求与轻工业增长没有直接和对应的关系，投资需求与工业增长的关系实质上就是与重工业增长的关系。在重工业化过程中，总是伴随着投资需求的迅速增长。纪明（2011）分析指出，在工业化中期阶段投资需求将取代消费需求成为主导启动机制，由于中国投资需求增长迅速，已经导致投资率过高和一定程度的投资效率低下。尤其是 2004 年以后，投资供给小于投资需求的局面转变为投资供给大于投资需求，投资供给的快速增长积累了一定的过剩生产能力。对中国经济而言，重要的不是投资率，而是投资效率。由于投资需求是各级政府唯一能够直接操控的变量，因此要提高投资效率，就需要规范政府行为，控制好地方政府对信贷和土地的决策使用权。

最后，现有研究关于出口促进工业增长的范围、程度存在很大的争议。改革开放尤其是 20 世纪 90 年代以来，对外贸易在中国工业增长中的地位迅速上升。陈文芝（2009）研究发现，贸易自由化程度对制造业生产率提高具有积极促进作用，出口扩张对制造业生产率提升，尤其是出口企业的技术进步影响较大，这说明出口学习效应的存在。包群等（2003）研究发现，出口促进经济增长主要来自出口部门对非出口部门的技术外溢效应，出口部门并未通过自身相对要素生产率的提高来促进我国经济的增长，其原因在于我国出口产业结构与非出口产业结构的升级发生了背离。在行业之间，一些研究发现贸易开放对制造业的生产外溢效应存在差别，对技术资本密集型行业具有显著的正向技术外溢效应。这些研究或在整体上，或在局部上，肯定了出口促进工业增长的作用，但是另外一些研究则对这一观点表示怀疑。李小平等（2008）对 32 个工业行研究发现，出口和生产率增长的关系不显著，贸易开放度高的行业并不比贸易开放度低的行业具有更高的技术效率和规模效率。Fu（2005）的研究也发现，出口并没有显著促进各行业的生产率增长。

（四）关于工业发展中的政府作用

现代的新经济增长理论除了强调土地、劳动、资本等基本生产要素和技术因素外，还对制度和体制因素给予高度重视，甚至将其视为影响乃至决定经济增长的关键性因素。关于经济发展中的政府作用存在两种对立的观点，新古典主义经济学强调最小的政府干预，认为自由的市场机制能够自发地导致经济发展，具体体现为"华盛顿共识"的制度框架。一些学者指出，政府无法代替市场来"正确"选择应该或者不应该发展的产业和技术，因为"正确"选择所需要的知识只有在市场的竞争过程中才能产生和获得。这种观点以世界银行、松山公纪、鲍威尔、霍布斯等为代表。按照弗里德曼等"自由选择派"的说法，政府超越其最低限度的职能（如防御和公共秩序等）的扩张，会削弱资源的有效利用，阻碍经济发展以及限制自由流动和政治自由。一些研究表明，干预市场型的产业政策不但不是推动产业发展的主要原因，还导致不良的政策后果。这主要由于政府干预或产业政策实施存在产业最优选择问题、政府信息不完全和有限理性问题、战略性贸易政策理论面临质疑等原因。

与否定政府作用的观点不同，以 Rosenstein – Rodan、Lewis、Hirschman、张培刚等为代表的结构主义学者则认为市场有着难以克服的缺陷，大量存在与协调资源动员、投资分配和促进技术追赶相关的"市场失灵"，因此政府必须替代市场实施产业政策对经济活动进行干预。尤其是在一国完善的市场经济未及之前，产业政策是普遍存在的。政府干预或产业政策实施的理论依据不只是"市场失灵"理论，战略性贸易政策理论也是其代表性的理论依据。20 世纪 60 年代以来，以日本、韩国、中国台湾为代表的东亚国家和地区国民经济持续高速增长，引起国际社会的广泛关注，被称为"东亚奇迹"。由于东亚大部分国家和地区实施了以积极干预经济为特征的产业政策，产业政策的支持者认为，东亚经济的成功归功于强势政府普遍的产业政策干预弥补了市场失灵的缺陷。因此，如果产业政策能够得以正确实施，有益于经济发展。

此外，一些学者持有折中的观点，没有延续市场失灵的逻辑，而是从促进竞争、增进市场机制中的信息交换和激励企业家精神等方面进行考虑。代表性的观点是市场增进论（Market – enhancing View），认为政府和市场不是相互排斥的替代物，在实现资源配置方面并非"非此即彼"的相互替代关系。政府政策的职能在于为市场提供合适的制度基础，促进或补充民间部门的协调功能，通过改善和扩展市场表现出来。我国学者林毅夫（2012）认为，在动态发展的过程中，有效的市场机制是经济按其比较优势发展的必要制度保障，但由于市场机制在信息、协调和外部性方面存在缺陷，政府应积极主动地发挥作用，为产业升级和多样性提供便利。

许多研究认为，从新中国成立以来产业政策的实践看，产业政策的作用是有条件和有限的。我国产业政策的实施由来已久，1986 年开始提出"产业政策"，1989 年 3 月第一个正式的产业政策文件颁布实施。潘士远等（2008）将改革开放以来的产业政策发展划分为三个阶段，分别是 1979～1981 年以强制性政策为重点的阶段；1982～1991 年由强制性政策逐渐向指导性政策转变的阶段；1992 年以后引导产业结构合理化的阶段。金碚（2008）指出中国工业改革的基本取向是政府逐步减少对企业行为的直接干预，这使中国工业企业获得了很大的活力，显著地提高了企业的国际竞争力。但是 21 世纪以来，以促进产业结构调整升级与抑制部分产业产能过剩为产业政策目标，目录指导、市场准入、项目审批与核准、供地审批、贷款的行政核准、强制性清理（淘汰落后产能）等行政性直接干预措施进一步细化、强化、全面化和系统化。

在具体方面，政府主要通过投资、所有制改革、市场化改革、垄断行业改革等渠道影响工业发展。肖翔（2012）认为，中国政府在工业化过程中进行大规模的投资构成了对工业的巨大需求，无论是计划经济时期政府直接进行工业化的生产性投资，还是 1998 年以后为刺激内需的大规模基础设施投资，都对工业（尤其是重化工业）产生了巨大需求。张军（2002）在研究中发现，我国资本形成在很大程度上对经济增长的变动是不太敏感的，尤其是在经济增长下降时，资本形成并未减速。这反映出政府力量在资本形成中扮演着重要的角色。进一步研究发现，虽然政府对于工业结构升级存在一定影响，但是对于不同行业的作用差异较大：政府投资对资本密集型产业发展存在积极影响，政府消费对这些产业的影响则很小；对比之下，政府消费和投资对于技术密集型产业升级都没有积极影响。从所有制结构变化来看，王胜利（2009）认为，新中国成立 60 年来工业所有制结构的变迁根本上适应工业生产力和生产关系内在矛盾的发展需要，符合中国工业经济发展规律。一些计量分析也发现，非国有化水平、市场化程度和开放程度是引起工业 TFP 增长的重要因素，以非国有化水平最为重要。此外，我国对垄断性行业采取了一系列改革措施，在管理体制、产业组织、市场开放等方面都取得了一定成绩。

三、关于工业发展阶段性变化的特征及趋势

（一）关于我国工业发展的阶段变化轨迹

社会经济发展从来不是一个同质、等速的状态，而是一个不断地从量变到质变，并呈现出阶段性的过程。关于阶段划分，有的从社会制度、社会生产关系演变的角度进行，有的从技术和自然因素变化的角度进行，有的从表现形式的角度进行。一些学者在归纳学术界关于经济发展阶段划分的标准时，认为可以概括为三类观点，分别为结构主义观点、总量主义观点和综合主义观点（即若干指标的综合）。因此，经济发展阶段划分标准的设置，在标准的采用、标准的多寡、各标准间的关系以及标准的综合等方面具有相当的复杂性。但是，由于发展阶段不过是发展内容的实质性跃迁的外在表现而已，因此探寻阶段划分的标准应该从对经济发展内容的确切把握入手。

尽管发达国家的工业发展史表明工业结构的调整和升级有其普遍规律，但中国工业发展却不是发达国家工业化道路的简单重复，而是具有中国特色的发展过程，这同样体现在其阶段性变化上。虽然中国建立现代工业的努力可以回溯到19世纪80年代，中国在这个时期建立了第一家现代纺织厂以及若干其他类型的现代工厂，并在外国的武力威胁下，开始对外国投资开放。但是关于中国工业发展阶段性变化的研究还是集中于对1949年，尤其是1978年改革开放以来这一历史时期的分析。

比较常见的一类阶段划分，将历史事件与工业结构变迁的动因结合起来。例如，李博（2010）将新中国成立60年历史分为1978年之前和之后的两大阶段。1978年之前，由于政府过度干预，工业结构演变趋势极不稳定，与发达国家工业化的一般规律存在很大差异；1978年以来，工业结构升级趋势的稳定性逐步增强，先后出现了适应需求结构和要素结构的两轮工业结构变迁，国际贸易和国际投资对工业结构变迁的影响力也在不断加强。张建华等（2012）的研究重在工业发展过程的机理探讨，将中国产业发展和工业结构升级划分为向重工业倾斜发展的阶段（1949~1977年）、产业结构纠偏阶段（1978~1992年）、再工业化阶段（1993年之后）。根据制度变迁特点对工业结构进行的阶段划分也属于这一类，比较典型的是根据不同的体制特点，将中国工业结构升级分为计划体制中的工业结构升级和市场体制改革中的工业结构升级，前者可以进一步细分为计划体制形成和计划体制中两个阶段，后者可以进一步细分为以市场改革取向阶段和市场改革制度创新阶段。

另一类划分侧重工业发展和结构演变的表象特征。吕铁（2008）认为1978年迄今的30年是我国工业化迅速推进的重要发展时期，根据工业结构变化的不同特征，可以划分为三个阶段：1979~1984年——轻、重工业比例关系的调整阶段；1985~1997年——加工工业与基础工业比例关系的调整阶段；1998年以来——重化工业化阶段。进一步地，还可以划分出更为细小的阶段，如1979~1981年采取扶持轻工业发展的方针；1982~1985年为轻工业提供装备的机械工业得到较快发展；80年代中期，以家用电器为代表的耐用消费品工业得到高速增长；80年代后期，基础工业得到快速发展。在此之前，庄德钧等（1999）依据工业结构的演进，将新中国成立40年的工业发展划分为三个阶段，分别是1949~1958年，重工业份额低于轻工业；1958~1979年，重工业份额总体上明显高于轻工业；1979~1999年，轻工业份额总体上在增加。

有的研究直接依据主导产业的变化对产业发展阶段进行划分，邵宁（2012）在《中国经济发展的阶段性变化及企业的应对》中认为，中国经济发展经历了以轻纺工业为终端的产业群（1979~1984年）、以家电产业为终端的产业群（1985~1990年）、基础设施产业群（1990~2000年）及以住房和汽车为终端的产业群（2000年至今）四个阶段。此外，从产业结构变化的某一方面进行的阶段划分也有借鉴意义。如杨魁等（2000）将我国产业组织结构的历史演变分为几个阶段：20世纪50年代为实现赶超目标而实施的大企业发展战略；20世纪50年代后期的工业小型化和60年代初期的调整阶段；"文革"期间，鼓励重点发展中小企业的战略阶段；20

世纪 80 年代乡镇企业及非国有经济发展导致的生产集中度下降及规模结构失调阶段；20 世纪 90 年代以实现规模经济效益为目标的促进企业横向联合政策阶段。有的研究从外部环境划分我国工业发展的阶段性，金芳（2008）认为中国的对外开放经历了三个不同的发展阶段，即 1978～1991 年尝试性开放阶段、1992～2001 年积极融入全球化的开放阶段和 2002～2008 年积极实践承诺适应国际规则的开放阶段，其中，第二阶段突出表现为中国吸收外国直接投资的快速增长，第三阶段则突出表现为吸引外国直接投资增速明显回落，资本输出开始加快增长。

（二）关于当前我国工业发展的阶段特征及突出矛盾

针对当前我国工业发展的阶段性特征，国内学者从不同角度进行了归纳分析，认为中国工业发展总体状况正在发生质的变化。从工业化演进的角度看，有的学者认为随着工业化进程的加快，我国已经进入工业化的中后期阶段，有的学者认为我国即将走完工业化中期的后半阶段，并将步入工业化后期。一些学者基于霍夫曼定理考察我国工业发展阶段，认为我国经济实质上已经进入新一轮的重化工业发展阶段。刘世锦等（2006）认为，过去一段时期及今后较长时期内，重化工业的发展是整个经济发展各方面需求的集中体现之一，是不可回避也不可逾越的过程。刘昌黎（2007）也认为，以重化工业为中心实现工业现代化，仍是我国工业化和经济发展的中心环节和首要任务。高新技术产业和信息化并没有改变我国工业化，尤其是重化工业的发展阶段。而一些经济学者反对中国进入重化工业阶段的说法，认为重型化经济增长实际上是先行工业化国家旧式的工业化道路，我国不能够重复他们的老路。从我国国情角度看，陈佳贵、黄群慧（2009）认为中国已实现从"农业大国"向"工业大国"的转变，正处于从"工业大国"向"工业强国"转变的阶段。

在当前工业发展阶段分析中，我国经济和工业发展进入转折性变化阶段是研究中最为关注的方面。江小涓认为，进入 21 世纪后中国经济发展呈现出一系列重要的转折性特征，中国正在进入一个新的增长阶段，需要有新的发展思路和战略。有的研究结合内外部条件和形势的变化，总结出 21 世纪以来我国工业结构变动的一些新特征，包括消费的升级带动作用提升、国际化和全球化影响加深、市场机制促进作用加强、节能减排成为新导向、区域协调发展目标明显等。由于我国正处于工业化进程的中后期和城市化加速发展时期，再加上全球经济危机的影响，使我国进入工业结构战略性调整的关键时期。金碚等（2012）指出，当前我国遭遇结构调整和工业转型升级的矛盾交织期。各种潜在矛盾复杂地交织显露，既表明中国工业增长在很大程度上依然没有摆脱传统路径依赖，同时也表明中国工业发展进入了必须转型升级的重要历史关头，开始进入艰难摆脱各种路径依赖的重要转折时期，包括低价资源依赖、投资扩张依赖、过度外需依赖等。

首先，从影响因素看，未来我国工业发展存在一系列约束。刘世锦等（2006）认为，进入"十一五"以来，支撑我国经济增长的诸多基础性因素将要发生实质性变化，有的不复存在，有的将向新形态演变，已有增长模式将面临过去未曾有过的转型压力。任保平（2010）指出，发展中存在的约束包括进程约束——传统工业化的任务还没有完成，又遇到了信息化时代的挑战；技术约束——我国工业的技术创新能力还很有限，在拥有自主知识产权的创新方面明显落后；资源环境约束等。付红等（2007）认为，中国经济发展模式和工业结构发生深刻变迁的时代即将来临，这种观点建立在生产要素价格即将快速重估的判断之上，生产要素价格快速重估的阶段将马上来临。在资源方面，我国经济增长对能源的依赖程度呈明显上升趋势，经济建设面临着巨大的资源压力，如何实现能源约束加强条件下的经济持续快速增长是一个具有挑战性的问题。在需求方面，有效需求约束明显，一是与投资率长期处于较高水平相比，消费率持续下降；二是与政府消费率相比，居民消费率下降尤为明显。有效需求不足进一步映射在生产结构上，就会形成收入分配和需求结构与产业结构间的恶性循环。在体制方面，产业发展中的一些矛盾存在深层次的体制性根源，如地方政府助推和保护下的项目投资热、企业进入和退出机制效率偏低、兼并重组进展缓慢以及国企产权改革不到位等。有分析认为，中国政府主导的工业化让中国走出"贫困性陷阱"，但进入中等收入国家之后，这种政府主导的工业化极易陷入"中等收入陷阱"。

其次，从工业结构演变本身看，也存在一些突出而深刻的矛盾。一些研究进行了系统的概括和综合。中国社会科学院工业经济研究所课题组（2010）认为，当前工业结构存在的突出问题主要表现在以下方面：区域产业同构引发的资源低效率配置和互补性较差；重化工业中落后产能引发高能耗及高污染现象；"中国制造"依然处于全球价值链低端；产业组织结构体系存在一定的不合理性；生产性服务业与制造业没有形成协同发展机制。金碚等（2011）也分析了当前制约工业结构转型升级的主要问题，包括传统要素禀赋的比较优势逐渐减弱，重化工业粗放发展与能源和环境约束的矛盾突出，产能过剩问题呈现扩大趋势，制造业向全球价值链高端攀升进展缓慢，自主创新对结构转型升级的支撑不足，资本深化与增加就业之间的矛盾日趋尖锐。张建华等（2012）认为，当前我国工业结构存在诸多问题和矛盾的原因可以归结为四个方面：一是参与国际分工的外部失衡；二是国内总供给和总需求的不平衡；三是不完善的市场机制；四是以 GDP 为导向的干部考核机制。这四者分别是当前工业结构性矛盾的外在原因、内部原因、深层原因和制度原因。

具体看，几个领域存在矛盾和制约是研究者最为关注的。在发展路径方面，张晖（2011）认为，过去30年的高速增长过程中，由于自然资源禀赋、技术、制度、环境等因素形成了较强的"路径依赖"，逐渐锁定在粗放式发展的路径上。这种困境可以表示为：低成本要素环境决定的低成本通道——→低端产业结构——→缺乏技术积累——→难以转型，而低成本要素和技术积累缺失是其中最关键的两个变量。丁重等（2009）也指出，由于制度倾斜等原因抑制了创新对经济增长的作用，经济增长更多地依赖资金等投入，而过度投资又导致资本的回报率过低，致使私人资本越来越不愿意投入生产领域。中国经济的高速增长与低水平技术创新长期并存，导致现代产业体系难以形成。更令人担忧的是，要素消耗带来的隐性成本损害了我国的可持续发展能力。沈明高等（2008）指出，中国企业从投入品价格低估和扭曲中节约的成本约为 3.83 万亿元，其中，劳动力成本大约低估 2000 亿元，土地成本低估 1500 亿元，这相当于 2007 年 GDP 的 15.5%。

在对外贸易领域，主要是对外贸易未能促进本土产业升级和收益增长的问题。姚志毅等（2010）指出，加工贸易在我国高技术产品出口中的绝对主导地位，说明我国出口的大部分高技术产品仅为其他国家的代加工产品，出口大规模增长是发达国家高技术产业转移的结果，对产业结构的升级作用不大。中国出口模式在 2008 年之后已经进入第四个阶段[1]，即出口价格指数和出口数量指数均呈明显锐减趋势。不止如此，国际能源署的研究表明，2004 年中国出口商品生产蕴含的与能源有关的二氧化碳排放量为 16 亿吨，占中国排放总量的 34%。

在国际分工方面，分工地位升级所面临的核心挑战是能否摆脱过分依赖劳动力密集优势的现状；能否突破由跨国公司主导并受制于其战略定位的分工局面；能否激发本土企业的创新活力和国际化潜力，产生出一批具有全球品牌效应的领袖企业。刘志彪（2007）指出，在全球价值链中，中国本土企业目前处于大规模的整机生产能力提升阶段，但是转向设计、品牌、营销等功能环节时，由于买方势力和关键资源的障碍，只有少数企业成功的证据。全球价值链分工体系中升级与反升级、控制与反控制的博弈和较量，致使产业发展中广泛地出现了被"俘获"现象，被限制于包括传统产品和新兴产品的价值链低端环节，在国家、产业和企业层面都没有形成自主创新和竞争能力。

在组织结构上，一些产业存在部门垄断、地区垄断等问题。一方面，大企业大集团战略导致过高的市场集中度，迫使部分小企业退出市场竞争。金碚（2008）指出，大型国有垄断企业的行为，特别是凭借垄断地位甚至垄断特权获得集团利益的现象，已经严重偏离了国有企业的公共利益目标，成为中国工业改革的重要内容之一。另一方面，集中度偏低已成为我国不少产业参与国际竞争的"软肋"，极大地影响到我国产业参与国际合作的主动权和竞争力。而且，小企业没有形成与大企业相关的零部件提供和配套服务能力，反而在一定程度上与大企业进行恶性竞争，阻碍了产业的健康发展。耿仁波（2010）认为，产业集中度普遍偏低，甚至存在逆集中化现象，很重要的一个原因是当前我国财政分权体制造成的政府间竞争，企业能否在其权力控制范围内涉及巨大的税收、租金、政绩评定等利益。

（三）关于未来我国工业发展的阶段性变化趋势

从经济增长看，多数分析认为中国将进入一个增速放缓的阶段，增长方式将会发生转变。刘世锦等（2011）认为，中国已经经历了超过 30 年左右的高速增长，中国经济的潜在增长率有很大可能性在"十二五"末期放缓，并在"十三五"时

---

①　前三个阶段分别为 1995 年之前出口价格指数大幅度增长，但是出口数量存在较大波动；1995～2000 年出口价格指数递减，出口数量指数相对减少；2000～2008 年出口价格指数和数量指数相对比较平稳，出口市场份额比较稳定。

期明显下一个台阶，时间窗口的分布是 2013 ~ 2017 年。一旦增长速度常态性而非短期性地回落，以往维持高速增长的基本面因素重要变化需要重新组合，增长模式或发展方式的转变势在必行。楼继伟（2010）指出，当一国进入中等收入阶段，传统增长部门竞争力因劳动力成本上升而被削弱，生产率进一步提高因与技术前沿差距缩小而需要依靠创新，这都要求经济增长模式的一个根本转变。但是，刘世锦等认为，即使中国未来制造业比重下降，降幅也不宜过大，如制造业的比重应该保持在 30% 左右。张建华等（2012）也有类似观点，认为在未来相当长的一段时间（可能到 2020 年）工业在我国国民经济中的主导和主体地位不会改变。与认为中国经济增长将会放缓的观点不同，林毅夫（2012）认为基于后发优势的潜力，中国经济仍然可以维持二三十年甚至更长时间的高速增长。

一些研究对未来工业增长速度、结构变化、增长方式等进行了预测和判断。"未来十年我国工业增长的驱动力研究"课题组（2011），从历史轨迹对未来 10 年（2009 ~ 2018 年）中国工业总量以及增速进行预测：城市化速度加快是未来工业持续增长的关键驱动力，传统产业仍将继续高速增长，新兴产业将成为经济发展的突破点，占工业增加值的比重在 2020 年将达到 15%。中国社会科学院工业经济研究所工业运行课题组（2011）指出，"后危机时代"的中国工业在增长速度和机制上将出现一些新的特点，一是工业经济将进入低速增长阶段，经济刺激政策虽然延缓了增速下滑的时间，但不能从根本上改变这种趋势。二是产业升级将成为工业增长的重要动力，资本积累对工业增长的贡献将下降，技术进步对工业增长的贡献将提升。此外，朝阳产业和夕阳产业的边界出现模糊，产业转移速度也将加快。有分析认为，进入 21 世纪的 20 年我国经济将保持平稳快速增长的态势，是基本完成工业化第二阶段并进入后工业化阶段的重要时期，以机械设备、钢铁、石化为核心的重化工业产业群、以汽车工业为代表的"出行"产业群、以新技术为特征的电子信息产品制造产业群将成为发展的主导产业。

与中长期分析预测不同，有的研究立足于短期趋势分析，如金碚等（2011）通过对未来发展条件和政策环境等因素的综合分析，提出了"十二五"时期工业结构变化趋势的若干判断，包括工业占国民经济比重将缓慢上升或基本稳定，工业和服务业融合发展的程度将有所提高；重化工业化进程仍将持续，但重工业比重提高的速度有所放缓；新兴产业的发展将提速，但高端制造所占的比重有限；产业组织结构将有所优化，但大企业进一步做大做强的难度加大；地区差异将进一步缩小，技术进步推动东部地区工业转型升级的趋势更加明显。在增长方式上，一些研究指出，由于各种客观因素和主观因素的作用，"十二五"时期中国工业绿色化、精致化、高端化、信息化、服务化的趋势正在形成，比以往任何时候都更显著地出现了加快经济结构调整和产业转型升级，走上新型工业化道路的态势。

四、结论与启示

总体看，已有研究成果奠定了一定的理论和实证基础，但仍存在诸多不足，具体表现在：间接的研究较多而直接的分析较少，对历史发展的总结性研究较多而关注现实和未来的前瞻性研究较少，借鉴国外已有理论框架的研究较多而结合我国实际的具体研究较少，针对工业发展个别问题的局部性研究较多而综观全局的系统性研究较少。因此，进一步深入研究我国工业发展的阶段性变化问题具有重要的理论和现实意义。

第一，关于工业发展阶段已经形成了一定的理论分析基础，但是这些理论的不足和缺陷也非常明显，有待进一步完善和改进。现有关于工业发展阶段的研究，或者是与经典的工业化理论糅合在一起，或者是与重大历史事件的发生相结合，抑或依据工业发展的表象特征来分析。虽然这些阶段研究都有其合理性，但是基于经典工业化理论的研究往往面临"时过境迁"的尴尬，与历史事件结合的分析难免有"偶然性联系"的牵强，根据表象特征进行的研究又难以触及工业发展变化的本质。特别是在经济全球化条件下，已有的理论方法并不能完全解释现实，国内外经济学家根据半个多世纪以前世界经济发展所进行的研究，现在看来只能是一些阶段性的成果，远非先行工业化国家经济发展阶段的盖棺定论性结论。一个国家采取何种工业发展模式和政策很大程度上取决于该国的人口和资源禀赋、经济发展阶段、工业化初始条件、经济体制、外部形势等多种因素，不存在放之四海而皆准的唯一的、最佳的工业化模式。尤其是自 2008 年国际金融危机以来的新形势对已有的发展经济学及相关理论体系构成巨大挑战。因此，经典工业化理论得出的一般规律在多大程度上是有参考意义的，面对新的形势和变化需要进行怎样的调整和改进？这在研究中是要首先进行考虑和分析的。

第二，研究者对于我国工业发展的实证分析进行了有益的探索，但是对我国具体国情及新形势下的工业发展仍需要进一步的深入研究。我国经济转型和工业发展过程中的一些深层矛盾和问题，是任何模式都不能提供现成答案的。正是因为如此，其研究才更显必要性和挑战性。目前关于我国工业发展演变的研究，仍然多拘泥于传统的理论分析框架，或者是局限于片面问题和局部领域，不够全面、系统和深刻。需要进一步研究的问题包括：如何结合中国工业发展演变的自身实际，对我国工业发展阶段进行深入的分析和探讨？如何看待工业发展中的独特因素和新形势给我国工业发展带来的影响？如何从不同角度（如经济发展、就业增长、环境优化、资源节约等）来评价我国工业发展和结构演进的效果？这其中，尤其值得关注的是我国特殊的大国国情对于产业结构、产品供给和需求所产生的影响，二元经济结构转型和体制结构转型并存对经济发展的影响，信息化的不断推进对工业发展产生的影响，国际竞争空前激烈以及第三次工业革命兴起对工业发展带来的影响。

第三，未来工业发展的趋势与战略研究有待加强。经过改革开放以来 30 多年的快速发展，未来我国工业发展或将出现重大的阶段性变化。这是由于制约工业发展和转型升级的主要矛盾越来越突出，其中既包括要素禀赋条件的变化、能源环境约束的强化、结构性不协调突出（如产生过剩等）、价值链升级缓慢等长期性问题，也包括国际金融危机导致外部形势严峻、国内政策调整效应减弱等短期性问题。在这些矛盾和问题的影响下，未来的工业发展会呈现怎样的变化趋势，有哪些趋势是具有自身规律性而不可改变的，有哪些趋势是可以通过条件的改变而进行调整的？未来工业发展在国民经济中应该进行怎样的定位，在这种定位下应该实行什么样的工业发展战略？未来工业发展怎样利用结构战略性调整的关键时期，抓住机遇，规避风险，实现工业结构优化升级、发展方式转变和协调可持续发展？这些问题是制约我国工业未来发展的关键问题，也都有待进一步研究来解答。

第四，研究中还存在一些不可避免的疑问和难点，对研究开展可能构成一定的制约。其中，最主要的是产业分类与数据一致性的问题，尤其是在价值链分工条件下这一问题更加凸显。在分工深化到产品内的情况下，传统的产业或产品划分方法是有失偏颇的，包括依据生产要素投入比例，将行业或产品划分为劳动密集型、资本密集型和技术密集型等类别的划分方法。这是因为，全球价值链分工模式中的产业升级分析，不能仅仅依据产品或行业技术含量的高低来判断，更要依据我国所承担生产环节的技术含量和附加值的高低来判断。其实产业分类不仅关乎价值链分析，在一些传统分析中也是一个极关键的问题。如适合垄断问题研究的产业分类，应立足于消费者转换的可能性和难易程度，当交叉价格弹性达到一定值时，就应划分为不同的产业。但是现有研究多以二位代码的产业分类进行分析，显然过于宽泛。这可能会掩盖绩效与产业集中度、市场份额之间的联系，以交通运输设备制造业为例，自行车与汽车显然具有不同的产业特征。在统计上，我国的行业统计口径还多次发生变化，包括1984年前后工业行业的统计口径变化，1998年前后"乡及乡以上工业企业"与"全部国有及规模以上非国有工业企业"的统计变化等。此外，在国际比较分析中，全面、系统的国外数据获取也是研究中的一个难点。

（执笔人：徐建伟）

参考文献

［1］Akamstsu, K. A. Historical Pattern of Economic Growth in Developing Countries. The Developing Economies, 1962（1）.

［2］Fu, X. Exports, Technical Progress and Productivity Growth in A Transition Economy：A Non - Parametric Approach for China. Applied Economics, 2005, 37（7）.

［3］Jorgenson Dale W., Kevin J. Stiroh. U. S. Economic Growth at the Industry Level. American Economic Review（Papers and Proceedings）, 2000, 90（2）.

［4］Terutomo Ozawa. Asia's Labor - driven Economic Development, Flying - Geese Style：An Unprecedented Opportunity for the Poor to Rise. APEC Study Center, Colorado State University, 2005（40）.

［5］包群，许和连，赖明勇. 出口贸易如何促进经济增长？——基于全要素生产率的实证研

究[J].上海经济研究，2003（3）.

[6] 陈佳贵，黄群慧等．中国工业化报告（2009）[M].北京：社会科学文献出版社，2009.

[7] 陈文芝．贸易自由化与行业生产率：企业异质性视野的机理分析与实证研究 [D].浙江大学博士论文，2009.

[8] 陈诗一．节能减排与中国工业的双赢发展：2009～2049 [J].经济研究，2010（3）.

[9] 陈诗一．能源消耗、二氧化碳排放与中国工业的可持续发展[J].经济研究，2009（4）.

[10] 丁重，张耀辉．制度倾斜、低技术锁定与中国经济增长[J].中国工业经济，2009（11）.

[11] 多马．经济增长理论[M].北京：商务印书馆，1983.

[12] 冯飞，王晓明，王金照．对我国工业化发展阶段的判断[J].中国发展观察，2012（8）.

[13] 付红，陈文招．要素价格重估与工业结构升级[J].现代经济探讨，2007（5）.

[14] 高拴平．改革以来我国工业结构变动特征的实证研究[J].当代经济科学，1997（2）.

[15] 耿仁波．地方政府竞争范式下的产业集中度困境研究——以钢铁行业为例的理论模型分析 [J].吉林工商学院学报，2010（4）.

[16] 郭克莎．略论投资需求与工业增长的关系[J].改革与战略，1993（1）.

[17] 郭克莎．外商直接投资对我国产业结构的影响研究[J].管理世界，2000（2）.

[18] 郭克莎．社科院《工业化蓝皮书》发布暨中国工业化进程研讨会 [C].2007.

[19] 郭克莎．中国工业发展战略及政策的选择[J].中国社会科学，2004（1）.

[20] 胡麦秀．发展中国家产业国际竞争力模型新论[J].安徽大学学报（哲学社会科学版），2005（2）.

[21] 胡昭玲．产品内国际分工对中国工业生产率的影响分析[J].中国工业经济，2007（6）.

[22] 纪明．经济增长的需求启动、需求约束及再启动[J].社会科学，2011（5）.

[23] 纪明．需求变动与经济增长：理论解释及中国实证[J].经济科学，2010（6）.

[24] 江小涓，赵英，任纪军，柳红，熊云．我国工业增长与结构变动的若干新特征[J].中国工业经济研究，1993（8）.

[25] 金芳．中国国际分工地位的变化、内在矛盾及其走向[J].世界经济研究，2008（5）.

[26] 金碚．中国工业改革开放30年[J].中国工业经济，2008（5）.

[27] 金碚，吕铁，邓洲．中国工业结构转型升级：进展、问题与趋势[J].中国工业经济，2011（2）.

[28] 雷敬萍．我国消费结构升级与产业结构变迁[J].当代经济，2008（8）.

[29] 李博，温杰．中国工业部门技术进步的就业效应[J].经济学动态，2010（10）.

[30] 李博，曾宪初．工业结构变迁的动因和类型——新中国60年工业化历程回顾[J].经济评论，2010（1）.

[31] 李小平．自主R&D、技术引进和生产率增长——对中国分行业大中型工业企业的实证研究[J].数量经济技术经济研究，2007（7）.

[32] 李小平，卢现祥，朱钟棣．国际贸易、技术进步和中国工业行业的生产率增长[J].经济学（季刊），2008，7（2）.

[33] 林毅夫．解读中国经济[M].北京：北京大学出版社，2012.

［34］林毅夫．新结构经济学［M］．北京：北京大学出版社，2012．

［35］林毅夫．新结构经济学——重构发展经济学的框架［J］．经济学（季刊），2010，10（1）．

［36］林毅夫，苏剑．新结构经济学：反思经济发展与政策的理论框架［M］．北京：北京大学出版社，2012．

［37］刘昌黎．论重化工业发展阶段的客观存在与继续发展的必然性——与吴敬琏同志商榷［J］．经济学动态，2007（3）．

［38］刘世锦等．传统与现代之间——增长模式转型与新型工业化道路的选择［M］．北京：中国人民大学出版社，2006．

［39］刘世锦等．陷阱还是高墙？中国经济面临的真实挑战和战略选择［M］．北京：中信出版社，2011．

［40］刘志彪．中国贸易量增长与本土产业的升级——基于全球价值链的治理视角［J］．学术月刊，2007，39（2）．

［41］刘志彪，张杰．全球代工体系下发展中国家俘获型网络的形成、突破与对策——基于GVC 与NVC 的比较视角［J］．中国工业经济，2007（5）．

［42］楼继伟．中国经济的未来15 年：风险、动力和政策挑战［J］．比较，2010（51）．

［43］吕铁．中国工业结构调整与升级三十年的历程和经验［J］．社会科学战线，2008（5）．

［44］罗斯托．经济增长的阶段［M］．北京：中国社会科学出版社，2001．

［45］迈克尔·波特．国家竞争优势［M］．北京：华夏出版社，2002．

［46］孟祺，隋杨．垂直专业化与全要素生产率——基于工业行业的面板数据分析［J］．山西财经大学学报，2010，32（1）．

［47］潘士远，金戈．发展战略、产业政策与产业结构变迁——中国的经验［J］．世界经济文汇，2008（1）．

［48］庞瑞芝，李鹏．中国新型工业增长绩效的区域差异及动态演进［J］．经济研究，2011（11）．

［49］庞瑞芝，李鹏．中国工业增长模式转型绩效研究——基于1998 ~2009 年省际工业企业数据的实证考察［J］．数量经济技术经济研究，2011（9）．

［50］任保平．新中国60 年工业化的演进及其现代转型［J］．陕西师范大学学报（哲学社会科学版），2010（1）．

［51］任若恩，孙琳琳．我国行业层次的TFP 估计：1981 ~2000［J］．经济学（季刊），2009，8（3）．

［52］邵宁．中国经济发展的阶段性变化及企业的应对［J］．改革内参，2012．

［53］石奇，尹敬东，吕磷．消费升级对中国产业结构的影响［J］．产业经济研究，2009（6）．

［54］沈明高．成本正常化：推动通胀还是挤压利润？［EB/OL］．2008 年春季CCER 中国经济观察（总第13 期）．

［55］盛斌，马涛．中国工业部门垂直专业化与国内技术含量的关系研究［J］．世界经济研究，2008（8）．

［56］孙文杰，沈坤荣．技术引进与中国企业的自主创新：基于分位数回归模型的经验研究［J］．世界经济，2007（1）．

［57］谭崇台，郭熙保．张培刚对发展经济学的开创性贡献［N］．光明日报，2011 – 12 – 02．

［58］王爱俭，牛凯龙．当前中国宏观经济总需求分析与增长展望［M］．经济研究参考，2009（1）．

［59］王昆. 垂直专业化、价值增值与产业竞争力［J］. 上海经济研究，2010（4）.

［60］王胜利. 新中国成立 60 年来工业所有制结构变迁的解析［J］. 贵州师范大学学报，2009（5）.

［61］王智波. 我国产业结构变动的成因——基于投入产出表需求一侧的 SDA 模型分析［J］. 统计与决策，2011（8）.

［62］"未来十年我国工业增长的驱动力研究"课题组［J］. 未来十年我国工业增长的驱动力研究［J］. 调研世界，2011（4）.

［63］吴延兵. 中国地区工业知识生产效率测算［J］. 财经研究，2008，34（10）.

［64］小岛清. 对外贸易论［M］. 天津：南开大学出版社，1987.

［65］肖翔. 中国工业化中的政府作用研究（1949～2010）. 北京：中共中央党校出版社，2012.

［66］新帕尔格雷夫经济学大辞典（中译本）（第 2 卷）［M］. 北京：经济科学出版社，1996.

［67］熊彼特. 经济发展理论［M］. 北京：中国画报出版社，2012.

［68］杨魁，董雅丽. 论我国产业组织结构的历史演变及当前的政策取向［J］. 兰州大学学报（社会科学版），2000，28（2）.

［69］姚志毅，张亚斌，李德阳. 参与国际分工对中国技术进步和技术效率的长期均衡效应［J］. 数量经济技术经济研究，2010（6）.

［70］曾先峰，李国平，杨春江. 要素积累还是技术进步？——对中国工业行业增长因素的实证研究［J］. 科学学研究，2012，30（2）.

［71］张海洋. R&D 两面性、外资活动与中国工业生产率增长［J］. 经济研究，2005（5）.

［72］张晖. 产业升级面临的困境与路径依赖锁定效应——基于新制度经济学视角的分析［J］. 现代财经，2011（10）.

［73］张建华等. 基于新型工业化道路的工业结构优化升级研究［M］. 北京：中国社会科学出版社，2012.

［74］张军. 增长、资本形成与技术选择：解释中国经济增长下降的长期因素［J］. 经济学（季刊），2002，1（2）.

［75］张培刚. 农业与工业化［M］. 北京：华中科技大学出版社，2009.

［76］张其仔，郭朝先. 中国工业增长的性质：资本驱动或资源驱动［J］. 中国工业经济，2008（3）.

［77］张少军，刘志彪. 全球价值链模式的产业转移——动力、影响与对中国产业升级和区域协调发展的启示［J］. 中国工业经济，2009（11）.

［78］张小蒂，孙景蔚. 基于垂直专业化分工的中国产业国际竞争力分析［J］. 世界经济，2006（5）.

［79］中国经济增长与宏观稳定课题组. 资本化扩张与赶超型经济的技术进步［J］. 经济研究，2010（5）.

［80］中国社会科学院工业经济研究所工业运行课题组. 2011 年中国工业经济运行形势展望［J］. 中国工业经济，2011（3）.

［81］中国社会科学院工业经济研究所课题组. "十二五"时期工业结构调整和优化升级研究［J］. 中国工业经济，2010（1）.

［82］庄德钧，张喜民. 我国工业结构不规则演进的历史分析［J］. 中国工业经济研究，1999（3）.

第十四章　要素条件变化与中国工业发展的阶段性特征与趋势

——基于浙江杭州萧山区、安徽亳州市的对比调研

内容提要：对东部和中部地区的对比调研发现，当前我国要素条件正在深刻变化，工业发展呈现阶段性变化趋势。东部地区要素成本高涨，给传统的劳动密集型主导产业和外延式增长模式带来巨大挑战，迫使产业结构向高新技术产业和价值增值的方向升级，即所谓的"在挑战中转型"。中部地区要素优势日益显现，成为加快劳动密集型产业、资源依赖型产业发展的重要支撑，带动地区经济进入工业化快速推进阶段，即所谓的"后起的增长"。调研还发现，要素条件变化与工业发展阶段具有耦合发生、协同变化的关系，产业结构升级引导要素条件的变化，要素条件变化对产业结构升级形成支撑。过度依赖已有要素优势可能导致升级滞缓或锁定，顺利实现产业结构升级需要及时发掘和培育潜在优势要素。

近年来，我国要素条件变化对工业发展的深刻影响日益受到关注。由于我国工业发展具有较明显的区域差异，分地区对比调研有助于更全面细致地考察工业发展的实际状况。为此，国家发展和改革委员会宏观经济研究院 2013 年重点课题"我国工业发展的阶段性变化研究"课题组一行 8 人，分别自 2013 年 7 月 16~20 日赴安徽亳州市，自 9 月 9~15 日赴浙江杭州萧山区进行实地调研。期间，先后与两地发改委、经信、商务、环保、国土、科技、人社、招商、统计等相关政府部门以及典型企业代表进行深入座谈，并选取若干有代表性的产业园区和企业进行现场考察，共涉及纺织服装、化工、汽车及零部件制造、金属制品、普通装备制造、专用装备制造、电子及通信设备制造 7 个行业 18 家企业（见表 14-1）。通过调研，课题组对我国工业发展条件、特点和趋势形成了更清晰和准确的认识。

表 14-1　调研企业的地区及行业分布　　　　　　单位：家

浙江萧山区		安徽亳州市	
行业	数量	行业	数量
化学纤维	2	电子组装	2
金属制品	1	纺织鞋帽	2
工程机械	1	轴承阀门	2

浙江萧山区		安徽亳州市	
行业	数量	行业	数量
汽车零部件	2	汽车零部件	3
3D 打印机	1	汽车改装	2

一、阶段性变化的佐证：在对比调研中发现

浙江杭州萧山区代表了我国经过三十多年高速经济增长亟待转型升级的东部地区，而安徽亳州市则代表了资源要素优势逐渐显现进入快速增长阶段的中部地区。其中，萧山区被誉为中国民营企业的摇篮，人均 GDP 为 20720 美元（2012 年），已经达到上中等收入国家水平。目前，萧山区已经进入工业化、城镇化、市场化全面提升时期，消费结构、投资结构、产业结构都在发生重大调整和变化。亳州市是一个典型的中部地市，工业与发达地区相比尚处于起步阶段，即使在安徽省内也处于经济规模较小、发展水平较低的位置。但是，近年来亳州市在吸引外部资金、大项目建设、特色产业培育等方面取得显著进展，保持了较快增长势头。由于萧山和亳州在发展阶段上具有显著差异（见表 14-2），因此选取两地进行对比分析能够准确地把握我国工业阶段性变化的问题和特征。

表 14-2 2012 年萧山区与亳州市经济发展指标比较

项目	浙江萧山区	安徽亳州市
人口（万人）	123.57	604.22
人均 GDP（元）	130797	14642
在岗职工平均工资（元）	41263（2011 年）	32241（2011 年）
城乡居民人均存款余额（元）	73115（2011 年）	7477（2011 年）
工业增速（%）	14.44	26.35
主导产业	汽车制造、化学纤维、纺织、化学原料及化学制品制造、通用设备制造	医药制造、农副食品加工、饮料制造、煤炭开采和洗选、化学原料及化学制品制造

注：工业增加值增速为 2005~2012 年的平均值。

调研中，课题组重点关注我国工业发展的要素条件发生着怎样的变化，要素变化给工业企业带来什么样的冲击和挑战，地方政府以及有关部门怎么看待这些变

化，企业经营者做出什么样的调整和应对。

二、要素条件的变化：要素成本高企与 "洼地" 优势显现

（一）东部地区要素成本高企

1. 劳动力、土地成本快速上涨，倒逼与约束作用明显

近年来，萧山区劳动力供应从前几年的供大于求转变为趋于紧张。这与新生代农民工厌倦工业就业、传统劳动输出地就业增长、东部地区生活成本高涨等因素有关。由此带来的变化，首先表现为 2008 年以来劳动力平均工资的大幅攀升，年均增速在 10% 以上。截至 2013 年 6 月，萧山区规模以上工业企业支付职工工资 101 亿元，同比增长 8.9%，职工月均工资为 4129 元，同比增加 425 元，增幅达 11.5%。其次表现为劳动力结构变化带来间接成本的上升。这主要是由于以 "80 后"、"90 后" 为主力军的新一代外来人口文化层次相对较高，对生活、娱乐设施等方面的需求快速增长，用工企业需要进行夫妻房、电视、饮水机等配套投资与建设，带来企业成本的增长。目前，萧山区 20~29 岁的外来人员达到 32.9 万人，接近 30~50 岁的外来人口规模（45.7 万人）。

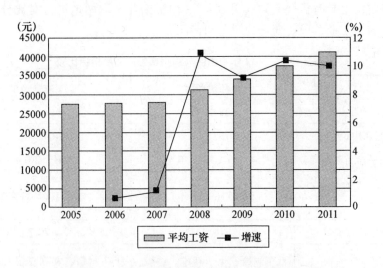

图 14-1　萧山区全部职工年平均工资增长情况

萧山区工业用地紧张，用地供需方式经历了最初的划拨到后来的协议出让再到招标、拍卖、挂牌的演变过程，从面上供应向点上供应转变。由于传统产业比重较高，萧山工业用地需求旺盛，尤其是化纤、纺织、汽车制造等工业项目用地，一般在百亩以上，大的工业项目用地在千亩以上。目前，萧山区计划内工业用地指标仅

有 500 亩，重点项目用地需要通过杭州市和浙江省来解决。为了实现占补平衡，萧山区向丽水、衢州等周边地区调剂购买用地指标，保障耕地占补平衡指标的及时到位。另外，工业用地供给紧张带来用地成本的上升。按照《全国工业用地出让最低价标准》，萧山区被列为第七等，工业用地出让不能低于 16.8 万元/亩。2011 年，萧山区 7、8 两个月份的工业用地出让总价，就超过了前两年出让总价的六成以上，成本上涨可见一斑。

2. 生态环境承载空间有限，环境保护压力较大

由于经济快速发展、环保工作滞后，萧山区环境保护压力巨大。目前，萧山南片分布着相对集中的以电镀、造纸为主体的水污染企业，东片为以轻纺、印染为主体的水污染企业集聚区，南阳、河庄一带则以污染较严重的化工企业居多。2011 年，萧山市出口、尖山、头蓬、新围、瓜沥和前进六个监测断面仍属于劣 Ⅴ 类水体。在影响大气环境质量的污染物中，以二氧化硫最突出，城区酸雨污染也有加重的趋势。由于环保设施投资不足，工业及生活垃圾堆放严重，给环境带来破坏，并可能引发二次污染。日益凸显的环保压力通过环保信访也可以得到体现，目前萧山区环保部门每年接受的环保信访达上万件，在政府部门中仅次于信访局。在环保要求趋于严格的形势下，污染强度大的产业逐渐向外部地区转移，但是这种转移同样带来了污染的转移，甚至在产业转移出去之后仍给萧山带来污染。这主要是指一些污染企业向萧山上游环保要求较低的地区转移的情况。

（二）中部地区"洼地"优势显现

1. 劳动力规模庞大，成本优势非常明显

亳州地处皖北地区，经济发展水平较低，大量的劳动力亟待从农业生产向非农领域转移。根据亳州市 2012 年进行的调查，劳动力资源总量①为 277.1 万人，占户籍总人口的 45.4%。其中，农业户口 261.5 万人，占劳动力总量的 94.4%。由于当地经济规模较小，吸纳就业的能力不足，亳州成为全国重要的劳动力输出基地。据调查，亳州市共转移劳动力 132.3 万人，占劳动力总数的 47.7%。长三角地区由于经济发展水平高、交通便利，成为吸纳亳州劳动力转移的主要地区。与此同时，亳州劳动力的成本竞争优势明显。2012 年，亳州城镇非私营单位就业人员年平均工资为 37028 元，远低于东部地区和全国平均水平（分别为 53444 元和 46769 元），仅为后者的 69.28% 和 79.17%。

2. 土地开发利用空间大，建设成本较低

亳州工业用地价格远低于东部地区，土地开发利用潜力较大。按照国土资源部的有关通知，亳州市谯城区属十等地，涡阳县属十三等地，利辛、蒙城县属十四等地。工业用地出让最低价格标准也按照这一分类等级执行。2013 年 7 月，亳州市 13 宗工业用地出让面积 1796 亩，成交价约为每亩 11.3 万元。对于投资规模大、强

---

① 不包括在校学生和机关事业单位工作人员。

度高的工业项目，还给予较大幅度的优惠扶持，如固定资产投资 5000 万元至 1 亿元、自取得土地使用权之日起 12 个月内建成投产的，给予每亩 5 万元的财政扶持；固定资产投资 1 亿~2 亿元、自取得土地使用权之日起 18 个月内建成投产的，给予每亩 8 万元的财政扶持。整体来说，亳州的工业企业运营成本与沿海城市比较至少低 30%，商务成本优势明显。

3. 矿产及物产资源丰富，支撑能力较强

亳州地处"皖北粮仓"，农产品资源相当丰富，盛产小麦、玉米、棉花、大豆、烟叶等作物，是全国重要的商品粮、商品棉、优质烟、优质茧生产基地。2012 年粮食总产量 93.9 亿斤，是全国粮食主产区之一，占全省的 1/7。畜禽养殖业发达，涡阳、蒙城、利辛被誉为"黄牛金三角"。由于亳州被誉为"中华药都"，最具特色和开发潜力的当属中药材资源，拥有百万亩中药材种植规模和全国最大的中药材交易市场。另外，煤炭储量达 59.4 亿吨，现有技术条件下可开采的达 28.29 亿吨，居全省第三位。独特的资源优势，为亳州提供了广阔的发展空间，积聚了跨越发展的巨大潜力。

三、工业发展的变化：挑战中转型与
"后起"的增长

（一）东部地区转型升级：向高新产业和价值增值升级

1. 原有增长模式面临挑战，出现增长拐点

外延式增长难以为继，原有模式的增长红利逐渐消失。长期以来，萧山民营经济和块状经济不断发展，形成了化纤纺织、服装羽绒、汽车及零部件等多个产业集群，带动了工业近三十年的高速发展。但是，萧山工业自 2007 年以来进入减速增长阶段，产值增速由 2007 年之前的 20% 以上下降至 10% 左右，2012 年仅有 9.30%，远低于之前的增长速度。2013 年增速进一步下降，上半年工业总产值同比增长 8.40%。与此对应，工业增加值占 GDP 的比重自 2006 年以来呈现下降趋势，从 61.61% 下降至 2012 年的 56.96%。

外延式增长模式具有要素资源占用偏大、能耗偏高、污染偏重的特点，导致工业发展与资源、环境容量之间的矛盾日益突出。一方面，工业发展的技术含量不高，企业自主创新能力不强，存在"重设备引进、轻消化吸收，重模仿生产、轻技术研发，重投资上规模、轻管理上水平"的现象。另一方面，专业市场驱动、成本优势支撑、出口增长带动在经济发展中的作用逐渐弱化。萧山经济发展依托于"专业市场+专业制造"的经济发展模式，但是随着电子商务、网上贸易的兴起，专业市场的地位不断弱化，如 2012 年上半年萧山轻纺城交易额下降了 20% 左右。在生产成本上，萧山的成本优势已经逐渐弱化。在出口方面，由于国际金融危机的持续发酵，2012 年萧山出口总额 88.16 亿美元，同比下降 1.9%。

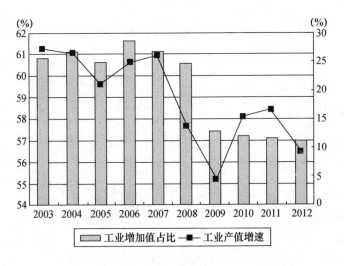

图 14 - 2　近年来萧山区规模以上工业增长情况

图例：工业增加值占比　工业产值增速

2. 传统产业面临发展困境，增长潜力减弱

传统轻纺产业面临产能过剩、产品结构趋同、恶性竞争严重等问题，增长潜力逐渐减弱。作为发展起步的主导产业，纺织、服装、羽绒、家具、包装等产业在萧山经济中占较大比重，以低技术、低附加值产品为主。由于自身技术、资金等方面的原因，这些企业转型意愿、方向和动力相对不足。从走访的部分化纤企业看，除了近年新上项目设备较先进以外，多数化纤企业设备装置运行时间较长，处于行业中下水平，产品价格相比低 200 元/吨。增长潜力减弱在增速上反映得最为明显，2004～2007 年劳动密集型产业①产值年均增速比装备制造产业低 6.82 个百分点，2007～2011 年比装备制造产业低 12.55 个百分点，占规模以上工业企业的比重从2004 年的38.82%下降至 2011 年的28.21%（见表 14 - 3）。

表 14 - 3　萧山区劳动密集型产业的规模与比重变化

单位:%

项目　　　产值占比　　　年份	2004	2007	2011
装备制造产业	25.35	27.15	33.77
劳动密集型产业	38.82	35.33	28.21

---

① 劳动密集型产业包括农副食品加工业、食品制造业、饮料制造业、纺织业、纺织服装鞋帽制造业、皮革毛皮羽毛（绒）及其制品业、木材加工及木竹藤棕草制品业、家具制造业、造纸及纸制品业、印刷业和记录媒介的复制业、文教体育用品制造业、塑料制品业、非金属矿物制品业。

续表

项目	年份 增速比较	2004~2007	2007~2011
装备制造产业		29.28	19.67
劳动密集型产业		22.46	7.12

传统产业增长面临困境，导致企业效益不断降低，向外转移趋势不断加剧。2012年，萧山工业增加值率仅为10.3%，规模以上工业企业亏损面达14.4%。增加值率偏低和亏损面扩大导致利润率不断降低，规模以上工业企业销售利润率从2010年的6.28%下降至2012年的4.05%。进入2013年，利润率恶化进一步加剧：1~6月，规模以上工业企业销售利润率仅为3.3%，化学纤维和汽车制造两大行业的销售利润率分别为2.86%和2.35%。由于利润率降低，一些劳动密集型制造企业逐渐向中西部地区转移。例如纺织企业富丽达集团，面临原料、土地、电力、劳动力等成本约束，先后在新疆建设一期15万吨、二期20万吨粘胶纤维项目，并在巴音郭楞州建设纺织产业园。目前，公司在新疆的累计投资额已达30亿元，新疆项目收入占集团总收入的比重达到40%，并有望进一步提高。

3. 产业结构亟待转型升级，发展方向初现端倪

在原有增长模式面临挑战、传统产业增长潜力减弱的形势下，产业亟待向效率提升、价值增值、结构升级方向转变。萧山区政府和企业单位采取了一系列措施来推动产业转型升级。首先是加大落后产能淘汰力度，促进传统产业改造提升。2011年，列入淘汰落后产能计划的企业有62家。2012年，淘汰涉及造纸、纺织、机械等8个行业的43台（套）落后设备。另外，还支持企业加大技改投入，广泛运用新技术、新工艺、新设备，改造提升传统产业。富丽达集团在杭州率先完成脱硫脱硝改造，不仅被称为"节能减排比产品开发做得更好"的企业，而且促进了企业综合成本降低和产品质量提升。

积极推进智慧制造进程。通过企业信息化建设，推动工业从"制造"向"智造"发展。目前，化纤纺织、汽车制造、装备制造等行业已经率先推进"机器换人"步伐，万向集团、荣盛集团等龙头企业投入巨资改造现有生产设备，引进包装、仓储自动化设备，优化生产流程，力求做到减员、节能、减排、增效。

向高新产业和创新驱动方向升级。重点打造定位于生命科学、新能源、新材料、智能装备等新兴产业的萧山科技城，定位于化纤研发和制造中心的化纤科技城，定位于高科技企业孵化基地的杭州湾信息港，推动自主创新和高新技术产业发展。2012年，规模以上高新产业实现销售产值847.67亿元，同比增长17.2%，工业新产品产值1213.66亿元，同比增长17.1%。以杭州力龙液压为例，公司将建成年产100万台的柱塞泵、马达、多路阀研发中心和数字化生产基地，打造世界一流的液压元件品牌。未来，企业发展有望打破国外技术壁垒，实现工程机械主机配套用高压大流量柱塞泵、马达和多路阀产品的全面进口替代。

（二）中部地区后起增长：产业转移与返乡创业带动发展

1. 工业规模和速度快速提升，迈入工业化加速推进阶段

2005年以来，亳州工业进入快速增长阶段，增加值增速从2004年的11.2%增长至2005年的25.2%。此后至2011年，一直保持在20%以上的高速增长状态。即使在面临一系列困难的2012年，工业增加值同比增速仍达到16.7%。一方面，工业经济的快速增长带动整个经济的蓬勃发展。"十一五"以来，亳州地区生产总值连续跨过300亿元、400亿元、500亿元台阶，年均增长率超过12%；2012年，进一步增长至715.66亿元，比上年增长11.9%。另一方面，工业经济的发展推进了产业结构的优化。"十五"末亳州三次产业结构比例为32:27.5:40.5，2012年演变为26.2:39.6:34.2，第二产业比重提高12.1个百分点。工业在地区经济中的主导地位逐步形成，占GDP的比重从2003年的18.3%上升至2012年的33.7%。

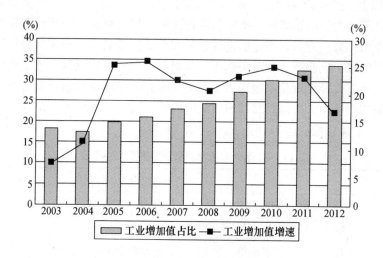

图14-3 近年来亳州工业增长情况

2. 积极引入外部资本和技术，承接产业转移取得显著成效

依托自身的要素条件优势，亳州成为东部地区产业转移的重要承接地，先进资本大量涌入，承接转移规模逐年增加。2008年以来，亳州市招商引资工作进入快速增长阶段，通过举办全国中药材交易会、国际中医药博览会、中国白酒文化节等展销推介活动，积极参加国内外重大节会，形成全方位、多层次的招商引资格局。2001年亳州利用市外资金10.6亿元，2012年达到600亿元，仅亿元以上的新引进项目就达到139个。2001~2012年，利用市外资金的年均增速达到44.33%，近年来的增速更是居于安徽省前列。

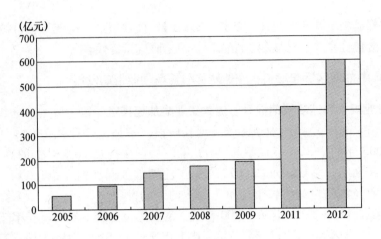

图 14-4　亳州市利用市外资金情况

　　外部资本和技术涌入，并与亳州的土地、劳动力等优势要素相结合，极大地释放了经济增长潜力。这在工业领域最为明显。近年来，工业类招商引资项目到位资金占 45% 以上。这些产业项目一方面壮大提升了医药、煤炭等传统产业，如和记黄埔、捷众制药、白云山制药等一批知名药企入驻亳州，对现代中药产业发展起到显著的推进作用；另一方面，产业引进促进了农产品、劳动力等资源优势的发挥。在农产品加工领域，农业产业化龙头企业江苏雨润、东方希望饲料、正宇面粉等企业进驻，为亳州建设轻工食品基地提供了有力支撑。在劳动密集型产业方面，建成了涡阳平湖服装产业园、中国皖北纺织服装时尚产业园等产业基地，落地劳动密集型工业项目 47 个，总投资达 71.6 亿元（见表 14-4）。

表 14-4　亳州市近年来引进的主要产业项目

行业	主要引进项目
生物医药	和记黄埔、白云山制药、同仁堂、雷允上、蜀中制药、捷众制药、吉林修正药业、紫鑫药业、华艾生物科技
农产品加工	江苏雨润、正宇面粉、重庆啤酒、东方希望饲料、上海鹏欣集团、五得利集团
服装	杉杉服饰、安踏喜宝鞋服、莱都服装、凯利莱服饰、鑫磊服饰、徽玛服饰、金桥棉业、满仓棉业
汽车	江淮汽车、安徽实权光电科技、浙江玉环集团、财富康达、兆鑫专用车
机械	奇瑞重工、力士曼工程机械、德州建森机械、安徽阁云机械、安徽瑞特科技
电子	鑫龙电器、联拓电子、深圳七方科技
化工	美格塑业、三星化工、江苏丰华科技新型材料
建材	海螺水泥

3. 进入返乡创业增长阶段，发展内生动力不断增强

作为传统的劳务输出基地，外出务工者返乡创业势头日益增长。返乡创业增强了地区发展的内生动力，不但带回了家乡缺乏的资金、技术和市场信息，更为经济建设培育了一批企业家，造就了一批新型产业工人。从2012年第三季度来看，亳州就业需求总人数31014人，岗位空缺与求职人数之比为1.17，求职人数不能满足市场需求。其中，纺织针织印染工、缝纫工需求量最大，其岗位空缺与求职人数比率分别达到2.18和1.77。目前，亳州市共有26家农民创业园区，返乡农民创业企业初具规模的达1362家。一些返乡创业项目已经达到了相当规模，并具有较强的竞争力。如利辛县刘家集乡集聚了多家返乡轴承加工企业，形成了从原材料供应到产品研发、加工、销售一体化的产业链条。2010年，刘家集乡轴承行业已拥有个体工商户50余家，各类专业操作、维修人员300多人，参与轴承加工的机械500余台。产品市场从几年前的安徽、山东发展到现在的10多个省区，在轴承业具有一定影响力（见图14-5和表14-5）。

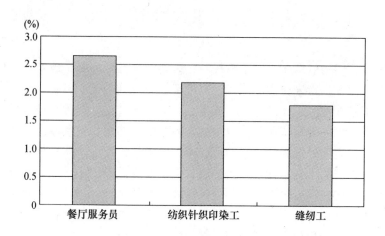

图 14-5　2012 年第三季度亳州市需求空缺最大职业情况

表 14-5　亳州市 2011 年返乡创业投资项目完成情况

行业	行业项目	进展
食品加工	程家集镇治良农副产品加工厂	完成投资 800 万元
服装制造	王人镇丽颖服装厂	完成投资 800 万元
木材加工	阚疃镇大地木业有限公司	完成投资 1000 万元
	潘楼镇丽人木业有限公司	完成投资 1500 万元
化工	王人镇鑫农肥业有限公司	完成投资 700 万元
	刘家集乡晖腾塑料有限公司	完成投资 800 万元
	中疃镇特种涂料厂	完成投资 500 万元

行业	行业项目	进展
建材	永兴镇本民新型墙材厂	完成投资 1000 万元
	城关镇九盛墙材厂	完成投资 2000 万元
	刘家集乡中欧建材厂	完成投资 1000 万元
	王市镇新型墙体材料厂	完成投资 500 万元
	城关镇帝怡商砼有限公司	完成投资 3000 万元
机械	望疃镇机械制造厂	完成投资 500 万元

四、结论与启示

（一）东部地区要素成本高企形成结构性"倒逼"效应，工业发展面临降速与升级的艰难选择

调研发现，伴随经济水平的不断提升，劳动力、土地等要素成本上升的趋势难以扭转，对工业发展带来压力的同时，也带来结构升级的重要契机。经过多年的快速发展，我国东部地区正在经历要素成本显著上升的过程，资源环境的约束也在不断加大，导致传统的外延式增长难以为继，原有模式的增长红利逐渐消失，增长潜力趋于减弱。原本依赖低廉劳动力的低成本、低附加值产业，出于保持、提升竞争优势的需要而在空间上寻求迁移，进而向要素成本更低廉的中部地区转移。在这种形势下，产业结构转型升级成为东部地区发展的必然选择，迫切地需要向创新驱动产业发展、技术知识密集型产业引领产业发展、中高端价值环节提升产业发展的方向升级。正是在这一思想的指导下，东部地区采取了一系列措施来推动产业结构转型升级，包括加大落后产能淘汰力度、促进传统产业改造提升、积极推进智慧制造进程、推动自主创新和高新技术产业发展等。

但是东部地区在转向附加值更高的产业形态、发展技术密集型产业时，技术创新能力的瓶颈制约非常明显，面临创新投入大、成本高、短期内难以获得收益等问题。这主要是由于东部地区发展过程中，长期依赖要素投入增长，研发投入比重偏低，技术创新能力薄弱，即使是有技术进步，也依赖于外部技术引进，自身的研发创新能力积累不足。更为严峻的是，在全球化条件下，即使企业投入大量人力、物力和财力进行产品研发，所创新的产品也可能面临国外企业低价策略的恶意竞争，难以将知识创新和技术进步转化为企业的盈利能力。由此带来的后果是，东部地区在劳动密集型产业转移出去之后，如果没有形成具有优势的资本和技术密集型产业，将会面临产业空心化的风险。

（二）中部地区低成本"洼地"优势逐步显现，但工业发展需要正确处理后起增长与长期发展的关系

调研发现，在东部地区生产要素供给日益趋紧的条件下，中部地区的要素优势逐渐显现，以丰富的自然资源和劳动力资源最为明显。承接东部产业转移成为加快中部地区工业化进程、促进经济发展的重要推手。亳州市近几年吸引外部资金规模不断扩大，一些外出务工的打工者也纷纷返乡创业或务工，经济发展的内生动力不断增强，在增长速度上呈现对东部地区的加速追赶态势。这主要是因为伴随着区域间要素条件的对比变化，中部地区所具有的增长吸引力和吸纳能力越来越强，资本、技术等各项生产要素随着区域间比较优势的变化而向中部地区转移和集聚。这种转移一方面可以发挥中部地区的人口红利、土地红利和环境红利，通过承接技术梯度相对较低的产业，将劳动力、土地、资源等优势转换成为产业优势；另一方面可以利用与先进地区之间的技术差距，节省发展成本，加快经济发展速度。

但是中部地区在承接东部产业转移的过程中，固然拥有劳动力、土地成本低廉带来的发展优势，也面临基础设施不完善、产业配套能力不足等因素的制约。当前，东部产业向中部地区转移不仅考虑资源与成本，产业链整合与配套也是至关重要的影响因素。由于中部地区很多产业部门还未得到有效发展，产业配套能力严重不足，从而限制了产业转移的发生以及转移效应的释放。即便某些企业转移过来，也可能由于中间产品外购成本过高而难以集群根植。另外，作为后发地区，如果中部地区在承接东部产业转移的过程中，延续东部地区已走过的成本依赖、粗放增长、环境污染的传统道路，最终仍将面临增长滞缓的困境。因此，相关政策需要积极引导中部地区在后起发展中尽量趋利避害、长短结合，以利于我国工业发展真正实现有序升级和持续发展。

（三）工业发展与要素条件具有耦合互动关系，工业结构升级需要工业结构与要素条件协同变化

对比调研发现，产业结构升级引导要素条件变化、要素条件变化支撑产业结构升级是工业发展阶段变化最重要的内涵之一。两个地区都处在工业发展转变的新阶段，不同的地方在于萧山区处在向工业化后期过渡的发展阶段，亳州市处在由工业化初期向工业化中期过渡的发展阶段。在这两个阶段的转变过程中，资源要素条件变化与工业发展阶段变化都呈现耦合发生、协同变化的特点。相比来看，萧山区经济发展向工业化后期转变过程中资源要素既有"倒逼"作用，也有"拉动"作用，前者体现在劳动力成本攀升、土地成本高涨、环境约束增强等变化对产业升级形成"倒逼"作用，后者体现在资本要素充裕、企业管理积淀加深、技术条件逐渐改善等变化对产业升级形成支撑。亳州市经济发展向工业化快速推进阶段转变的过程中，资源要素的作用具有更为明显的自发性和驱动性，即原有资源要素条件在地区间的对比变化中逐渐体现出优势来，并与外部资金、技术等要素相结合，转化为驱动工业化快速推进的动力。

（四）要素优势是构建工业发展优势的基础条件，不断发掘和培育要素新优势是实现产业结构升级的重要途径

要素条件有其自身的演变进程和规律，其与工业发展变化的对应耦合关系也有一个适度、合理的范围。对于经济较发达的东部地区来说，在要素成本理应随着要素条件的变化而上涨时，不能人为地、过度地、长期地压低要素价格和环境成本，来获取"要素红利"和"环境红利"，这在一定程度上会拖延企业自主创新和产业转型升级的进程，导致"结构锁定"和"分工陷阱"。调研发现，许多企业缺乏技术创新动力，其原因在于我国的生产要素成本特别是劳动力成本比较低。只有实现生产要素价格的理性回归和合理上涨，才能形成迫使企业加大研发投入、通过技术创新提升竞争力的"倒逼"机制。与此对应，东部地区必须在创新要素培育、创新能力提升、创新环境优化上采取一系列配套措施，才能有效地促进创新发展和产业升级。

对于要素优势开始显现、进入快速增长阶段的中部地区来说，在发挥资源要素优势承接产业转移的同时，需要在提升要素质量、产业链建设、基础设施配套、管理技术提升等方面给予重点关注，使产业发展具有更强的内生性和可持续性。既要充分发挥要素资源的成本优势，又不能过度放大这种优势，否则会导致要素资源的过度投入和粗放增长；既要充分利用环境、土地等资源空间，又不能过度开发，乃至重蹈先行地区污染环境、破坏生态的覆辙。在工业化、信息化、城镇化等多重任务的叠加下，中部地区要在合理有效地发挥土地、劳动力等要素优势的前提下，积极地采用新技术、新工艺、新设备改造提升传统产业，适时地引入和培育资本、技术等高端要素促进新兴产业成长，这样才能有效地避免东部地区"先污染、后整理"与"结构锁定"的老路子，促进经济的持续、快速发展。

（执笔人：徐建伟　付保宗　周劲　张义博）